Joachim Kuhs | Volker Münz | Holger Schmitt

Mut zu Wahrheit

Joachim Kuhs | Volker Münz | Holger Schmitt

Mut zu Wahrheit

Warum die AfD für Christen mehr als eine Alternative ist

Bibelzitate sind den folgenden Übersetzungen entnommen:
Lutherbibel, revidiert 2017,
© Deutsche Bibelgesellschaft, Stuttgart;
Neue evangelistische Übersetzung, Textstand 19.10 (NeÜ),
© Karl-Heinz Vanheiden.
Bild von Sarah Richter auf Pixabay.

1. Auflage 2020

© Copyright dieser Ausgabe by
Gerhard Hess Verlag, 88427 Bad Schussenried
Printed in Europe
www.gerhard-hess-verlag.de

ISBN: 978-3-87336-675-6

Joachim Kuhs | Volker Münz | Holger Schmitt

Mut zur Wahrheit

Warum die AfD für Christen mehr als eine Alternative ist

GHV

Wer sich an der Realität orientiert und wer es wagt, über die Realität zu reden und nicht über die Ilusionen ..., ist inzwischen rechts, und es wird streng nach diesen Vorgaben zensiert.

Vera Lengsfeld

Inhalt

Vorwort

Wenn es nach der Meinung sowohl mancher Kirchenvertreter als auch etlicher Laien ginge, dürfte es ein Buch wie dieses gar nicht geben. Die Alternative für Deutschland – eine Partei, die Christen wählen sollten? Diese Vorstellung allein dürfte von manchen Zeitgenossen als Zumutung empfunden werden.

Wir als Autoren glauben, dass dieser Ablehnung viel Desinformation, aber auch Vorurteile und Missverständnisse zugrunde liegen. In den einzelnen Kapiteln dieses Buches werden wir versuchen, uns damit auseinanderzusetzen. Wenn Christen sich scheuen, ihre Stimme der AfD zu geben, hat dies nach unserer Einschätzung häufig einen der folgenden Gründe.

1. Die meisten Menschen dürften ein einseitiges und völlig verzerrtes Bild von der Alternative für Deutschland haben, das im Wesentlichen von den Mainstream-Medien bestimmt wird. Es ist kein Geheimnis, dass die meisten Journalisten der AfD nicht wohlgesonnen sind. In Gesprächen mit Außenstehenden machen AfDler auch immer wieder die Erfahrung, dass sie mit ihren Diskutanten eine große Einigkeit in Sachfragen erzielen können, solange sie nicht die AfD erwähnen. Sobald die „bösen drei Buchstaben" fallen, geht bei den anderen die Klappe runter. Dies zeigt, wie stark mittlerweile die öffentliche Wahrnehmung von den Inhalten der Partei entkoppelt ist. Im ersten Kapitel beleuchten wir daher die Rolle der Medien. Welch weitreichenden Einfluss diese haben und wie sie vorgehen, dürfte vielen nicht bewusst sein.

2. Viele Christen haben bestenfalls eine vage Vorstellung davon, was christliche Politik eigentlich bedeutet. Heißt christliche Politik nicht in erster Linie, eine barmherzige, „soziale" Politik zu machen? Oder bedeutet es, Gottes Gebote in politische Programme zu übersetzen? Andere, vor allem lebenserfahrenere Christen mögen eine Spannung empfinden zwischen ihrem christlichen Anspruch und dem, was in der Realität möglich ist. Kapitel 2 widmet sich daher einer Verzerrung anderer Art. Wir stellen die grundsätzliche Frage, ob christliche Politik überhaupt möglich ist und, wenn ja, was diese beinhaltet. Wir glauben, dass dieses Kapitel als Fundament für die weitere thematische Diskussion nötig ist, weil der öffentliche Diskurs in diesem Bereich von manchen unbiblischen (und unrealistischen) Vorstellungen beherrscht wird.

3. Viele Menschen, mit denen wir gesprochen haben, kennen die wichtigsten Eckpunkte der Programmatik der AfD, sind aber abgeschreckt von der einen oder anderen Äußerung, die im Laufe der Parteigeschichte von bestimmten Politikern gefallen ist. Andere wissen jenseits von Klischees gar nicht, wofür die Alternative überhaupt steht. Sie haben sich noch nie aus erster Hand über die AfD informiert, etwa indem sie das Parteiprogramm gelesen oder sich eine Rede angehört hätten. In Kapitel 3, dem umfassendsten Kapitel des Buches, wenden wir uns konkreten politischen Feldern zu, insbesondere solchen, von denen wir glauben, dass sie für Christen besonders interessant sind. Hierzu gehören Migration, Islamisierung und die Bedeutung des Volkes ebenso wie Gender-Mainstreaming oder die drohende Bargeldabschaffung.

4. Ein letzter Grund ist sicher auch nicht von der Hand zu weisen: Angst. Es gehört heute viel Mut dazu, sich als Anhänger

der AfD zu outen. Neben einer sozialen Ausgrenzung drohen in manchen Fällen berufliche Einschnitte oder sogar Schlimmeres. Im vierten Kapitel sprechen wir daher den Preis an, den ein Bekenntnis zur AfD hat. Dies ist ein Thema, das im politischen Diskurs viel zu kurz kommt, aber ein Phänomen, das unserer Einschätzung nach nicht nur sehr real ist, sondern das auch weitreichende Folgen hat. Das letzte Kapitel („Es geht um mehr") öffnet abschließend noch einmal die Perspektive.

„Mut zur Wahrheit" ist nicht nur ein Slogan der Alternative für Deutschland. Das Thema „Wahrheit" wird auch in diesem Buch immer wieder eine Rolle spielen. Dabei ist uns wichtig, eines von Anfang an klarzustellen. So leid es uns tut: Weder für uns selbst noch für irgendjemand anderen in der AfD können wir die Hand ins Feuer legen, dass er immer und überall die Wahrheit sagt (auch wenn uns dies persönlich sehr wichtig ist). Noch können wir garantieren, dass wir immer und in jedem Fall wissen, was Wahrheit bedeutet. In einer gefallenen Welt ist Irrtum immer eine Option. Um was es uns aber geht, ist etwas anderes. Wir glauben, dass in einem erschreckenden Maße strukturelle Lügen Einzug in die Politik und die Medien gehalten haben, etwa in Form einer Politischen Korrektheit, die bestimmte Sachverhalte schlichtweg nicht mehr wahrhaben will. Es sind diese Verführungen, gegen die die AfD aufsteht und die wir auch in diesem Buch thematisieren.

„Mut zur Wahrheit" richtet sich weniger an Experten (also in erster Linie weder an Theologen noch an Politologen), sondern an ganz normale politisch interessierte Christen. Wir haben uns bemüht, verständlich zu schreiben, und wir gehen außerdem davon aus, dass die Bibel für Sie Gottes Wort ist. Deshalb verweisen wir zur Begründung unserer Argumentation auch immer wieder auf verschiedene Stellen im Wort Gottes.

In einem Buch wie diesem können wir viele Themen nicht mehr als nur anreißen. Wir hoffen, dass die Lektüre unseres Buches für Sie zum Anstoß wird, sich weiter mit bestimmten Themen auseinanderzusetzen. Zu diesem Zweck haben wir am Ende jedes Kapitels einen Abschnitt mit der Überschrift „Was Sie tun können" angefügt. Hier geben wir nicht nur Hinweise auf weiterführende Literatur oder Videos, sondern gelegentlich auch Anregungen für den Fall, dass Sie selbst aktiv werden wollen.

Zitate aus dem Englischen haben wir direkt übersetzt; deutsche Zitate wurden zum Teil an die aktuelle Rechtschreibung angepasst. Verweise auf Quellen im Internet waren bei Erstellung des Manuskripts aktiv, aber natürlich können wir dafür keine Gewähr übernehmen.

Das Wort „Corona" werden Sie in diesem Buch außer hier im Vorwort nicht finden. Der Grund ist schlicht, dass wir das Manuskript abgeschlossen hatten, bevor das Virus in Deutschland überhaupt ein Thema wurde. Trotzdem wollen wir es nicht gänzlich unerwähnt lassen.

Bürger, deren Welt aus den Angeln gehoben wurde, stehen weit mehr in der Gefahr, radikale Änderungen und Einschnitte zu akzeptieren als solche, die in relativer Sicherheit leben. Es steht zu befürchten, dass dies auch bei „Corona" der Fall sein wird. Dabei denken wir nicht an sinnvolle Maßnahmen, wie etwa eine bessere Koordination von medizinischen Hilfsmaßnahmen auf nationaler und internationaler Ebene. Vielmehr glauben wir, dass Globalisten und linksgerichtete Kräfte die Krise nutzen könnten, um ihre Agenda voranzutreiben, etwa durch eine weitere Aufweichung der Nationalstaaten, die Abschaffung des Bargeldes (obwohl man sich nach dem heutigen Stand der Forschung nicht über Bargeld infizieren kann), die Ausweitung der Überwachung des Einzelnen oder eine

Liberalisierung von Abtreibung[1]. So sinnvoll die eine oder andere dieser Maßnahmen in Zeiten des Ausnahmezustandes sein mag, so groß ist doch die Gefahr, dass sie, einmal eingeführt, zum Dauerzustand wird.

Bei allem Schlimmen, was durch das Virus in diese Welt gekommen ist und möglicherweise noch kommt, gibt es aber auch Zeichen der Hoffnung. Familien, Nachbarn, Freunde und ganze Nationen rücken wieder enger zusammen. Viele Bürger engagieren sich für ihre Mitmenschen, etwa indem sie für ältere Bekannte, Nachbarn oder Geschwister aus der Gemeinde Einkäufe erledigen. Manche nutzen die erzwungene Isolation, um etwas Neues zu lernen, wieder mehr zu telefonieren oder Briefe zu schreiben.

Um unserer Berufung als „Salz der Erde" und „Licht der Welt" (Matthäus 5,13-14) gerecht zu werden, brauchen Christen neben einem wachen Auge für die Entwicklung dieser Welt eine am biblischen Zeugnis orientierte Fundierung. Unser Wunsch ist es, mit diesem Buch zu beidem beizutragen.

Joachim Kuhs

Volker Münz

Holger Schmitt

---

1   Vgl. „Pro Familia'" und andere fordern Erleichterung der Abtreibung"; https://www.idea.de/nachrichten/detail/pro-familia-und-andere-fordern-erleichterung-der-abtreibung-112364.html

Die Blase:
Wie Medien unsere Wahrnehmung bestimmen 1

Solange ein Mensch keine eigenen Erfahrungen mit bestimmten anderen Menschengruppen oder Sachverhalten gemacht hat, wird das Bild, das er von ihnen hat, geprägt durch die Informationen und Meinungen, die andere an ihn herantragen. Das ist völlig natürlich und kann auch gar nicht anders sein. Wir können nicht über jeden und alles aus erster Hand informiert sein. In unserer Jugendzeit war unser Bild von den Vereinigten Staaten von Amerika bestimmt von dem, was man in der Schule so mitbekam. Amerikaner, so der Tenor, sind nett, aber sehr oberflächlich. Man kann mit ihnen schnell Freundschaft schließen, aber wenn du sie mal brauchst, kennen sie nicht mal mehr deinen Namen. Wenig überraschend entwickelte ich (HS) an diesem Land kein gesteigertes Interesse. Ich wäre vermutlich nie über den Atlantik geflogen, wenn ich nicht während meines Studiums einmal bei einer Verlosung einen Flug in die USA gewonnen hätte. Nun denn, sagte ich mir, du hättest das von dir aus zwar nicht gemacht, aber wenn du schon einen Flug gewinnst, nimmst du das auch wahr. Was ich vor Ort erlebte, war allerdings ein ganz anderes Amerika. Ein Land, das Weite und Freiheit atmet, mit vielen Attraktionen und Möglichkeiten. Auch die Menschen, die ich traf, waren nicht so, wie ich das gelernt hatte; vielmehr konnte ich keinen großen Unterschied feststellen zu dem, was ich aus Deutschland kannte. Es gab solche und solche, aber von der ihnen nachgesagten Oberflächlichkeit fand ich keine Spur.

Ähnlich erging es vielen Engländern, als sie im Rahmen der Fußballweltmeisterschaft 2006 Deutschland besuchten. Das Deutschenbild in Großbritannien war medial über Jahrzehnte geprägt vom Zweiten Weltkrieg. Die Deutschen, das waren die Nachkommen der Nazis, die immer noch ihre kehlige Sprache sprachen, dabei mehr schrien als redeten und ansonsten auch völlig humorlos durchs Leben gingen. Ihre technologischen Erfolge bewunderte man insgeheim, und vom Oktoberfest hatte man auch schon gehört, aber tief innen herrschte bei vielen Insulanern immer noch der Argwohn gegenüber den Teutonen. Als dann im Sommer 2006 geschätzte 350.000 englische Fans in die Bundesrepublik reisten, erlebten viele von ihnen eine Überraschung: Die WM war gut organisiert, es gab verhältnismäßig günstiges Bier – aber vor allem traf man auf normale, freundliche Deutsche, die mit dem Stereotyp, das auf der Insel gepflegt worden war, wenig bis nichts gemein hatten.[1]

In einer Welt, die für die allermeisten Menschen weit über den Tellerrand des eigenen, eng begrenzten Umfelds hinausgeht, sind es nicht in erster Linie Freunde und Bekannte, die unser Bild von Dingen prägen, mit denen wir selbst noch nie in Kontakt waren, sondern die Medien. Dies gilt vor allem für den Bereich der Politik. Die wenigsten Menschen zählen Berufspolitiker zu ihren Freunden, und dies nicht, weil diese so schlimm wären, sondern einfach, weil es so wenige gibt. Hinzu kommt, dass viele Menschen politisch bestenfalls mäßig interessiert sind. Sie gehen vielleicht zur Bundestagswahl, hätten aber Mühe zu erklären, was Überhangmandate sind. Mit den Grundausrichtungen der Parteien sind sie oberflächlich vertraut, an den Wurzeln der Ideologien aber nicht interessiert. Dies ist den Menschen schwer vorzuwerfen. Das Leben ist anstrengend. Arbeit, Hobbys, Beziehungen, Konflikte, Fürsorge für die Kinder: All das kostet Zeit, Kraft und Geld. Nicht jeder kann es sich leisten, tiefer in die Materie einzudringen und vielleicht auch mal das eine

---

1 Vgl. „Was wir an den Deutschen mögen";
https://www.tagesspiegel.de/sport/was-wir-an-den-deutschen-mogen/740938.html

oder andere Parteiprogramm zu lesen. So bleiben als Informations-quelle die Medien, allen voran das Fernsehen. Dies gibt den Medienmachern eine ungeheure Macht, das Bild der Politik wie auch der Gesellschaft allgemein zu prägen.

Der amerikanische Filmkritiker Michael Medved schrieb einmal: „Ein Marsmensch, der Material über die amerikanische Gesellschaft sammelt, indem er einfach unser Fernsehen verfolgt, würde sicherlich davon ausgehen, dass es in Amerika mehr Schwule gibt als evange-likale Christen", und der Radiomoderator Michael L. Brown fügte hinzu: „Der Marsmensch würde auch zu dem Schluss kommen, dass Schwule, mit seltenen oder keinen Ausnahmen, unglaublich nett, familienorientiert, kreativ und rücksichtsvoll sind, während evangelikale Christen alle gemein, verurteilend, langweilig, gierig und scheinheilig sind."[2] Diesem Zerrbild sind in den westlichen Ländern nicht nur evangelikale Christen unterworfen, sondern, je nach nationalem Kontext, auch Katholiken, Lebensschützer, Patrioten, Konservative, Rechte oder Menschen, die in traditionellen Geschlechterrollen leben – eben alle, die nicht dem linken Weltbild entsprechen.

Medienmacher müssen dazu noch nicht einmal offensichtlich lügen, um jemanden (oder eine Gruppierung) in ein schlechtes Licht zu rücken. Im Gegenteil, eine richtige Lüge birgt immer die Gefahr, aufgedeckt zu werden und dann auf den Lügner zurückzufallen. Viel effektiver ist es, bestimmte Sichtweisen auf andere Weisen zu transportieren. Um dies zu veranschaulichen, werden wir uns einmal die „Berichterstattung" der Presse in der DDR während des Wende-Jahres 1989 vor Augen führen.[3]

---

2   Zitiert aus: Scriven, John. 2013. *Belief and the Nation*. London: Wilberforce Publications, 482.
3   Die Zusammenstellung der Ereignisse im Jahr 1989 beruhen auf den folgenden Quellen: Lengsfeld, Vera. 2014. *1989: Tagebuch der Friedlichen*

Die friedliche Revolution in der DDR hatte sich über einen längeren Zeitraum angebahnt. In den Achtzigerjahren formten sich erste Oppositionsgruppen: Anfang des Jahres 1989 gab es bereits über hundert von ihnen mit insgesamt etwa 3.000 Mitgliedern.[4] Für viele nach der Wende oder im Westen Geborene dürfte es jedoch schwer sein sich vorzustellen, welchen Mut es gekostet hat, in einer Diktatur wie der DDR öffentlich eine abweichende Meinung zu bekunden. Zum Instrumentarium der Staatsgewalt gehörten Meldungen an die Schule, die Uni oder an den Arbeitsplatz, entsprechende Repressionen, Reiseverbot ins sozialistische Ausland, Hausdurchsuchungen, Berufsverbot (d. h. man durfte nur noch Hilfsarbeiten ausführen) bis hin zu Festnahmen und Haftstrafen. Trotzdem waren im Laufe des Jahres 1989 immer mehr Menschen bereit, für ihre Meinung einzustehen. Zunächst konnte sich im Schutz der Kirche, der die Staatsmacht offiziell ein eigenes Hausrecht eingeräumt hatte, eine Opposition formieren. In der Leipziger Nikolaikirche trafen sich Montag für Montag Bürger, um an Friedensgebeten teilzunehmen. Aus diesen Kirchentreffen entwickelten sich im Laufe der Zeit eigenständige Demonstrationen. Selbst als Stasi und Polizei zu immer härteren Maßnahmen griffen und die chinesische Staatsmacht auf dem Tian'anmen-Platz in Peking ein Massaker anrichtete, waren die Demonstranten nicht mehr aufzuhalten. Am 9. November fiel schließlich die Mauer. Wie verhielt sich jedoch die DDR-Presse in dieser Zeit der wachsenden Opposition?

Die wichtigste Strategie gegen die aufkommenden Demokratiebestrebungen war zunächst einmal deren Verschweigen. Die Zeitung *Neues Deutschland*, bis Ende 1989 das Sprachrohr der Sozialistischen

---

Revolution. Jena: TvR Medienverlag; sowie Lange, Bernd-Lutz & Sascha Lange. 2019. *David gegen Goliath: Erinnerungen an die Friedliche Revolution.* Berlin: Aufbau Verlag.
4   Lengsfeld 2014: 16, 20.

Einheitspartei Deutschlands (SED), beglückte ihre Leser dauerhaft mit belanglosen Nachrichten à la „Hohe Wettbewerbsziele zum 40. Jahrestag der DDR", den Zustand im Land beschönigenden Artikeln wie „Zuwachs bei Erzeugnissen mit höchstem Gütezeichen" (bei allgemeiner Mangelwirtschaft) oder solchen mit offensichtlich erzieherischem Auftrag wie „Wehrdienst im Sozialismus ist Dienst am Frieden". Nachrichten über die Entwicklungen im Land, die auf eine Demokratisierung der Gesellschaft abzielten, wurden je nach Medium bis hinein in den Oktober 1989 unterdrückt. Auch von den Demokratiebewegungen in den sozialistischen Bruderstaaten wurden bestenfalls Splitter berichtet. Selbst eine Kundgebung im März in Moskau, auf der 10.000 Menschen ihre Solidarität mit dem Reformkurs des gestürzten Boris Jelzin ausdrückten, fand im *Neuen Deutschland* keine Erwähnung. Ebenso tabu waren andere Themen, etwa Berichte über die Umweltprobleme der DDR. Kabarett war in der DDR möglich, wenn das Programm vorher genehmigt worden war, aber Satire gab es in Zeitungen selten, im Fernsehen so gut wie nie. Mit anderen Worten: Andersdenkende kamen schlicht und ergreifend nicht zu Wort. Das, was wir heutzutage als *Lückenpresse* bezeichnen, wurde hier in Vollendung praktiziert.

Irgendwann ließen sich die Entwicklungen in der DDR jedoch nicht mehr unter den Teppich kehren; zu viele Leute standen auf, als dass die Medien es hätten ignorieren können. Auch die Ereignisse in den sozialistischen Bruderstaaten konnten auf Dauer nicht verschwiegen werden. So ging die Presse – die einen früher, die anderen später – dazu über, einseitig im Sinne des Regimes zu „berichten" bzw. Stellung zu beziehen. Das *Neue Deutschland* beispielsweise bezeichnete das Massaker in Peking, bei dem im Juni 1989 Tausende von Demokratie-Anhängern den Tod fanden, als „Niederschlagung eines ,konterrevolutionären Aufruhrs'".[5] Über die Demonstranten im eigenen Land schrieben die Zeitungen Hetzartikel. „Rowdys" seien sie und die Demonstrationen „Zusammenrottungen" (übrigens ein Terminus, den die Bundeskanzlerin auch in Bezug auf die Ereignisse in Chemnitz im Jahr 2018 verwendete)[6]. Wenn eine Demonstration friedlich verlief, war es der „Zurückhaltung der Sicherheitskräfte"[7] zu verdanken, nicht den Demonstranten. Wenn es hingegen zu Problemen kam, wurden die staatlichen Maßnahmen als unausweichlich dargestellt. So schrieb die *Leipziger Volkszeitung* einen Tag nach einer großen Montagsdemonstration Anfang Oktober: „Der Einsatz von Hilfsmitteln der Deutschen Volkspolizei war unumgänglich. Es waren Zuführungen erforderlich. Die strafrechtlichen Konsequenzen werden geprüft."[8]

Ein letztes, besonders perfides Mittel war es, die veröffentlichten „Stimmen des Volkes" so auszuwählen, wie es den Machthabern passte. Als es beispielsweise anlässlich eines Hetzartikels in der *Leipziger Volkszeitung* über die Besucher der Friedensgebete zu einer Flut von Leserbriefen kam, wurden nur solche veröffentlicht, die dem Artikel zustimmten.[9] Auf der anderen Seite wurde an einem besonders kritischen Punkt in der Entwicklung der Montagsdemonstrationen der Brief des Kommandeurs einer „Kampfgruppenhundertschaft" veröffentlicht, in dem dieser schrieb: „Wir sind bereit und Willens, das von uns mit unserer Hände Arbeit Geschaffene wirksam zu

---

5   Lengsfeld 2014: 119
6   „Hass auf der Straße – das hat mit unserem Rechtsstaat nichts zu tun";
    https://www.welt.de/politik/deutschland/article181338656/Angela-Merkel-zu-Chemnitz-Hass-auf-der-Strasse-das-hat-mit-unserem-Rechtsstaat-nichts-zu-tun.html
7   Lengsfeld 2014: 204
8   Lengsfeld 2014: 186
9   Lengsfeld 2014: 130

schützen, um diese konterrevolutionären Aktionen endgültig und wirksam zu unterbinden. Wenn es sein muss, mit der Waffe in der Hand!"[10] Der Kommandeur folgte damit einem Beschluss, den die SED-Bezirksleitung wenige Tage zuvor gefällt hatte, nach dem sich „gesellschaftliche Kräfte" öffentlich gegen die „antisozialistischen Kundgebungen" äußern und hinter das SED-Regime stellen sollten.[11] Durch solche „Zeugenaussagen" sollte erreicht werden, dass sich die Friedens-Beter und Demokratie-Demonstrierer als kleine Minderheit wahrnahmen, der die große pro-sozialistische Mehrheit der Bevölkerung gegenüberstand und der so die Legitimation fehlte, für „das Volk" zu sprechen.

Halten wir also fest: Es bedarf nicht unbedingt klarer Lügen, um Mediennutzer zu täuschen. Die Auswahl dessen, was berichtet wird, die Wortwahl, die Perspektive und die Zulassung oder Nichtzulassung von „Zeugen" – all dies hat einen radikalen Einfluss auf das Bild, das ein Medienkonsument bekommt.

Wir werden im Folgenden einige der Methoden skizzieren, die die Medien heute benutzen, um die AfD zu diffamieren. Diese Methoden sind nicht neu, sondern vermutlich fast so alt wie die Menschheit selbst. Sie werden immer dann eingesetzt, wenn man argumentativ nicht mehr weiterkommt. Dies gilt insbesondere dann, wenn sich Eliten Menschen gegenübersehen, die ihnen unbequem werden, etwa, weil sie sie mit der Realität konfrontieren.

Auch in der Geschichte des Juden- und Christentums finden wir zahlreiche Beispiele von Wahrheitssprechern, die in Konflikt mit den Eliten gerieten. Zu ihnen gehören die Propheten, Johannes der Täufer, die Apostel, Reformatoren, Erweckungsprediger – und nicht

---

10 Der Leserbrief findet sich in Lange & Lange 2019: 165.
11 Lange & Lange 2019: 164

zuletzt Jesus selbst. Dabei waren die Gottesfürchtigen leider nicht immer nur die, die Ausgrenzung und Diffamierung erleiden mussten. Wenn es um das Aushalten anderer Einsichten geht, sind Christen häufig auch schnell mit Verurteilungen zur Hand. Niemand kann sich also prinzipiell freisprechen von dem Hang zu Diffamierungen und Hetze. Besonders problematisch wird es jedoch dann, wenn sich eine meinungsbildende Macht wie die Medien daran beteiligt.

Wenn wir im Folgenden Vergleiche anstellen zwischen dem, was wir in der Bibel finden, und dem, was der AfD heute widerfährt, so geschieht dies natürlich nicht, um die AfD etwa mit Jesus gleichzusetzen; das wäre absurd, und das ist auch den meisten Lesern klar. Da dieses Buch aber auch von jenen gelesen wird, die hauptsächlich auf Kritik aus sind, sei dies ausdrücklich festgehalten. Vielmehr geht es um zwei Dinge: Zum einen soll ein Bewusstsein dafür geschaffen werden, welche Methoden eingesetzt werden (und immer schon wurden), um Andersdenkende zur Strecke zu bringen. Zum Zweiten ist es uns wichtig zu zeigen, dass diese Methoden in keinerlei Zusammenhang mit dem Verhalten des Betroffenen stehen müssen. Selbst ein absolut sündloser Mensch wie Jesus war nicht vor der Verdrehung seiner Worte, schlimmen Assoziationen und glatten Lügen gefeit. Auch viele andere Persönlichkeiten der Bibel und der Kirchengeschichte mussten Anfeindungen und Gewalt erdulden, obwohl sie – zumindest im konkreten Zusammenhang – nichts Falsches getan oder gesagt hatten. Dies festzuhalten ist wichtig, weil Vertretern der AfD manchmal vorgehalten wird, sie sollten sich doch einfach weniger zweideutig ausdrücken, wenn sie nicht missverstanden werden wollten. Wer Feinde hat, die einen missverstehen wollen, wird „missverstanden" werden.

Bei den Vergleichen zwischen dem, was in den Evangelien beschrieben wird, und dem, was heute passiert, müssen wir jedoch einen grundlegenden Unterschied im Auge behalten. Jesu Gegner waren nicht die politischen oder medialen, sondern die religiösen Eliten seiner Zeit. Den im Land herrschenden Römern war der Sohn Gottes ziemlich egal: Jesu Reich war nicht von dieser Welt und von daher auch nicht gegen sie gerichtet. Die religiösen Eliten hatten jedoch viel zu verlieren: eigene Macht und eigenen Einfluss, sowie die Hoffnung auf ein von den Römern befreites Palästina. Und so bekämpften sie Jesus und die junge Gemeinde aus Neid und Eifersucht (Markus 15,10; Apostelgeschichte 5,17). Heute, im Kontext einer Demokratie, muss im Prinzip die ganze Bevölkerung erreicht und mit der eigenen Sichtweise durchdrungen werden. Die Techniken dazu haben sich freilich über die Jahrhunderte kaum geändert.

Wortwahl

Das Erste, was den meisten Menschen in den Sinn kommen würde, wenn sie auf manipulative Sprache angesprochen würden, ist vermutlich die Wortwahl. Diese Technik ist tatsächlich wichtig, wenn auch, wie wir bei der DDR-Berichterstattung gesehen haben, nicht die wichtigste.

Viele Wörter haben im Wesentlichen eine referenzielle Funktion, d. h., sie verweisen schlicht auf bestimmte Gegebenheiten. „Lasagne", „arbeiten" und „blau" verweisen auf ein Gericht, eine Tätigkeit und eine Farbe; welche Einstellungen ein Sprachverwender zu den mit diesen Wörtern ausgedrückten Sachverhalten hat, hängt von dessen Erfahrungen und Meinungen ab, aber es gibt nichts in diesen Wörtern selbst, das diese Wertungen transportiert. Dann gibt es unzählige Wörter, die zwar sachlich-referenziell sind, die aber aufgrund von persönlichen Erfahrungen oder den Werten einer Sprachgemeinschaft fast immer positiv oder negativ assoziiert werden. „Urlaub" gehört dazu, ebenso wie „lachen" oder „hell" für positive Assoziationen, „Wunde", „schlagen" und „unpünktlich" für negative. Schließlich gibt es noch Wörter, die neben ihrem sachlichen Bezug auch noch eine positive oder negative Wertung transportieren, die Teil des Wortes selbst ist. „Hund" ist ein neutraler Begriff; „Köter" bezeichnet auch einen Hund, vermittelt aber zugleich auch eine Bedeutung wie „ist ungepflegt" oder „kann ich nicht leiden". Jemand kann als „schlank", „dünn" oder „dürr" bezeichnet werden, und jedes Mal entwirft das Adjektiv im Kopf ein anders Bild. Wer jemanden als „Freiheitskämpfer" bezeichnet, hält zu ihm; wer den gleichen Menschen einen „Terroristen" nennt, tut dies entweder auf der Grundlage von sachlichen Kriterien, die diesen Begriff rechtfertigen, oder er gehört zur Gegenseite. Nicht immer handelt es sich nur um einzelne Wörter, die eine bestimmte Haltung ausdrücken; manchmal werden auch Phrasen (Wortgruppen) verwendet. So macht es sehr wohl einen Unterschied, ob man von „Bürgern" redet (eher sachlich-neutral), vom „Volk" (eher positiv) – oder von „denen, die schon länger hier leben". Wenn mit dem letzten Ausdruck das gleiche gemeint ist wie mit „Volk", dann wird die Identität dieser Menschen und ihr Status reduziert auf eine bloße Frage der Zeit, die sie an einem bestimmten Ort zugebracht haben.

Wörter, die entweder selbst eine Wertung enthalten oder die im Allgemeinen positiv oder negativ assoziiert sind, werden häufig verwendet, wenn es darum geht, jemanden oder eine Sache zu fördern oder zu diskreditieren. Jesus selbst wurde als „Schlemmer", „Säufer" und „Verführer" bezeichnet (Lukas 7,34; Matthäus 27,63) – drei Begriffe, die eindeutig etwas Negatives transportieren. Auch heute ist das lexikalische Waffenarsenal in Politik und Medien groß, wenn es um die Herabsetzung von Menschen geht, die nicht so denken und fühlen wie man selbst. Josef Kraus, ehemaliger Präsident des Deutschen Lehrerverbandes, schreibt: „Wenn die Argumente ausgehen, wird moralisiert und denunziert. Entsprechende Etikettierungen helfen dabei: Rechter, Populist, Nazi, Antifeminist, homophob, xenophob, islamophob, Sexist, Pack, grölender Mob, Wutbürger, Brandstifter, Dunkeldeutscher."[12] Es ist unmöglich, auf all diese (und manche anderen) Begriffe einzeln einzugehen, aber wir werden einmal drei Begriffe genauer unter die Lupe nehmen, auch deshalb, weil sie sprachlich interessant sind, und zwar *Populist*, *Demokrat* und *Aussteiger*.

Was würden Sie antworten, wenn jemand Ihnen eine der folgenden Fragen stellen würde:

- Was verstehen Sie unter Populismus?

- Ist Populismus an eine bestimmte politische Richtung gebunden oder kann er prinzipiell mit allen Ideologien einhergehen?

- Ist ein Slogan wie „Für ein Deutschland, in dem wir gut und gerne leben", dem ja nun wirklich jeder zustimmen kann, populistisch?

- Ist Demokratie ohne Populismus möglich?

Wenn Sie sich nicht sicher wären, befänden Sie sich in guter Gesellschaft. Bereits in den Sechzigerjahren des letzten Jahrhunderts kamen Historiker, Soziologen und Politikwissenschaftler zu einer Tagung an der renommierten London School of Economics zusammen, um den Begriff und das Phänomen „Populismus" zu definieren. Die Tagung endete erfolglos.[13] In den letzten Jahren sind gleich mehrere (populär-) wissenschaftliche Bücher erschienen, die sich

---

12 Kraus, Josef. 2018. *50 Jahre Umerziehung: Die 68er und ihre Hinterlassenschaften.* Lüdinghausen: Manuscriptum, 54.
13 Müller, Jan-Werner. 2016. *Was ist Populismus? Ein Essay.* Berlin: Suhrkamp, 15.

ebenfalls dieser Frage widmen.[14] Als Kriterien für einen populistischen Politikstil sind unter anderem angeführt worden, dass er

- volkstümlich auftritt und so hauptsächlich Ungebildete und/oder niedrigere soziale Schichten erreicht

- emotionalisiert und/oder Kapital aus der Wut oder den Ängsten der Wählerschaft zieht

- komplexe Zustände unzulässig simplifiziert

- auf Abgrenzung einer In-Group („wir") gegen eine Out-Group („die anderen") setzt

- das Volk in Opposition zu den korrupten Eliten sieht und dem Volk wieder zu seinem Recht verhelfen will (z. B. durch mehr direkte Demokratie)

- vorgibt, für das ganze Volk zu sprechen.

Angesichts der Vielfalt von Vorstellungen, die unter Populismus subsumiert werden, sowie der Schwierigkeit, solche Vorstellungen objektiv in einer konkreten Politik zu identifizieren, ist es kein Wunder, dass die Politologin Karin Priester den Begriff Populismus selbst als „Chamäleon" und der Journalist Ulf Poschard als „Wieselwort" bezeichnen, dessen „Bedeutung im ungenauen und inflationären Gebrauch längst verdampft ist".[15] Eigentlich sollte es für Journalisten da selbstverständlich sein, ein solch unklares Wort zu vermeiden oder zumindest zu erklären, wenn sie es verwenden –

---

14 Z. B. Jörke, Dirk & Veith Selk. 2017. *Theorien des Populismus zur Einführung.* Hamburg: Junius. – Müller, Jan-Werner. 2016. *Was ist Populismus? Ein Essay.* Berlin: Suhrkamp. – Priester, Karin. 2012. *Rechter und linker Populismus: Annäherung an ein Chamäleon.* Frankfurt: Campus.

15 Priester 2012; „Wer ohne Populismus ist, werfe den ersten Stein"; https://www.welt.de/debatte/kommentare/article160009788/Wer-ohne-Populismus-ist-werfe-den-ersten-Stein.html

doch das Gegenteil ist der Fall. Vor allem in den ersten Jahren ihres Bestehens gab es kaum einen Zeitungsartikel über die AfD, in dem nicht zumindest einer der Begriffe „Rechtspopulist", „Rechtspopulismus" oder „rechtspopulistisch" mit der Partei oder ihren Vertretern in Verbindung gebracht wurde. Der Grund hierfür ist einfach. Das Wort hat zwar eine unscharfe Denotation (Kernbedeutung) mit der Folge, dass man sich alles Mögliche darunter vorstellen kann, aber auf jeden Fall negative Konnotationen (Nebenbedeutungen). Für viele Menschen schwingt bei dem Wort etwas von „Nicht so schlimm wie Radikale oder Extremisten, aber irgendwie auch nicht in Ordnung" oder „Die können nur kritisieren, bieten aber keine Lösungen an" mit. Damit passt das Wort in keine der oben aufgeführten Kategorien („Urlaub" oder „Köter" haben neben ihren Assoziationen bzw. Konnotationen ja noch eine feste Bedeutung); stattdessen ist Populismus zu einem Kampfbegriff mutiert: „Das Schmähwort ‚Populist' ist selten Argument und fast immer eine politische Keule", stellt der Historiker Michael Wolffsohn fest.[16] Mit jeder Verwendung dieses Begriffs bleibt ein bisschen Dreck am so Bezeichneten hängen. Und wenn die Mainstream-Medien geschlossen diesen Begriff verwenden, dann muss doch schließlich etwas dran sein, oder?

Damit kein falscher Eindruck entsteht: Wir glauben, dass es Populismus gibt und dass er ein echtes Problem ist. Wir verstehen darunter den Versuch, Popularität auf Kosten der Wahrheit zu gewinnen (vgl. 1. Mose 3,5; 2. Samuel 15,1-12). Dies geschieht z. B. durch wohlklingende, aber realitätsfremde Ideologien. Dass ausgerechnet die Partei mit dem Begriff populistisch belegt wird, die sich eben nicht scheut, Probleme anzusprechen und den Finger in die Wunde zu legen, auch wenn dies weder von den Medien noch von der

---

16 Was ist Populismus? https://www.fnp.de/politik/populismus-10479841.html

Politik geschätzt wird (es also gerade *nicht* populär ist), und dass Funktionäre und Mitglieder einen hohen Preis für ihren Einsatz zahlen (s. Kap. 4), zeigt, wie widersinnig diese Zuschreibung ist.

Ein Kampfbegriff jüngeren Datums ist „demokratisch". Dieser Begriff wird eher von Politikern anderer Parteien als von den Medien benutzt, aber auch er wird zur Diffamierung eingesetzt und ist linguistisch interessant. „Demokratisch" gehört, anders als „populistisch", zu jenen Wörtern, deren Bedeutung einigermaßen fest umrissen ist („auf Volksherrschaft beruhend") und die zumindest in den westlichen Staaten ausgesprochen positive Assoziationen haben – so positiv, dass selbst ein undemokratisches Land wie die DDR sich als „demokratisch" bezeichnete. Zum Kampfbegriff wird „demokratisch" dann, wenn Politiker anderer Parteien der AfD die Eigenschaft, demokratisch zu sein, absprechen, diese aber für sich und alle anderen Parteien in Anspruch nehmen.[17] Wie fehlgeleitet die Ausgrenzung der AfD aus der Gruppe der „demokratischen Parteien" ist, zeigen die folgenden Tatsachen:

1. Zunächst einmal ist die AfD wie jede andere in einem deutschen Parlament vertretene Partei durch eine demokratische Wahl dort hineingewählt und damit demokratisch legitimiert.

2. Die Tatsache, dass die Alternative nach ihrer Gründung in ein Parlament nach dem anderen eingezogen ist, zeigt, dass sie ganz offensichtlich eine Repräsentationslücke ausfüllt.

3. In jeder der Wahlen seit ihrer Gründung hat die AfD einen beträchtlichen Anteil ihrer Wähler aus dem Lager der Nichtwähler für sich gewinnen können, also Menschen, die bis dato nicht

---

17 Als ein Beispiel unter vielen sei genannt: „Die AfD ist kein ‚Prüffall' – aber auch keine demokratische Partei";
https://www.haz.de/Nachrichten/Politik/Deutschland-Welt/Kommentar-AfD-ist-kein-Prueffall-aber-auch-keine-demokratische-Partei

mehr am demokratischen Prozess teilgenommen hatten und dies nun wieder tun. Mit anderen Worten: Die AfD ist nicht nur demokratisch legitimiert, sondern leistet sogar einen Beitrag zur Stärkung der Demokratie, den die anderen Parteien nicht leisten konnten.

4. Im politischen Alltagsgeschäft unterstützt die AfD bei Abstimmungen auch Kandidaten oder Anträge anderer Parteien, wenn sie diesen inhaltlich zustimmt. Dies ist wahrhaft demokratisches Verhalten: Nicht die Partei hat oberste Priorität, sondern die Idee. Andersherum werden Kandidaten und Anträge der Alternative von anderen Parteien fast immer allein schon deshalb abgelehnt, weil sie von der AfD stammen.

5. Bei der AfD ist „Basisdemokratie" Teil der Partei-DNS. Sämtliche Funktionsträger und Entscheidungsprozesse sind in der AfD – im Gegensatz zu anderen Parteien – von den Parteimitgliedern legitimiert. Bei der AfD erfolgt auch die Kandidatenaufstellung zu Kommunal-, Kreistags-, Landtags-, Bundestags- und EU-Wahlen auf Parteitagen transparent, öffentlich und direktdemokratisch.

6. Wie keine andere der im Bundestag vertretenen Parteien steht die AfD für die Forderung nach mehr direkter Demokratie. In ihrem Grundsatzprogramm heißt es gleich zu Beginn: „Die AfD setzt sich dafür ein, Volksentscheide in Anlehnung an das Schweizer Vorbild auch in Deutschland einzuführen. Wir wollen dem Volk das Recht geben, über vom Parlament beschlossene Gesetze abzustimmen."[18]

---

18 Programm für Deutschland. Das Grundsatzprogramm der Alternative für Deutschland. 2016, 16.

Die AfD ist also nicht nur *demokratisch legitimiert* und *stärkt die Demokratie*, indem sie bisher passive Wähler erreicht, und sie zeichnet sich in ihrer politischen Arbeit nicht nur durch ein *demokratisches Verhalten* aus, das die anderen Parteien vermissen lassen, sondern ist in ihren Bestrebungen sogar auf ein *Mehr an Demokratie* ausgerichtet. Damit wird deutlich, wie absurd die Versuche der anderen Parteien und mancher Journalisten sind, der Alternative das Label „demokratisch" abzuerkennen.

Ein letzter Kampfbegriff, den wir hier einmal etwas näher betrachten wollen, ist der des „Aussteigers". Wenn ein mehr oder weniger prominentes Mitglied der Alternative die Partei verlässt, wird dieses Wort schnell für selbigen benutzt. So titelte die Online-Ausgabe der sozialistischen Zeitung *Neues Deutschland* am 28.09.2018: „AfD-Aussteiger: Der Hamburger AfD-Fraktionschef verlässt die Partei", nachdem Jörn Kruse seine Absicht, aus der Partei auszutreten, bekanntgegeben hatte.[19] Dieser Duktus ist keinesfalls auf explizit linke Zeitungen beschränkt. Selbst in der FAZ findet sich ein Artikel mit der Überschrift: „AfD-Aussteiger: Nichts wie weg".[20] Das Problem mit dieser Rhetorik ist natürlich, dass „Aussteiger" typischerweise im Zusammenhang mit Sekten, kriminellen Vereinigungen oder totalitären Gruppen benutzt wird. Nun wird in den Artikeln an keiner Stelle behauptet, dass die AfD eine totalitäre Gruppierung sei, aber der übliche Kontext von „Aussteiger" suggeriert dies eben doch. Sprachwissenschaftlich spricht man hier von „semantischer Prosodie": Der übliche Kontext, in dem ein Wort gebraucht wird, „färbt ab" auf den neuen Kontext. Was würde wohl passieren, wenn eine Zeitung Alexander Gauland als

---

19 https://www.neues-deutschland.de/artikel/1101960.rechtsextremismus-afd-aussteiger.html

20 https://www.faz.net/aktuell/politik/inland/afd-aussteiger-nichts-wie-weg-15916454.html

„CDU-Aussteiger" oder den AfD-EU-Abgeordneten Guido Reil als „SPD-Aussteiger" bezeichnete?

Themenselektion und Blickfeldverengung

Die Art und Weise, wie wir uns auf bestimmte Begebenheiten beziehen (Wortwahl), ist durchaus wichtig; wichtiger ist jedoch, welche Themen wir überhaupt ansprechen und welche Perspektive wir dabei einnehmen.

Wann immer wir reden oder schreiben, selektieren wir. Das geht auch gar nicht anders: Wir können nicht über alles gleichzeitig reden. Aber von Menschen, deren Aufgabe es ist, Informationen weiterzugeben (also z. B. von Lehrern oder vor allem von Journalisten), erwarten wir zu Recht eine gewisse Ausgewogenheit, worüber sie berichten – und worüber nicht. Wie sehr es dabei zu Verzerrungen kommen kann, hatten wir schon bei der Beschäftigung mit der DDR-Presse gesehen: Entwicklungen von großer gesellschaftlicher und politischer Tragweite, wie die Demonstrationen im eigenen Land oder die Demokratiebewegungen in anderen osteuropäischen Ländern, wurden lange Zeit schlicht verschwiegen oder stiefmütterlich behandelt, ebenso wie andere Fakten, die die eigene Regierung in ein schlechtes Licht gerückt hätten. Stattdessen gab es ein tägliches Einerlei aus Banalitäten, Schönfärbereien und Erziehungsjournalismus. Das Ergebnis ist eine Verdrehung der Realität, wie sie größer kaum sein könnte.

In der Bibel finden wir einen solchen Fall von Perspektivenverschiebung und -verengung an historisch entscheidender Stelle. Adam und Eva lebten wortwörtlich im Paradies, hatten alles, was sie brauchten, und konnten sich an der ungetrübten Gemeinschaft mit Gott, aneinander sowie an ihrer Umwelt erfreuen. Sie hatten den Auftrag, sich zu vermehren und die Erde zu bebauen und zu bewahren, und sie hatten dabei die größtmögliche Freiheit. Nur eines durften sie nicht: Von dem Baum der Erkenntnis essen. Da kommt die Schlange und spricht Eva an. Sie schafft es, ihren Blick wegzulenken von all dieser Herrlichkeit, in der sie lebt, und verengt ihn hin zu dem *einen* Punkt, der – vermeintlich – negativ ist. Plötzlich ist alles andere vergessen, und der Baum erscheint unwiderstehlich attraktiv: „Die Frau sah, dass von dem Baum gut zu essen wäre und dass er eine Lust für die Augen wäre und verlockend, weil er klug machte" (1. Mose 3,6). Sie greift zu und gibt auch ihrem Mann. Die Folgen sind bekannt.

Was den Umgang der Medien mit der Alternative angeht, so finden wir diese Strategien vor allem in zweifacher Hinsicht, die man wie folgt zusammenfassen könnte: So lange wie möglich AfD-Positionen totschweigen und AfD-Politiker nicht zu Wort kommen lassen; wenn sich eine Berichterstattung nicht vermeiden lässt, entweder Nachrichten bringen, die an sich ein negatives Image fördern (z. B. Austritte, „Skandale"), oder selbst mit Hilfe der anderen in diesem Kapitel beschriebenen Techniken dieses negative Image kreieren. Die erste Vorgehensweise, die des medialen Totschweigens, finden wir z. B. eindrücklich bestätigt in den Aussagen von Prof. Max Otte, einem Ökonomen und CDU-Mitglied, der sich vor der Bundestagswahl 2017 öffentlich dazu bekannte, bei dieser Wahl die Alternative wählen zu wollen. In einem Interview erzählte er dann von der Reaktion der Medien auf dieses Bekenntnis. Auf die Frage „Welche Konsequenzen hatte dieses Outing für Sie?", antwortete Otte unter anderem:

> Ganz konkret ist passiert, dass ein Fernsehsender, mit dem ich seit über zehn Jahren vertrauensvoll zusammenarbeite, angerufen hat und gesagt hat: „Wir sagen alles ab." Ich hatte schon drei Interviews für den Rest des Jahres geplant. Ich finde das

sehr bedenklich für einen freiheitlichen Staat. Ein Sender hat abgesagt, ein bekannter Verlag hat mir abgesagt. Eben bekam ich noch von einem Konzernstrategen einen Anruf, der sich entschuldigte und sagte, er könne jetzt auch den zugesagten Artikel nicht schreiben. Also, man wird geschnitten, man verschwindet in der Versenkung.[21]

Der gleiche Mensch, jahrelang gern gesehener Experte in den Medien, wird quasi über Nacht zur Persona non grata, allein aufgrund seines Bekenntnisses, die AfD zu wählen.

Eine ähnliche Tendenz lässt sich bei der Besetzung von Talkrunden im Fernsehen verfolgen. Mitarbeiter von Prof. Dr. Jörg Meuthen analysierten im Januar 2018 die Teilnehmerstruktur der Talkshows „Anne Will", „Hart aber fair", „Maischberger" und „Maybrit Illner" aus dem Wahljahr 2017.[22] Ergebnis: Insgesamt waren in diesem Zeitraum 350 Politiker der im Bundestag vertretenen Parteien zu Gast. Davon gehörten 128 der CDU oder CSU an, 89 der SPD, 52 den Grünen, 39 der FDP und 30 den Linken. Politiker der AfD waren lediglich zwölfmal vertreten, was einem Gesamtanteil von 3,4 % entspricht. Meuthen resümiert: „Oberstes Ziel in diesem wichtigen Wahljahr scheint gewesen zu sein, unsere aufstrebende Bürgerpartei mehr oder weniger aus dem öffentlichen Diskurs zu verbannen." Auch 2019 hat sich die Situation nicht grundlegend geändert. In den gleichen Talkshows saßen insgesamt 261 Politiker. Davon gehörten 86 der Union an (33 %), 69 der SPD (26,4 %), 43 den Grünen (16,5 %), 29 der FDP (11,1 %), 21 der Linken (8 %), und nur in 13 Fällen

---

21 „Otte zu money.de: „Merkels Politik ist katastrophal";
https://www.youtube.com/watch?v=e5qxVmaNR7E; ab ca. Minute 2:10.

22 „Liebe Leser, trotz des Aufstiegs der sozialen Medien findet die politische Meinungsbildung";
https://de-de.facebook.com/Prof.Dr.Joerg.Meuthen/posts/958494207632618

der AfD (5 %). Wenn man diese Zahlen mit dem Anteil der Parteien bei der letzten Bundestagswahl vergleicht, sieht man, dass sie bei den meisten Parteien in etwa übereinstimmen. Allein die Grünen sind deutlich überrepräsentiert, während die AfD, immerhin der Oppositionsführer, medial an den Rand gedrängt wird.[23] Man könnte auch sagen, die Medien reden lieber über die AfD als mit ihr. Bisweilen wird diese Ausgrenzung sogar mehr oder weniger offen zugegeben. Am 1.7.2019 twitterte die Social-Media-Redaktion von „Das Erste": „Die Redaktionen der Talksendungen bemühen sich insbesondere, AfD-Vertreterinnen kein Forum für ihre Zwecke zu bieten. Je nach Thema ist es aber von Fall zu Fall nötig, AfD-PolitikerInnen selbst zu Wort kommen zu lassen."[24] Immerhin entschuldigte sich die Leiterin der Redaktion von „Hart aber fair" später für den Tweet.

Auf Dauer lässt sich dieses Totschweigen natürlich nicht aufrechterhalten; irgendwann muss man über die AfD berichten, da sie nun einmal Teil der politischen Landschaft in Deutschland ist. Hier greift das Prinzip, den Blick der Medienkonsumenten möglichst auf Ereignisse zu leiten, die die Partei in einem schlechten Licht darstellen. Einzelne „umstrittene" Äußerungen sind hierzu hervorragend geeignet (s. Abschnitt Zitatverdrehungen). Aber auch in ganz banalen Kontexten wird die Perspektive des Journalisten deutlich. Als beispielsweise bei der Stichwahl zum Oberbürgermeister von Görlitz im Juni 2019 der AfD-Kandidat Sebastian Wippel dem CDU-Kandidaten Octavian Ursu unterlag, titelte die taz: „Eine Stadt atmet auf".[25] Dass dies bestenfalls auf 55,2% der „Stadt" (die

---

23 „Grünen-Chefin Annalena Baerbock ist deutsche Talkshow-Königin 2019"; https://www.rnd.de/politik/grunen-chefin-annalena-baerbock-ist-deutsche-talkshow-konigin-2019-NXQYQS4R7RDTXHAMTZYDY5LIKU.html
24 https://twitter.com/DasErste/status/1145656954079076352
25 „Eine Stadt atmet auf"; http://www.taz.de/Kein-AfD-Buergermeister-in-Goerlitz/!5603184/

Ursu gewählt hatten) zutraf und dass mit dieser Schlagzeile fast die Hälfte der Einwohner von Görlitz übergangen wurde, die sich ein anderes Ergebnis gewünscht hatte – wen interessiert das?

Nun ist die taz bekanntermaßen eine linke Zeitung, und so erwartet man vielleicht auch eine einseitige Berichterstattung. Aber auch die Öffentlich-Rechtlichen, die gesetzlich zu einer Ausgewogenheit verpflichtet sind, spielen dasselbe Spiel. Marietta Slomka eröffnete zum Beispiel am 02.09.2019, einen Tag nach den Landtagswahlen in Brandenburg und Sachsen, bei denen die AfD mit 23,5% und 27,5% über Erwarten abgeschlossen hatte, das heute-Journal mit den Worten:

> Guten Abend. Am Tag danach ist die Kommentierung der Wahlergebnisse – wie so oft – eine Frage des Blickwinkels. Die einen sind entsetzt, dass in Brandenburg fast ein Viertel und in Sachsen sogar mehr als 27 % der Wähler AfD gewählt haben, deren Spitzenpersonal in beiden Ländern keine Hemmungen gegenüber dem radikal-völkischen Parteiflügel zeigt. Andere betonen lieber, dass sich immerhin zwei Drittel der Wähler dem klar entgegengestellt haben und es so den jeweils amtierenden Ministerpräsidenten ermöglichen, irgendwie weiterzuregieren.

Nach der Präsentation der ersten Perspektive (einschließlich des Verweises auf den „radikal-völkischen Parteiflügel") würde man bei einer ausgewogenen Berichterstattung so etwas erwarten wie: „Die anderen freuen sich über die grandiosen Stimmenzuwächse und möchten mitregieren." Doch dieser Satz kommt nicht. Stattdessen folgt eine *weitere* Anti-AfD-Perspektive. Dass in beiden genannten Bundesländern ein Viertel der Wähler weder zum einen noch zum anderen Lager gehört, wird ignoriert. Dem Zuschauer wird die Botschaft vermittelt: „Eine andere Meinung kann man nicht haben. Wer trotzdem anders denkt, bei dem stimmt irgendwas nicht." So funktioniert Ausgrenzung.

Ein letztes typisches Beispiel aus dem Bereich der einseitigen Perspektive sind die immer wieder stattfindenden Diskussionen zum Thema „Wie umgehen mit der AfD?" Hier wird alleine schon durch die Fragestellung vorausgesetzt, dass die Existenz oder das Erstarken der AfD ein Problem sei – schließlich muss man nur mit Problemen (wie Arbeitslosigkeit, Umweltverschmutzung usw.) irgendwie „umgehen". Und auch hier wird wieder lieber über die statt mit der AfD geredet.

Zeugenauswahl

Eine spezielle Art der Perspektivenselektion ist die der Zeugenauswahl. Zeugen spielen eine wichtige Rolle, bei Gericht ebenso wie in der Politik. Manchmal müssen sie unter den besonderen Schutz des Staates gestellt werden, damit sie den Gerichtstermin noch erleben und auch danach noch unbehelligt weiterleben können. Im Neuen Testament finden wir die Geschichte eines Mannes namens Lazarus, der gestorben war und den Jesus wieder zum Leben erweckt hatte (Johannes 11-12). Dieser Mann war ein wandelndes Zeugnis für die Kraft Jesu, und entsprechend war er der religiösen Elite ein Dorn im Auge – so sehr, dass die Hohen Priester beschlossen, „ auch Lazarus zu töten; denn um seinetwillen gingen viele Juden hin und glaubten an Jesus." (Johannes 12,10-11).

Auch bei der Verurteilung Jesu spielten Zeugen eine wichtige Rolle. Deren Auswahl war, gelinde gesagt, einseitig. Zahlreiche falsche Zeugen erhoben eine Anklage nach der anderen, „aber ihr Zeugnis stimmte nicht überein" (Markus 14,56). Entlastungszeugen waren nicht vorgesehen, obwohl es tausende gegeben hätte, die hätten bezeugen können, was Jesus gelehrt und wie er gelebt hatte. Beide Prozesse – vor dem jüdischen Hohen Rat und vor Pilatus – waren von

Anfang an eine Farce. Es ging nicht darum, der Wahrheit auf die Spur zu kommen; stattdessen ging es den Anklägern von vornherein darum, das von ihnen angestrebte Todesurteil durchzubekommen (Markus 14,55).

Im politischen Geschäft ist es für Außenstehende häufig schwierig zu entscheiden, wer Recht hat und wer nicht. Umso wichtiger ist es für Journalisten, Menschen zu haben, die sie befragen können – sei es, weil diese Informanten tatsächlich Zeugen im engeren Sinne sind, oder weil sie Ahnung von dem behandelten Thema haben und so qualifiziert Auskunft geben können. Die Zeugenauswahl obliegt natürlich den Journalisten, ebenso wie die Ausschnitte, die sie zitieren oder senden. Mit anderen Worten: Die Medien wählen jene aus, die diejenigen hören sollen, die zu entscheiden haben; in einer Demokratie ist dies das Volk.

Zeugenselektion ist auch immer da wichtig, wo der Anspruch aufrechterhalten werden soll, dass es sich um ein objektives Medium handelt. So kann man jene „Zeugen" auswählen, die die eigene Meinung transportieren, ohne sie selbst zu äußern. Diese Technik wird z. B. gerne in der Internetenzyklopädie Wikipedia angewendet. Wenn Sie die Einträge zur Alternative für Deutschland oder deren Funktionären mit denen von anderen Parteien oder Politikern vergleichen, werden Sie allein schon aufgrund der aufgeführten Stellungnahmen und Bewertungen Dritter eine deutliche Tendenz feststellen. Häufig geschieht dies aber auch viel subtiler. Ein markantes Beispiel hierfür lieferte der Fall Yücel.

Der deutsch-türkische Journalist Deniz Yücel war Mitte Februar 2018 nach einjähriger Haft in türkischen Gefängnissen auf Betreiben der deutschen Bundesregierung entlassen worden. In der Debatte am 22. Februar griff der Bundestagsabgeordnete Cem Özdemir (Grüne) die AfD-Fraktion scharf in einer Rede an, die von mehreren Nachrichtenportalen auszugsweise wiedergegeben wurde. Darin sagte der Grünen-Politiker unter anderem mit Blick und Gestik auf die AfD gerichtet:

> Wir sind froh, dass Deniz Yücel frei ist. Und ich will das mal sagen, dass hier auch kein Missverständnis entsteht: Genauso froh wären wir, wenn er Gustav Müller oder sonst wie heißen würde, weil jeder Bürger dieses Landes es verdient hat, dass dieses Land sich für ihn einsetzt; das ist doch wohl eine Selbstverständlichkeit. Jeder weiß es, außer Ihnen![26]

Wer nur diesen Ausschnitt sieht (wie bis auf wenige Ausnahmen alle Zuschauer), den beschleicht der Eindruck, die AfD wäre gegen die Freilassung von Yücel gewesen, weil dieser ausländische Wurzeln hat. Doch in dem Antrag selbst, der zu dieser Aussprache geführt hatte, hatte die AfD-Fraktion sich bereits ausdrücklich dafür ausgesprochen, die Bundesregierung möge feststellen:

> Der Deutsche Bundestag begrüßt die Freilassung von Deniz Yücel aus politischer Willkürhaft. Jede zu Unrecht bestehende Haft ist ohne Ansehen der Person zu beenden. Derzeit sind weitere fünf deutsche Staatsbürger sowie rund 150 Journalisten aus politischen Gründen in türkischen Gefängnissen inhaftiert.[27]

Auch Gottfried Curio, der im Bundestag diese Angelegenheit für die Alternative vertrat, äußerte sich gleich zu Beginn seiner Rede folgendermaßen: „Die AfD begrüßt die Freilassung von Herrn Yücel aus politischer Willkürhaft, begrüßt den Erfolg der außerordentlichen

---

26 „Cem Özdemir rechnet mit der AfD ab – die ganze Rede vor dem Bundestag"; https://www.youtube.com/watch?v=D044fXfnAro, ab ca. 1:11.

27 „Deutscher Bundestag Drucksache 19/846"; http://dip21.bundestag.de/dip21/btd/19/008/1900846.pdf

Bemühungen der Bundesregierung. Wir bedauern aber ebenso, dass eine Freilassung weiterer zu Unrecht Inhaftierter nicht mit gleicher Intensität betrieben wurde und aussteht."[28] Es ging der AfD also gar nicht darum, die Freilassung zu kritisieren, sondern um die Sonderbehandlung eines linken Journalisten, der zudem in der Vergangenheit mit unsäglichen Aussagen von sich Reden gemacht hatte (u. a. hatte er Thilo Sarrazin eine „lispelnde, stotternde, zuckende Menschenkarikatur" genannt). Der unbedarfte Medienkonsument bekommt jedoch von dem eigentlichen Anliegen der Alternative nichts mit und wird mit dem Gefühl zurückgelassen, die AfD könnte ja möglicherweise doch rassistisch sein. Dass es im Gegenteil der AfD auch um die anderen, noch nicht befreiten Journalisten gegangen war, dass Özdemir die Technik „Widerlege, was der andere gar nicht behauptet hat" verwendet hatte (und damit ein falscher Zeuge war), dass die Medien ausgerechnet Ausschnitte von dieser Rede ausstrahlten (und damit dem falschen Zeugen Raum gaben), all das ahnt der unbedarfte Mainstream-Medien-Konsument nicht.

Assoziation

Verleumdung funktioniert häufig nicht direkt, also indem man etwas Schlechtes über eine Person oder Gruppe sagt, sondern indirekt, indem man sie mit jemandem in Verbindung bringt, der im jeweiligen kulturellen Kontext definitiv einen schlechten Ruf hat. Dies hat für den Verleumder den Vorteil, dass er sich nicht weiter mit der zu verleumdenden Person auseinandersetzen muss; er muss sie nur irgendwie mit dem „Bösen" in Verbindung bringen. Jesus selbst hat diese Erfahrung auch machen müssen. Er galt beispielsweise als „Freund

---

28 „Gottfried Curio (AfD) über Deniz Yücel";
     https://www.youtube.com/watch?v=G6XBRzcwOtQ, ab ca. 0:02.

der Zöllner und Sünder" (Lukas 7,34). Was der Wahrheit entsprach (Jesus gab sich tatsächlich mit Zöllnern und anderen Sündern ab), war zur damaligen Zeit ein absolutes Tabu, wenn man Teil der respektierten Gesellschaftsschicht sein wollte. Das Land war von den Römern besetzt, und Zöllner waren Juden, die für die Besatzer die Zölle eintrieben und dabei nicht selten auch in die eigene Tasche wirtschafteten. Mit anderen Worten, sie waren Kollaborateure der Besatzungsmacht, die eigentlich auf der eigenen Seite stehen sollten, und die sich dann sogar noch am eigenen Volk bereicherten. Mehr Verrat geht kaum, und entsprechend verhasst waren sie. Und wenn die Juden des 1. Jahrhunderts von „Sündern" sprachen, dann meinten sie damit nicht die Menschheit per se, sondern vor allem solche Vertreter, die sich ganz besonders schlimmer Sünden schuldig gemacht hatten, vor allem auch sexueller Art (z. B. Lukas 7,37). Doch nicht nur mit „Zöllnern und Sündern" wurde Jesus assoziiert, sondern sogar mit dem Teufel selbst. In seinen irdischen Tagen heilte Jesus viele Kranke und Besessene. Die Folgen (die nun frei herumlaufenden Geheilten) waren nicht zu leugnen, und so mussten seine Gegner eine andere Erklärung finden: „Die Schriftgelehrten aber, die von Jerusalem herabgekommen waren, sprachen: Er hat den Beelzebul, und: Durch den Obersten der Dämonen treibt er die Dämonen aus." (Markus 3,22) Wie abwegig diese Unterstellung war, machte Jesus ihnen deutlich, indem er ihnen erklärte, dass ein Reich, das mit sich selbst uneins ist, zerfällt (Verse 23-27).

Wie funktioniert Diffamierung durch Assoziation im Falle der Alternative für Deutschland? Da gibt es mehrere Möglichkeiten. Das fängt damit an, dass man die AfD in einem Atemzug mit extremistischen Organisationen nennt, so, als hätte die AfD mit solchen Organisationen vieles gemein. Wie absurd das ist, zeigt die Tatsache, dass diese Organisationen in der Unvereinbarkeitsliste der AfD aufgeführt werden, man also nicht einmal AfD-Mitglied werden kann, wenn man vorher einer von ihnen angehört hatte. Häufig stellen Journalisten aber auch Verbindungen her („hat Verbindungen zu") zu individuellen Personen oder Gruppen aus extremen oder sonst irgendwie mit einem Stigma belegten Kreisen. So brachte Focus online im Oktober 2018 einen Artikel über die rechtsterroristische Gruppe „Revolution Chemnitz". An einer Stelle heißt es: „Die ‚Revolution Chemnitz' hat eine Vorgeschichte, die weit über die Aufmärsche von Neonazis, Hooligans und AfD in diesem August in Chemnitz hinaus reicht."[29] Da ist es! Nicht nur wird hier die Alternative in einem Atemzug mit Neonazis und Hooligans genannt; sie wird sogar durch die „Vorgeschichte" in Verbindung mit einer Terrorgruppe gebracht. Da darf man sich nicht wundern, wenn der gewöhnliche Medienkonsument anfängt, die AfD für etwas Anrüchiges zu halten.

Ein weiteres besonders offensichtliches Beispiel dieser Technik ist ein Artikel in der *taz* mit der Überschrift „Eine schrecklich braune Familie".[30] Die ersten beiden Sätze dieser „Reportage" lauten: „Nikolaus von Oldenburg wollte im Vernichtungskrieg von Wehrmacht und SS seinen Clan bereichern. Seine Enkelin ist Beatrix von Storch." Wie der Artikel weitergeht, können Sie sich vorstellen. Dass die Großeltern vieler deutscher Politiker in die Nazi-Diktatur verstrickt waren, ist unschwer vorstellbar; dies wird aber selten thematisiert. Bei einer prominenten AfD-Politikerin kann man jedoch nach Parallelen suchen. Dabei muss von Storch überhaupt nichts vorzuwerfen sein – es reicht, dass sie einen Opa hatte, der möglicherweise etwas Schlimmes getan hat. Wenn die geistige Haltung,

---

29 „Weiterer mutmaßlicher Rechtsterrorist in Sachsen festgenommen"; https://www.focus.de/politik/deutschland/chemnitz-revolution-chemnitz-plante-attacken-auf-politiker-journalisten-und-weitere-menschen_id_9688440.html.
30 „Eine schrecklich braune Familie"; http://www.taz.de/!5359430/

die diesem Artikel zugrunde liegt, auch physisch umgesetzt wird, spricht man von Sippenhaftung, einer abscheulichen Form der Ungerechtigkeit. Als bloße journalistische Technik erregt sie in den westlichen Demokratien des 21. Jahrhunderts außer bei den Betroffenen wenig Aufsehen.

Und schließlich: Ganz besonders schlimm ist es, wenn die AfD mit Tötungsdelikten in Verbindung gebracht wird, mit denen sie nicht das Geringste zu tun hat.

Zitatverdrehung

Zitate mit einem (scheinbar oder tatsächlich) kompromittierenden Inhalt sind ein beliebtes Mittel, um einen Gegner zur Strecke zu bringen. Zu allen Zeiten war den Mächtigen daran gelegen, etwas aus dem Munde ihrer Gegner zu erhaschen, das sie dann gegen selbige verwenden konnten. Und wenn der Betreffende nicht wirklich etwas Skandalöses von sich gab, konnte man zur Not eine reale Aussage etwas frisieren, damit sie dramatischer klang. Auch bei Jesus war dies nicht anders. Im Matthäusevangelium wird berichtet, wie die Pharisäer zusammenkamen und berieten, „wie sie Jesus mit seinen eigenen Worten in eine Falle locken könnten" (Matthäus 22,15; NeÜ), und Lukas berichtet, dass sich bei einer anderen Gelegenheit Folgendes abspielte: „Als Jesus das Haus wieder verließ, setzten ihm die Gesetzeslehrer und die Pharisäer mit vielen Fragen hart zu. Sie lauerten darauf, ihn bei einer verfänglichen Äußerung zu ertappen" (Lukas 11,53-54; NeÜ). Klingt vertraut, nicht wahr?

Tatsächlich finden wir bei Jesus ein Zitat, mit dem seine Gegner wiederholt versuchten, ihn zu verleumden. In den Evangelien wird in nicht weniger als vier Stellen berichtet, dass Jesus vorgehalten wird, er habe gesagt: „Ich kann den Tempel Gottes abbrechen und in drei

Tagen aufbauen." (Matthäus 26,61; außerdem in Matthäus 27,40, Markus 14,58 und Markus 15,29). Das Zitat muss schließlich sogar so die Runde gemacht haben, dass es „die Leute, die vorbeikamen" (Markus 15,29), also die breite Masse, kannte. Auch nach dem Tod, der Auferstehung und der Himmelfahrt Jesu lebte das Zitat weiter. Als Stephanus vor den Hohen Rat gezerrt wird, wird es sogar *ihm* in den Mund gelegt (Apostelgeschichte 6,13-14). Eine einmal getätigte Äußerung, die den Gegnern in den Kram passt, kann sehr lange am Leben gehalten werden. Doch hatte Jesus das wirklich so gesagt?

Nachdem der Sohn Gottes zu Beginn seines öffentlichen Wirkens die Geldwechsler und Händler aus dem Tempel vertrieben hatte, forderten die Juden ein Wunder von ihm, mit dem er seine Legitimität für eine solche Tat nachweisen sollte. Jesus antwortete darauf: „Brecht diesen Tempel ab und in drei Tagen will ich ihn aufrichten." (Johannes 2,19). Interessanterweise finden wir diese Äußerung in allen vier Evangelien zusammen nur ein einziges Mal. Die Vermutung liegt also nahe, dass Jesus diese Aussage tatsächlich nur in dieser einen Situation getätigt hat. Johannes erklärt dann noch, dass Jesus mit „Tempel" seinen eigenen Körper meinte (Vers 21). Das, was Jesu Gegner schließlich verbreiteten, war allerdings nicht das Original; es war eine Kopie, mit einer kleinen, aber bedeutsamen Fälschung. Jesus hatte gesagt: „Brecht diesen Tempel ab", mit anderen Worten: *„Ihr* werdet den Tempel zerstören." Der Handelnde in den vier Fehlzitaten ist jedoch jedes Mal Jesus selbst: „Wir haben gehört, dass er gesagt hat: Ich will diesen Tempel, der mit Händen gemacht ist, abbrechen und in drei Tagen einen andern bauen, der nicht mit Händen gemacht ist." (Markus 14,57-58) Das ist zum einen wesentlich dramatischer. Jemand, der an den Tempel, das Heiligtum der Juden, Hand anlegen und ihn eigenhändig niederreißen will – das ist ein Skandal! Zum anderen lenkt es natürlich auch von dem ab, was Jesus tatsächlich sagen wollte – und damit von der persönlichen Verantwortung der Ankläger. Zitatverdrehung im ersten Jahrhundert.

Auch bei Vertretern der Alternative gibt es einige Zitate, die immer wieder als „Kronzeugen" gegen die Partei ins Feld geführt werden und die viele Menschen dann parat haben, wenn sie erklären sollen, was sie gegen die AfD haben. Da sind Gaulands „Jagen"- oder „Vogelschiss"-Aussagen oder Höckes „Denkmal der Schande". Mit diesem letzten Zitat werden wir uns an dieser Stelle einmal etwas näher beschäftigen. Damit wollen wir wohlgemerkt keine Aussage über die Person Björn Höckes oder seine Ansichten treffen, sondern eine ganz spezielle Art der Zitatverdrehung aufarbeiten.

Zu den ersten Assoziationen, die die meisten Menschen mit Höcke verbinden, gehört die Tatsache, dass Höcke einmal das Berliner Holocaust-Mahnmal als „Denkmal der Schande" bezeichnet hat. Dieses Zitat wird immer wieder angeführt, wenn belegt werden soll, dass Höcke ein „Rechtsaußen" sei. Allein: So einfach, wie die Sache aussieht, ist sie nicht. Um diesen Fall zu klären, müssen wir uns zunächst einmal ein bisschen mit Grammatik beschäftigen.

Bei „Denkmal der Schande" handelt es sich um eine Konstruktion, bei der zwei Substantive (*Denkmal*, *Schande*) mit Hilfe eines Artikels im Genitiv (*der*) verbunden werden. Prinzipiell können solche Wortgruppen mancherlei Art von Beziehungen zwischen den Substantiven ausdrücken. So kann beispielsweise ein Besitz (*Haus des Schauspielers*) oder eine Teil-Ganzes-Beziehung ausgedrückt werden (*Tür des Autos*). Manche dieser Konstruktionen sind auch, wenn sie isoliert gesehen werden, mehrdeutig. So kann sich „Bild der Frau" u. a. auf ein Bild beziehen, das der Frau gehört (der sogenannte *genitivus possessivus*), auf ein Bild, das die Frau gemalt hat (*genitivus auctoris*) oder auf ein Bild, das die Frau zeigt (Genitiv des dargestellten Objekts), ganz abgesehen von der Vorstellung, die allgemein von Frauen in der Gesellschaft oder Teilen von ihr vorherrscht. Was im Einzelfall tatsächlich gemeint ist, zeigt in aller Regel der Kontext.

In dem vorliegenden Fall geht es darum, zwischen zwei Lesarten zu unterscheiden: (1) Das Denkmal selbst wird als Schande bezeichnet. Dies wäre ein subjektives Werturteil von Herrn Höcke über das Denkmal. (2) Das Denkmal repräsentiert als Holocaust-Mahnmal die Schande der Deutschen, nämlich das Dritte Reich. Dann wäre die Phrase „Denkmal der Schande" im Sinne von „Denkmal der eigenen Schande" zu verstehen und damit eine Bezugnahme, die bis auf wenige Ausnahmen von der überwiegenden Mehrheit des deutschen Volkes geteilt wird. Die Frage, welche dieser Lesarten zutreffend ist, kann nur entschieden werden, wenn man sich die Äußerung selbst anschaut. Hier ist das, was Höcke bei seiner Rede sagte:

> Wir Deutschen – und ich rede jetzt nicht von euch Patrioten, die sich hier heute versammelt haben – wir Deutschen, also unser Volk, sind das einzige Volk der Welt, das sich ein Denkmal der Schande in das Herz seiner Hauptstadt gepflanzt hat.

Von welcher Schande redet Höcke hier? Von der des Denkmals? Oder von der, für die das Denkmal steht? Eindeutig Letzteres. Wenn Höcke Lesart (1) gemeint hätte, hätte er so etwas sagen müssen wie: „Dieses Denkmal ist eine Schande! Lasst uns dieses Denkmal der Schande (oder: Schanddenkmal) wieder einreißen!" Das hat er aber nicht. Es geht in diesem Kontext nicht um die Empfindungen, die Höcke, die Bürger Deutschlands oder die Bürger anderer Länder gegenüber ihren Denkmälern haben. Es gibt viele Menschen rund um den Globus, die das eine oder andere Denkmal ihrer Hauptstadt als (z. B. künstlerische oder architektonische) Schande empfinden. Stattdessen redet Höcke von der *Einzigartigkeit,* die dieses Denkmal ausmacht: Es dürfte tatsächlich nicht leicht sein, eine andere Hauptstadt als Berlin zu finden, in deren Zentrum ein Mahnmal steht, das an die Schande des eigenen Volkes erinnert. Lesart (2) ist also die einzige, die im gegebenen Kontext einen Sinn ergibt.

Was aber passiert, wenn die Konstruktion „Denkmal der Schande" nur so, d. h. aus ihrem Kontext herausgelöst, zitiert wird? Sie löst bei den meisten Menschen die – anstößige, aber unzutreffende – Vorstellung aus, Höcke habe das Denkmal selbst als Schande bezeichnet. Dies dürfte der Grund sein, warum die Medien nur die Genitivkonstruktion, nicht aber den vollständigen Satz zitieren. Durch die Isolation einer Wortgruppe gelingt es ihnen, das, was Höcke gesagt hat, in einem völlig anderen Licht erscheinen zu lassen und praktisch in sein Gegenteil zu verkehren. Dies ist ein gutes Beispiel dafür, dass man sachlich richtig berichten (Höcke hat die Wortgruppe „Denkmal der Schande" tatsächlich benutzt) und doch täuschen kann.

Nun wäre es zu leicht und auch falsch, bei sämtlichen kompromittierenden Zitaten von AfD-Funktionären den Medien die Schuld zu geben. Es gibt Äußerungen, mit denen auch wir als Autoren dieses Buches nicht einverstanden sind. Trotzdem bleibt die Tatsache, dass vieles von dem, was alternative Politiker sagen, aus dem Kontext gerissen und verzerrt wird, um die Partei in ein schlechtes Licht zu stellen.

Die Maximalkeule

In allen Kulturen und zu allen Zeiten gab es etwas, das neben Mord, Totschlag und anderen furchtbaren Verbrechen als gesellschaftlich völlig inakzeptabel galt. Im frommen Israel des ersten Jahrhunderts war einer der schlimmsten Vorwürfe, die jemandem gemacht werden konnten, der der Gotteslästerung. Diese Haltung ging zurück auf Gottes Gebot aus 3. Mose 24,16: „Wer des HERRN Namen lästert, der soll des Todes sterben." So ist es nicht verwunderlich, dass der Vorwurf, der Jesus schließlich das Todesurteil durch den

Hohen Rat einbrachte, der der Gotteslästerung war (Matthäus 26,65-66).

Im ausgehenden Mittelalter hatte sich das Schwergewicht hin zur richtigen Lehre verschoben, sodass ein Maximalvorwurf auf Häresie (Irrlehre) lautete; ein Vorwurf, den sich die Reformatoren gefallen lassen mussten. Im Deutschland des späten 20. und frühen 21. Jahrhunderts gehört es zu dem Schlimmsten, was einem Menschen nachgesagt werden kann, dass er ein (Neo-)Nazi sei. Es ist genau diese Keule, mit der manche Medien und Politiker immer wieder die AfD zu erschlagen versuchen. Weitere demselben Wortfeld zuzuordnende Begriffe sind „braun", „Faschist", „rechtsextrem", „rechtsaußen", „rechter Rand" usw. „Mit der AfD beschäftigte und beschäftigt man sich allenfalls herablassend," schreibt der Publizist Matthias Matussek, „im Fernsehen mit mutigen Überfallfragen auf der Straße: ‚Was ist deutsch?' und in den Printmedien mit einem Rattenschwanz, der stets bis zu den Nazis zurückreicht."[31] Dem Mainstream-Medien-Nutzer wird eine Brille aufgesetzt, durch die er die Partei sehen soll. Anders ausgedrückt: Er wird einem „Framing" ausgesetzt.

Ein Beispiel für die Nazikeule ist die Reaktion der Medien auf den von verschiedenen Seiten vorgebrachten Vorwurf der „Lügenpresse". Statt diesem Vorwurf nachzugehen und sich selbstkritisch mit ihm auseinanderzusetzen, versuchten es viele Medien lieber mit selektiver Information: „Lügenpresse" sei ein Begriff der Nazis gewesen, mit dem diese ihnen nicht genehme Journalisten zu diffamieren versucht hätten. Die Schlussfolgerung bleibt dem Leser dann selbst überlassen: Wer also heute wieder von „Lügenpresse" redet, der ist eigentlich ja auch ein Nazi. Nun ist es richtig, dass dieser Begriff

---

31 Matussek, Matthias. 2018. *White Rabbit oder der Abschied vom gesunden Menschenverstand.* München: Finanzbuchverlag, 280.

von den Nazis verwendet wurde, aber sie waren weder die Ersten, die das taten, noch waren sie damit allein. „Lügenpresse" lässt sich bis ins 18. Jahrhundert zurückverfolgen, also in eine Zeit lange vor den Nazis; der Begriff wurde zudem von den verschiedensten Gruppen verwendet, u. a. auch von den linken „68ern".[32] Man hätte also alle möglichen Parallelen ziehen können. Stattdessen wird in den Medien so getan, als handele es sich um eine Wortschöpfung der Nationalsozialisten, die jetzt von den „Rechtspopulisten" aufgegriffen würde.

Eine andere Technik des „In-die-rechte-Ecke-Stellens" wird gerne in Interviews mit AfD-Politikern verwendet. Hier geht es häufig, bestimmt durch die Fragen des Interviewers und im Gegensatz zu den Interviews mit vielen anderen Politikern, weniger um programmatische, tagespolitische oder gar persönliche Fragen. Vielmehr muss sich der AfDler typischerweise zumindest auch mit Fragen auseinandersetzen, die ihn oder seine Partei in die Nähe des Rechtsextremismus rücken. „Was tun Sie gegen rechte Gewalt?", suggeriert, dass der Politiker eine Verantwortung für rechte Gewalt hat. Auch in diesem Fall kann eine Umkehrung der Frage als Augenöffner dienen. Was würde passieren, wenn ein Journalist einen SPD-Politiker fragen würde: „Was tun Sie gegen linke Gewalt?"

Nach dem antisemitischen Anschlag von Halle im Oktober 2019 und der im gleichen Monat stattfindenden Landtagswahl in Thüringen kam es zu einer Radikalisierung der Sprache, weg von indirekten „Nazi-Framings" hin zur direkten Verwendung des Nazi-Begriffs auch in der Öffentlichkeit. Mehrere Politiker anderer Parteien titulierten die AfDler wahlweise als „Nazis", „Faschisten"

---

32 Vgl. z. B. Wernicke, Jens. 2017. *Lügen die Medien? Propaganda, Rudeljournalismus und der Kampf um die öffentliche Meinung.* Frankfurt: Westend, 21f, 61, 86-94

oder „Drecksnazis", wie beispielsweise der Landesvorsitzende der CDU Thüringen Mike Mohring. Da stellt sich wirklich die Frage: Wissen diese Leute überhaupt noch, was sie da reden, oder ist ihnen für den Effekt jeder Preis recht?

Die Nazikeule trifft fast immer Leute, die mit dem Nationalsozialismus nichts, aber auch gar nichts zu tun haben. Da diese Keule eine Maximalkeule ist, ist es auch eine maximale Schande, Menschen damit zu belegen, die zum großen Teil sogar dezidiert anti-totalitaristisch eingestellt sind. Ein weiteres Problem ist, dass der inflationäre Gebrauch der Begriffe rund um das Nazitum durch die ständige Erweiterung der Kontexte, in denen solche Wörter benutzt werden, dazu führt, dass die Nazis und die von ihnen tatsächlich begangenen Gräuel relativiert und verharmlost werden. Wenn heute ein Überlebender des Holocausts mitbekommen würde, wie leichtfertig das Wort Nazi verwendet wird – es würde nicht verwundern, wenn ihm das übel aufstoßen würde. Dieser gedankenlose Gebrauch der Nazi-Terminologie missbraucht sein Leiden und das von Millionen seiner Glaubensgeschwister als rhetorisches Schock-Element und nimmt dabei in Kauf, dass sich der Begriff immer weiter abnutzt. Am Ende bedeutet Nazi nicht viel mehr als „Mensch, der nicht mit linken Ideologien übereinstimmt". Irgendwann wird man dann auch keine ausreichend scharfen Wörter mehr haben, wenn es um wirkliche Rechtsextremisten geht. Der Historiker Karlheinz Weißmann machte deshalb sogar einmal den Vorschlag, in analytischen Texten für mindestens zehn Jahre auf die Begriffe „Rechtsradikaler" und „Rechtsextremer" zu verzichten.[33]

---

33 Weißmann, Karlheinz. 2019. GegenAufklärung. In *Junge Freiheit* 10/19, 15.

Doppelmoral

Doppelmoral ist keine verbale Technik im eigentlichen Sinne, sondern eine ethische Haltung. Sie besagt, dass man unterschiedliche Standards anwendet, je nachdem, mit wem man es zu tun hat. Üblicherweise ist man sich selbst und Gleichgesinnten gegenüber nachsichtiger als gegenüber Andersdenkenden oder gar Gegnern. Dies kann verschiedene Folgen haben. Wenn man zum Beispiel öffentlich eine Moral hochhält, die kaum zu erreichen ist und die man selbst nicht erreicht, führt das zu Heuchelei. Wenn man auf der anderen Seite seine Moral so flexibilisiert, dass sie je nach Betroffenem passt oder auch nicht passt, führt das zu einer Situation, in der die Gegner derjenigen, die Doppelmoral praktizieren, gar nicht mehr gewinnen können. Mit beiden Spielarten hatte Jesus zu kämpfen. Es gab auf der einen Seite kaum etwas in Jesu Leben, das ihn so in Rage brachte wie die Heuchelei, die er bei den religiösen Führern seines Volkes fand (vgl. Matthäus 23). Er setzte sich z. B. mehrfach ihrer Kritik aus, weil er auch am Sabbat Menschen heilte. Bei einer Gelegenheit wies er dann seine Gegner zurecht mit den Worten: „Da antwortete ihm der Herr und sprach: Ihr Heuchler! Bindet nicht jeder von euch am Sabbat seinen Ochsen oder Esel von der Krippe los und führt ihn zur Tränke?" (Lukas 13,15). Aber auch die „Man kann es nicht richtig machen"-Spielart kannte er. An einer Stelle kritisierte er das Volk: „Denn Johannes der Täufer ist gekommen und aß kein Brot und trank keinen Wein; und ihr sagt: Er ist von einem Dämon besessen. Der Menschensohn ist gekommen, isst und trinkt; und ihr sagt: Siehe, dieser Mensch ist ein Fresser und Weinsäufer, ein Freund der Zöllner und Sünder!" (Lukas 7,33-34)

Beim Umgang von Politik und Medien mit der AfD ist Doppelmoral ein ständiger Begleiter, quasi eine grundlegende Begleiterscheinung.

Unzählige Beispiele ließen sich anführen. Wenn etwa die AfD eine Demonstration organisiert und dort, wie z. B. im August 2018 in Chemnitz ungewollt (und auch von der AfD nicht akzeptiert) Neonazis ihre Auffassungen kundtun, so wird dies mit der Partei in Verbindung gebracht und von den Medien ausgeschlachtet. Wenn hingegen die Grünen oder die SPD eine Demonstration veranstalten und sich dort Anhänger der „Antifa" mit ihren Thesen oder auch mit ihren Aktionen zu Wort melden, käme kaum ein Journalist auf die Idee, dies den Parteien anzulasten.[34] Ebenso wird regelmäßig an Äußerungen von AfD-Politikern ein höherer Maßstab angelegt als an andere Politiker, etwa was die Verwendung von Kampfbegriffen angeht. Als Alexander Gauland am Abend der Bundestagswahl 2017 auf der eigenen Wahlparty verkündete, man werde jetzt die neue Regierung „jagen", war die Empörung in vielen Medien groß. Der Focus unkte: „Gauland-Aussage lässt Schlimmes für Bundestag befürchten"[35] und der Spiegel sprach von „aggressiver Rhetorik".[36] Derselbe Spiegel hatte bereits 1994 berichtet, wie der damalige Grünen-Sprecher Ludger Volmer am Wahlabend mit Blick auf Helmut Kohl verkündet hatte: „Wir werden den Kanzler jagen"[37], ohne diese Äußerung auch nur zu kommentieren. Auch als CSU-Landesgruppenchef Alexander Dobrindt ein Jahr *nach* der Gauland-Aussage in

---

34 Vgl. „AFD-PRESSEKONFERENZ: Gauland und Meuthen zum Wahlergebnis in Bayern";
https://www.youtube.com/watch?v=QnX7w5KIbOA; Min. 13:45-18:00.
35 „Gauland-Aussage läßt Schlimmes für Bundestag befürchten";
https://www.focus.de/politik/deutschland/bundestagswahl_2017/soll-das-der-ton-der-auseinandersetzung-sein-er-will-merkel-jagen-gauland-aussage-laesst-schlimmes-fuer-bundestag-befuerchten_id_7632697.html
36 „Wir werden Frau Merkel jagen";
http://www.spiegel.de/politik/deutschland/afd-alexander-gauland-wir-werden-frau-merkel-jagen-a-1169598.html
37 „DEN KANZLER JAGEN";
http://www.spiegel.de/spiegel/print/d-13683714.html

einem öffentlichen Interview forderte, man müsse die AfD „wieder rausjagen aus unserem deutschen Parlament",[38] blieb die journalistische Entrüstung aus.[39]

Doppelmoral zeigt sich auch darin, wie mit Fehlverhalten von politischen Akteuren umgegangen wird. CDU-Generalsekretär Peter Tauber forderte nach der Ermordung des Kasseler Regierungspräsidenten Walter Lübcke im Juni 2019, man solle „Verfassungsfeinden" die Grundrechte wie freie Meinungsäußerung entziehen – ein ungeheurer Vorgang. Grundrechte sind Abwehrrechte des Bürgers gegen den Staat; ihr Entzug deutet entweder auf eine unmittelbare Bedrohung des Staates oder auf die Entwicklung eines Totalitarismus hin. Konkret bezog sich Tauber neben zwei AfD-Politikern auch auf Erika Steinbach, ehemalige Vorsitzende des Bundes der Vertriebenen, und auf Max Otte (einen CDU-Mann!). Diese Forderung stieß auf breite Kritik, nicht nur aus den Reihen der AfD, sondern auch aus anderen Parteien und zum Teil auch durch Medien selbst.[40] Man stelle sich jedoch vor, die AfD hätte einen ähnlichen Tabubruch begangen und für unliebsame Dissidenten den Entzug der Grundrechte gefordert! Medien wie Politiker hätten dies als den ultimativen Beleg für eine totalitaristische Gesinnung der

---

38 „Dobrindt kritisiert ‚Falschbehauptungen der Rechtsaußen-Panikmacher'"; https://www.welt.de/politik/deutschland/article184583028/Migrationspakt-Dobrindt-kritisiert-Rechtsaussen-Panikmacher.html

39 Eine ähnliche Doppelmoral findet sich auch für andere Begriffe, etwa für das „entsorgen"-Zitat von Alexander Gauland; vgl. „Liebe Leser, gewiss ist Ihnen in den letzten Jahren immer wieder aufgefallen"; https://de-de.facebook.com/Prof.Dr.Joerg.Meuthen/posts/952779911537381.

40 Vgl. z. B. „Extremisten Grundrechte entziehen? Empörung über Vorschlag"; https://www.zeit.de/news/2019-06/19/extremisten-grundrechte-entziehen-empoerung-ueber-vorschlag-190619-99-705818
Einen guten Kommentar zu diesem Vorstoß liefert Maximilian Krah, zu finden unter „Hier kräht der Krah – Folge 15 – Die wahren Feinde der Demokratie"; https://www.youtube.com/watch?v=2YWWkz0S8F4

AfD ausgelegt und die Affäre dauerhaft ausgeschlachtet. So jedoch versickerte das Thema rasch wieder.

Es sind aber nicht nur einzelne Ereignisse, bei denen die unterschiedliche Behandlung klar zutage tritt; es gibt auch eine systematische Doppelmoral. Dies wird deutlich in der Art und Weise, wie Mainstream-Medien sich auf die einzelnen Parteien und ihre Aktiven beziehen. Wie wir bereits gesehen haben, ist die Bedeutung von *populistisch* zwar schwer zu fassen, aber immer mit einem Stigma verbunden. Doppelmoralisch kommt nun hinzu, dass die AfD die einzige im Bundestag vertretene Partei ist, bei der regelmäßig nicht die Eigenbezeichnung, sondern ein verunglimpfendes Wort, sei es als Zusatz oder als alleinige Referenz, verwendet wird. Die CDU/CSU wird als „Union" bezeichnet und wahlweise als „Christdemokraten" oder „Christsoziale", die SPD als „Sozialdemokraten" oder auch schon mal als „Genossen" (auch eine Eigenbezeichnung), die FDP als „Liberale" und die Linken und die Grünen mit ihrem Eigennamen bzw. die Grünen gelegentlich auch schon mal als „Ökopartei", was aber auch kein ehrenrühriger Titel ist. Dabei wäre es kein Problem, analog zu den „Rechtspopulisten" für die AfD eine ähnlich gebildet klingende und ähnlich stigmatisierende Bezeichnung für die anderen Parteien zu finden. Wie wäre es mit „Opportunisten" für die CDU/CSU, mit „Utopisten" für die Grünen, mit „Linkspopulisten" für die SPD („Gerechtigkeit!"), mit „Kapitalisten" für die FDP und mit „Linksradikale" für die Linke? Stellen Sie sich einmal vor, eine Zeitung würde den Satz drucken „Die Landesregierung in Sachsen-Anhalt wird jetzt gestellt von der opportunistischen CDU, der linkspopulistischen SPD und den utopistischen Grünen." Der Aufschrei, nicht nur bei den Parteien selbst, wäre unüberhörbar. Bei der AfD hat man sich durch die großflächige Verwendung des „Rechtspopulisten"-Labels inzwischen so daran gewöhnt, dass es kaum mehr auffällt; unterschwellig wirkt die Stigmatisierung aber natürlich weiter.

Besonders schlimm ist die Doppelmoral dann, wenn es um Gewalt gegen Politiker oder Parteimitglieder geht. Generell wird über Angriffe auf Alternative kaum berichtet, aber ein Fall sticht doch aufgrund seiner Parallelität besonders heraus. Als der Altenaer Bürgermeister Andreas Hollstein (CDU) im November 2017 von einem alkoholisierten Mann angegriffen und mit einem Messer leicht am Hals verletzt worden war, überschlugen sich die Stimmen vor allem in der Politik, die vor einer Verrohung der Sitten warnten und die Schuld auch bei der AfD suchten. Selbst in der Tagesschau wurde über den Fall berichtet. Nur fünf Tage später wurde der Bundestagsabgeordnete Kay Gottschalk auf dem Parteitag der AfD in Hannover von mehreren „Antifa-Aktivisten" angegriffen, die ihm das Handgelenk brachen. Reaktionen aus Politik und Medien? Fast null.[41]

Die in diesem Kapitel dargestellten Techniken schließen sich natürlich nicht gegenseitig aus. So geht beispielsweise eine Zitatverdrehung fast immer mit Doppelmoral einher (weil man dies mit Angehörigen der eigenen Ideologie nie machen würde); das falsche Zitat kann ferner so formuliert sein, dass es als Nazikeule fungiert. Auch sind die dargestellten Techniken keinesfalls umfassend; dies können sie schon allein deshalb nicht sein, weil wir uns hier nur auf sprachliche Techniken und ethische Haltungen konzentriert haben und visuelle Techniken völlig außen vor gelassen wurden. Ein ausgewähltes Foto oder eine Bildsequenz beispielsweise können einen Menschen in einem vorteilhaften oder auch absolut unvorteilhaften Licht erscheinen lassen. Medienwissenschaftler könnten, wenn sie denn wollten, Bände füllen mit den Diffamierungsstrategien gegen die AfD. Letztlich ist aber nicht die gewählte Technik entscheidend, sondern die Motivation, eine Ideologie, die man nicht teilt, in Misskredit zu bringen.

---

41 „War was?"; https://jungefreiheit.de/debatte/kommentar/2017/war-was/

Die hier beschriebenen Techniken und Haltungen sind universal, und die meisten Menschen machen davon in der einen oder anderen Weise Gebrauch. Wer in einem Streitgespräch seine Position darstellt, ist in aller Regel selektiv mit seinen Darstellungen und vielleicht auch ein bisschen doppelmoralisch. Möglicherweise ist man auch in der Wortwahl nicht ganz so sensibel, wie das wünschenswert wäre. Dies ist bis zu einem gewissen Grad nachvollziehbar und verständlich. Der Notwendigkeit, diese Techniken hier trotzdem zu thematisieren, liegt darin begründet, dass es sich hier eben nicht um ein Streitgespräch zwischen zwei Menschen handelt, bei dem jeder eine eigene Position vertreten darf und soll, sondern um Medien, deren Aufgabe es ist, Bürger zu informieren. Für die meisten Menschen ist etwas wahr, weil es im Fernsehen berichtet wird oder in einer „seriösen" Zeitung steht. Diese Erwartungshaltung gegenüber den Medien ist durchaus berechtigt. Eigentlich sollte man sich darauf verlassen können, dass das, was einem große Fernsehstationen oder Zeitungen übermitteln, auch zutrifft. Daraus resultiert eine Verantwortung auf Seiten der Medien, das ihnen entgegengebrachte Vertrauen nicht zu missbrauchen. Dieses Vertrauen wird von den Mainstream-Medien jedoch in einer Breite, Dauerhaftigkeit und Unausweichlichkeit mit Füßen getreten, dass dies nicht unkommentiert bleiben darf.

Wer sich diese Techniken zur Diffamierung Andersdenkender anschaut, dem fällt vielleicht auf, dass die klare, eindeutige Lüge gar nicht aufgeführt ist, obwohl auch sie bei der Verurteilung Jesu eingesetzt wurde (Lukas 23,2). Der Grund ist, dass klare Lügen in den Medien eine – zumindest im Vergleich zu den anderen Techniken – untergeordnete Rolle spielen. Sie kommen vor, aber sie sind bei weitem nicht so effektiv wie die hier behandelten „Halblügen", und sie bergen für die Journalisten immer das Risiko, aufgedeckt zu werden und dann auf sie selbst zurückzufallen.[42] Einseitige Sichtweisen, persönliche Diffamierungen, Kampfbegriffe und eine unterschwellige Doppelmoral sind weit weniger dieser Gefahr ausgesetzt.

Ist es Lüge?

Es ist kaum zu leugnen, dass die Mainstream-Medien, was die Alternative angeht, tendenziös „berichten", Assoziationen herstellen, die diffamierend sind, Kampfbegriffe verwenden, wo sie neutral sein sollten, und oft doppelmoralisch agieren. Nun können wir uns fragen, ob dies den Vorwurf der Lüge rechtfertigt. Ist eine Lüge nicht etwas anderes, etwas, wo klare Fakten wahrheitswidrig in ihr Gegenteil verkehrt werden?

In unserem westlichen Verständnis ist Lüge die bewusste Falschaussage. Wenn jemand etwas geklaut hat und sagt: „Ja, ich habe das geklaut", sagt er die Wahrheit. Behauptet er hingegen: „Ich habe das nicht geklaut", dann lügt er. Dieses sachliche Verständnis von Wahrheit und Lüge werden wir hier als Wahrheit$_1$ und Lüge$_1$ bezeichnen.

Biblische Begriffe sind jedoch bisweilen umfassender als ihre deutschen Übersetzungen. Das Wort *Schalom* (‚Friede') beispielsweise bedeutet nicht nur die Abwesenheit von Krieg und anderen Auseinandersetzungen, sondern beinhaltet zusätzlich seelische Dimensionen wie Harmonie oder Ganzheitlichkeit. Ähnlich verhält es sich mit den Begriffen, die in deutschen Bibelübersetzungen mit „Wahrheit" oder „Lüge" wiedergegeben werden. Unser „westliches" Verständnis dieser Begriffe ist im biblischen Verständnis von Wahrheit

---

42 „Claas Relotius und der Spiegel haben uns alle belogen";
https://www.youtube.com/watch?v=bpZEoAYDv2c

und Lüge durchaus mit enthalten. Als er über eine seiner Visionen berichtet, schreibt Paulus zum Beispiel: „Denn wenn ich mich rühmen wollte, wäre ich kein Narr; denn ich würde die Wahrheit sagen" (2. Korinther 12,6), und wenn im Alten Testament Propheten Botschaften vorgeblich im Namen Gottes weitergaben, die aber nicht von ihm stammten, wurden sie der Lüge bezichtigt (z. B. Hesekiel 13,6-9). Das biblische Konzept von Wahrheit und Lüge ist jedoch umfassender als unser auf eine rein sachliche Richtigkeit begrenztes Verständnis.

Wahrheit ist in der Bibel nicht einfach nur etwas, das verbal kommuniziert wird. Wahrheit ist das, was der Lebenswirklichkeit entspricht, etwas, das tragfähig ist, und letztlich Gottes Sicht der Dinge. An manchen Stellen ist von einem „Weg der Wahrheit" die Rede (2. Petrus 2,2); Johannes bezeugt Gajus, dass er in der Wahrheit „wandelt" (3. Johannes 3). Wahrheit wird als Wahrhaftigkeit verstanden (Philipper 1,18), und auch Taten können Wahrheit sein (Psalm 111,7; Johannes 3,6). Wahrheit schließt das Evangelium mit ein (1. Timotheus 2,4), und letztlich bezeichnet Jesus sich selbst als *die* Wahrheit (Johannes 14,6). Dieses Verständnis von Wahrheit, das auch unsere Konzepte von Wahrhaftigkeit und Realität mit einschließt, werden wir hier als Wahrheit$_2$ bezeichnen.

Umgekehrt ist Lüge all das, was den Hörer oder Leser verführt. Gehen wir einmal zurück an den Anfang der Menschheitsgeschichte, wie ihn die Bibel darstellt, und stellen uns die Frage: Als die Schlange Eva verführte, log$_1$ sie da? Nun, zunächst stellte sie Eva eine Frage („Sollte Gott gesagt haben ...?"), und eine Frage kann doch keine Lüge$_1$ an sich sein, oder? Auch die nächsten Aussagen, dass die Menschen nicht sterben würden und dass sie wissen würden, was Gut und Böse ist, waren ja irgendwie wahr$_1$: Die Menschen starben zumindest nicht direkt an diesem Tag, und auch die Erkenntnis von

Gut und Böse stellte sich ein. Und doch wird der Teufel, die „alte Schlange" (Offenbarung 12,9), als „Lügner" und „Vater der Lüge" bezeichnet (Johannes 8,44). Entsprechend kennt die Bibel auch einen „Weg der Lüge" (Psalm 119,29), und selbst Zeichen und Wunder können lügenhaft sein (2. Thessalonicher 2,9). Sogar das Gesetz kann in Lüge verkehrt werden (Jeremia 8,8). Lüge im biblischen Sinne beinhaltet also auch Verführung, sei es durch Worte oder Taten. Wir nennen dieses Verständnis hier Lüge$_2$.

Lügen$_1$ die Medien? Nun, es kommt sicher vor, dass sie lügen$_1$. Der Fall des „Journalisten" Claas Relotius aus dem Jahr 2018 ist da sicher nur die Spitze des Eisbergs. Diese Lügen sind schlimm und verwerflich, aber sie sind nicht das Hauptproblem. Entscheidender ist das zweite Verständnis der Lüge.

Lügen$_2$ die Medien? Ja, definitiv. Der Publizist und Politologe Ulrich Teusch hat dies einmal mit einem anderen Wortpaar (*Lüge-Lücke*) wie folgt auf den Punkt gebracht:

> Objektiv und „von außen" betrachtet laufen Lücken und Lügen am Ende – also in ihrer Funktion, ihrer Wirkung – auf das Gleiche hinaus. Verschwiegene Information, unten gehaltene Information, künstlich hochgespielte Information, dominante Narrative und so weiter – das alles verzerrt die Wirklichkeit, trägt letztlich zu einem unwahren Bild bei.[43]

Damit hebt Teusch auf die in diesem Kapitel unter der Überschrift „Themenselektion und Blickfeldverengung" besprochene Technik ab, die zweifellos wichtig, aber eben auch nicht allein für verzerrte Wahrnehmungen verantwortlich ist. Und in der Gesamtschau ergibt sich klar das Bild, dass die Medien massiv lügen$_2$.

---

43 In Wernicke, Jens. 2017. *Lügen die Medien? Propaganda, Rudeljournalismus und der Kampf um die öffentliche Meinung.* Frankfurt: Westend, 49.

Die Folgen

Wie durchgreifend ist diese Beeinflussung durch die Medien? Die Antwort auf diese Frage hängt stark von der Persönlichkeit des einzelnen Menschen ab. Einige wenige haben ein Weltbild, das unabhängig genug ist, um sich vor Manipulation zumindest ein Stück weit zu schützen, weil es z. B. geprägt ist durch die kritische Auseinandersetzung mit den Medien, eigene Studien oder Erfahrungen, oder auch durch ein Weltbild, das durch das Studium der Bibel geprägt ist. Diese Menschen gehören aber zu einer Minderheit. Die meisten Menschen konsumieren Medien mehr oder weniger unkritisch, und auch wenn sie nicht alles glauben, bleibt doch unterschwellig viel von der Botschaft der Medienmacher hängen. Victor Klemperer, ein protestantischer Professor jüdischer Herkunft, der seine Erlebnisse während des Dritten Reiches in einem Tagebuch festhielt, schrieb einmal: „Die Masse lässt sich alles einreden. Wenn man drei Monate lang alle Zeitungen zwingt, zu behaupten, es habe keinen [Ersten] Weltkrieg gegeben, dann glaubt die Masse, es habe ihn wirklich nicht gegeben."[44]

Dies war auch zur Zeit Jesu nicht anders. Jesus hatte nach dem Zeugnis der Bibel sein Leben lang kein Unrecht getan (Hebräer 4,15). Vielmehr hatte er das Reich Gottes verkündigt, viele Gleichnisse erzählt, Kranke geheilt und Dämonen ausgetrieben. Entsprechend beliebt war er beim Volk. Als er gegen Ende seiner Zeit auf einem Esel in Jerusalem einzog, jubelte es ihm zu. Sie hieben Zweige von den Bäumen und breiteten sie vor dem Tier aus; andere benutzten dazu ihre eigenen Kleider (Matthäus 21,1-11). Kurze Zeit später lesen wir, dass der römische Statthalter Pilatus, in dem Versuch, Jesus

---

44 Klemperer, Victor. 1995. *Ich will Zeugnis ablegen bis zum letzten: Tagebücher 1933-1941.* Berlin: Aufbau-Verlag, 106.

zu retten, dem Volk die Wahl überließ, ob sie lieber Jesus oder den Mörder Barabbas frei haben wollten. Für die religiösen Eliten war dies eine gefährliche Situation. Auf einmal war nun doch die Meinung des Volkes gefragt. Wenn das Volk jetzt falsch (d. h. nicht in ihrem Sinne) reagieren würde, wäre der ganze Prozess, auf den sie so viel Mühe verwandt hatten, geplatzt. Es war jedoch offensichtlich weder eine zeitliche noch eine inhaltliche Herausforderung für sie, das Volk, das kurz zuvor noch „Hosianna dem Sohn Davids!" (Matthäus 21,9) gerufen hatte, dazu zu bringen, nun lautstark „Kreuzige ihn!" zu fordern. In einem einzigen Vers lesen wir: „Aber die Hohenpriester und die Ältesten überredeten das Volk, dass sie um Barabbas bitten, Jesus aber umbringen sollten." (Matthäus 27,20) Offenbar reichten wenige Minuten, um die Meinung der meisten Menschen in ihr Gegenteil zu verkehren.[45]

In Zeiten der Massenmedien ist die Situation nicht prinzipiell anders; wenn die Medien sich weitgehend einig sind, ist es sogar noch leichter, das Volk zu beeinflussen. Wer sich heute als Medienkonsument permanent Botschaften wie den in diesem Kapitel beschriebenen gegenübersieht, wird kaum umhin kommen, die Alternative durch diesen Filter zu sehen. Wenn jedoch über Jahre AfD-Themen und -Politiker so weit wie möglich ausgegrenzt werden, wenn dafür falschen Zeugen Raum gegeben wird, wenn Zitate verdreht und Politiker lieber persönlich verunglimpft werden, als dass man sich ihren Thesen stellt, wenn immer wieder belastete Wörter benutzt werden, um die Partei zu diffamieren, und natürlich: wenn ständig mit

---

45 Noch einmal: Es geht uns in diesen Abschnitten nicht darum, die Partei Alternative für Deutschland in irgendeiner Form mit dem Sohn Gottes auf eine Stufe zu stellen. Die AfD ist, wie jede andere Organisation auch, eine Partei mit vielen Unzulänglichkeiten und Mängeln. Aber es geht uns sehr wohl darum zu zeigen, wie die öffentliche Meinung von den (geistlichen, medialen und politischen) Eliten geformt und manipuliert werden kann.

der Nazikeule auf Partei und Personal eingeschlagen wird – dann ist der Vorwurf der Hetze nicht mehr von der Hand zu weisen. Hetze aber gebiert Hass, und Hass spaltet. Diese Spaltung durchzieht mittlerweile die ganze Gesellschaft. Mehr dazu werden wir in dem Kapitel „Der Preis" (Kap. 4) zu sagen haben.

Was Sie tun können

Dieses Kapitel könnte man mit folgendem Satz zusammenfassen: „Wenn Sie Ihr Bild von der AfD bisher hauptsächlich durch den Filter der Mainstream-Medien erlangt haben, kennen Sie die Partei noch nicht wirklich." Was Sie nun tun können, hängt davon ab, wo Sie stehen. Wenn Sie am Ende dieses Kapitels noch zweifeln und denken: „Es kann doch nicht sein, dass die Medien so völlig danebenliegen", dann haben wir folgende Ratschläge für Sie.

- Lesen Sie einmal die Evangelien unter der Fragestellung: „Wie konnte es rein menschlich gesehen dazu kommen, dass Jesus zum Tod verurteilt und tatsächlich hingerichtet wurde, obwohl er komplett unschuldig war?" Schließlich gab es auch im ersten Jahrhundert sowohl ein jüdisches als auch ein römisches Rechtssystem. Alternativ studieren Sie die Apostelgeschichte oder die Geschichte eines Märtyrers Ihrer Wahl, um ein Bewusstsein für die Methoden der Ausgrenzung und Diffamierung zu entwickeln. Stephanus beispielsweise, der erste christliche Märtyrer, war ein Mann von „gutem Ruf" (Apostelgeschichte 6,2-5), der viele Wunder tat (Vers 8). Damit war er jedoch einigen Frommen ein Dorn im Auge. Als diese ihn inhaltlich nicht „stellen" konnten (Vers 10), benutzten sie die Waffe der Maximalkeule (Vers 11) und der falschen Zeugen (Vers 13-14). Was folgte, war eine Gerichtsverhandlung und die Steinigung Stephanus' (Kapitel 7).

- Der Youtuber Feroz Khan hat in einem 22-minütigen Videobeitrag mit dem Titel „Wie links sind die deutschen Medien?" die Strategien der Medien aus seiner Sicht auf den Punkt gebracht.[46]

- Eine kurze, aber gute Video-Analyse der sprachlichen Manipulationstechniken in einem konkreten Fall (der sogenannten „Mitte-Studie" der SPD-nahen Friedrich-Ebert-Stiftung) liefert AfD-MdB Gottfried Curio auf Youtube unter dem Titel „Die Mitte des Volkes ist nicht verloren – nein, sie wacht auf! - Gottfried Curio – AfD-Fraktion".[47]

- Suchen Sie sich selbst einen Artikel oder Fernsehbeitrag heraus, den Sie sich selbst einmal genauer anschauen wollen im Hinblick auf die Frage, welches Bild die Medien (oder auch die Politik) von der Alternative oder anderen Organisationen zeichnen. Sie können dafür die in diesem Kapitel eingeführten Kategorien verwenden oder einfach mit eigenen Worten beschreiben, was hier vor sich geht. Ein Ausgangspunkt kann auch ein simpler Satz sein. Nehmen wir beispielsweise die folgende Aussage, erschienen in einem Online-Magazin: „Am 28. Jahrestag der Wiedervereinigung haben Politiker die Deutschen aufgerufen, lauter ihre Stimme gegen Rechtspopulismus und Fremdenhass zu erheben."[48] Welche Techniken werden hier – diesmal von Seiten der Politiker – verwendet?

Wenn Sie bereits ahnen, dass die Mainstream-Medien eine Art Blase aufgebaut haben, und Sie diese durchbrechen wollen, ist die beste

---

46 https://www.youtube.com/watch?v=CEMrn25-k4M
47 https://www.youtube.com/watch?v=uv5_WCvXxZE
48 „Tag der Deutschen Einheit: Politiker fordern mehr Widerstand gegen Populisten";
    https://web.de/magazine/politik/tag-deutschen-einheit-politiker-widerstand-populisten-33194234

Möglichkeit die, sich entweder Informationen aus erster Hand zu beschaffen oder alternative Sichtweisen durch alternative Medien zu erlangen.

- Im Netz gibt es inzwischen zahlreiche Reden, Stellungnahmen, Positionspapiere etc. der AfD. Vielleicht wollen Sie ja Ihre Exkursion ins Alternativland mit einer ungekürzten und unkommentierten Rede eines oder einer Bundestagsabgeordneten beginnen?

- Besuchen Sie eine Veranstaltung der Alternative: einen Vortrag, einen Stammtisch, einen Infoabend. Lernen Sie die Leute persönlich kennen, und fragen Sie, was Ihnen auf dem Herzen liegt. Termine finden Sie z. B. auf der Homepage Ihres Orts- oder Kreisverbandes (wenn nicht, fragen Sie nach).

- Wenn es um allgemeine Nachrichten oder Meinungen geht, können Sie sich aus Quellen informieren, die nicht den Filter der Political Correctness vorgeschaltet haben. Der Medienwissenschaftler Norbert Bolz hat seine eigene Strategie einmal so kommentiert:

> Ich persönlich könnte mir kein Bild mehr von der Welt machen, wenn die Informationen der Öffentlich-Rechtlichen nicht immer wieder durch das Netz relativiert würden. Das Netz ist für mich die wichtigste Informationsquelle. Durch geschicktes Navigieren kann man sich befreien und aus der Knechtschaft der klassischen Massenmedien ausbrechen.[49]

---

49 „Wir leben in Fiktionen': Ein Twitter-Gespräch mit dem Medienphilosoph Professor Norbert Bolz über Informationsblasen und die Freiheit der Meinung und Wissenschaft";
https://www.i-daf.org/aktuelles/aktuelles-einzelansicht/archiv/2019/07/11/artikel/wir-leben-in-fiktionen.html

Inzwischen gibt es sowohl einige Druckerzeugnisse als auch zahlreiche Informations- und Diskussionsportale im Internet, die sich nicht nach den Vorgaben der Politischen Korrektheit richten. Wenn Sie nicht wissen, wo Sie anfangen sollen, suchen Sie nach dem Stichwort „Alternativmedien"; dieser Suchbegriff führt Sie zu etlichen Zusammenstellungen solcher Quellen. Nicht alles, was in den Listen aufgeführt ist, hat die gleiche Qualität, noch würden wir uns hinter alles stellen, was in diesen Publikationen vertreten wird, aber das wäre bei keiner Medienzusammenschau der Fall. Entscheiden Sie selbst, wo Sie sich informieren wollen. Entscheidend ist, *dass* Sie die Blase der Mainstream-Medien verlassen. Die ehemalige DDR-Bürgerrechtlerin und spätere Bundestagsabgeordnete Vera Lengsfeld bemerkte dazu einmal in einem Interview: „Heutzutage kann jeder wissen, was wirklich los ist. Man hat heute die Möglichkeit, sich auch bei alternativen Medien zu informieren. ... Es soll hinterher keiner sagen, er hätte nicht gewusst, was hier abgeht."[50]

---

50 „Warum wir in der DDR 2.0 leben – Vera Lengsfeld im Interview"; https://www.youtube.com/watch?v=d6RB6-IU0tk Die Zitate finden sich zwischen 25:21 und 25:41.

Christliche Politik?

2

In den letzten zweitausend Jahren haben sich immer wieder Christen Gedanken darüber gemacht, was es heißt, als Christ in dieser Welt auch Angehöriger eines Volkes oder Staates zu sein und Verantwortung in diesem zu tragen, sei es als einfacher Bürger oder als Machthaber. Zu den Klassikern dieser Vordenker gehören der Kirchenvater Augustinus (354-430), der mittelalterliche Philosoph und Theologe Thomas von Aquin (1225-1275) sowie der Reformator Martin Luther (1483-1546). Zu denen, die sich in jüngerer Vergangenheit und im deutschsprachigen Raum intensiv mit dem Verhältnis von Kirche und Staat auseinandergesetzt haben, gehört Walter Künneth (1901-1997), ein Theologe, der von den nationalsozialistischen Machthabern verfolgt worden war.

Ein Problem ist, dass viele Christen heutzutage kein wirkliches Verständnis mehr von dem Bild haben, das die Bibel vom Menschen, der Welt und der Politik zeichnet. Viele wissen nicht, ob Nationalstaatlichkeit etwas Gutes oder Schlechtes ist. Manche denken, staatlicher Pazifismus sei etwas Gutes, schließlich war Jesus doch auch Pazifist (das war er doch, oder nicht?). Die meisten lassen sich in ihrem Denken davon prägen, was Meinungsmacher wie Medien und leider auch viele Kirchenobere über christliche Politik sagen. Bevor wir uns also der Frage zuwenden, was christliche Politik ausmacht, müssen wir klären, wie die Bibel das Verhältnis von Christ und Staat prinzipiell sieht.

Beginnen wir mit einer Unterscheidung, die in ihrer Wichtigkeit für das Verständnis dessen, wie christliche Politik aussieht, kaum zu überschätzen ist: Dem Unterschied zwischen dem Reich Gottes und dem Reich dieser Welt. Nahezu alle Kritiker der AfD, die versuchen, die Partei aus einer christlichen Perspektive heraus zu kritisieren, übersehen oder übergehen diese Unterscheidung. Die Trennung von Reich Gottes und Reich dieser Welt wird manchmal auch als „Luthers Zwei-Reiche-Lehre" bezeichnet, eine Bezeichnung, die jedoch irreführend ist, weil sie so klingt, als würde sie sich auf eine Sonderlehre des Reformators beziehen, die für katholische Christen noch nicht einmal relevant sei. Dem ist nicht so. Lange vor Luther hatte bereits der Kirchenvater Augustinus eine ähnliche Lehre entwickelt, und Jesus selbst bezeugt die Existenz beider Reiche mehrfach, etwa in der Aussage „Mein Reich ist nicht von dieser Welt" oder „Gebt dem Kaiser, was des Kaisers ist, und Gott, was Gottes ist" (Johannes 18,36; Lukas 20,25; siehe auch Matthäus 20,25-26 und 1. Korinther 6,1-8). Nur war es Luther, der sich ausführlich mit dem Wesen dieser beiden Reiche auseinandergesetzt hat.

Zunächst einmal gibt es da das Reich der Welt, wie wir es kennen. Es ist gekennzeichnet durch Gesetze und Sanktionsmöglichkeiten, durch Hierarchien und manches andere, was in dieser gefallenen Welt nötig ist. Es manifestiert sich in verschiedenen Regierungsformen (Demokratie, Monarchie, Aristokratie, Diktatur usw.), wobei die Bibel – abgesehen von der Theokratie im Alten Testament (vgl. 1. Samuel 8) – keine Präferenz erkennen lässt. Manche Theologen bezeichnen das Reich der Welt auch als das „Vorletzte": Die Jetztzeit, die geistlich gesehen aber noch nicht das Ende darstellt.

Auf der anderen Seite steht das Reich Gottes. Damit ist jener Bereich gemeint, in dem Gott seine Herrschaft ausüben kann. Das Reich Gottes ist nicht nur etwas Zukünftiges, Kommendes, sondern es manifestiert sich schon im Jetzt und Hier in den Nachfolgern Christi (Lukas 17,21). Im engeren Sinne bezeichnet es den

Herrschaftsbereich Gottes in den Herzen der Menschen, die sich Jesus anvertraut haben und ihm folgen (Kolosser 1,13). In diesem Reich gibt es einen Herrn, Jesus, und viele Nachfolger mit unterschiedlichen Aufgabenbereichen, die ihren Gaben und Berufungen entsprechen (1. Korinther 12, Römer 12, Epheser 4). Auch in diesem Reich gibt es Hierarchien (1. Korinther 12,28), die jedoch von einem Dienstcharakter gekennzeichnet sind. Christen sind gleichzeitig Bürger beider Reiche. Sie leben mit dem Blick auf das Letzte im Vorletzten.

Es ist wichtig, diese beiden Reiche ganz klar voneinander zu trennen, weil die Regeln und Ordnungen des einen nicht auf das andere übertragen werden können. Luther hat dies einmal so ausgedrückt: „Ich muss immer solch Unterschied dieser zwei Reiche einbleuen und einkäuen, eintreiben und einkeilen, ob's wohl so oft geschrieben und gesagt ist. Denn der leidige Teufel hörte nicht auf, diese zwei Reiche ineinander zu kochen und zu bräuen."[1] Auf dieser Unterscheidung beruht auch die Trennung von Kirche und Staat. „Die Emanzipation des weltlichen Staates von Kirche und Religion ist nur denkbar, wenn Politik von den letzten Fragen menschlicher Existenz entlastet wird und sich aufs Vorletzte beschränken kann", bemerkt der Politologe Christian Schwaabe.[2] Vor allem aber werden wir in Fragen der politischen Ethik immer unsicher oder verführbar sein, wenn wir diesen Unterschied nicht beachten. Wo die Unterscheidung der Reiche entweder nicht erfolgt oder ihr Verhältnis missverstanden wird, kommt es zu machen heillosen Verirrungen, wie wir im Folgenden sehen werden.

---

1   Nach Künneth, Walter. 1984. *Der Christ als Staatsbürger: Eine ethische Orientierung.* Wuppertal: R. Brockhaus, 36.
2   Schwaabe, Christian. 2018. *Politische Theorie: Von Platon bis zur Postmoderne.* Paderborn: Fink, 82.

Erstes Missverständnis:
Christen sollten sich aus der Politik heraushalten

In manchen christlichen Kreisen ist die Vorstellung verbreitet, Christen sollten sich generell aus der Politik heraushalten. Dabei wird wie folgt argumentiert:

„Jesus hat uns nie den Auftrag gegeben, weltliche Herrschaft anzustreben, und er selbst hat sich auch völlig aus der Politik seiner Zeit herausgehalten. Hat Jesus nicht selbst gesagt: ‚Mein Reich ist nicht von dieser Welt‘? (Johannes 18,36) Er lehnte auch eine zivilgerichtliche Rolle ab, als er gebeten wurde, in einem Erbstreit zu vermitteln (Lukas 12,13-14). Unser Auftrag besteht darin, das Evangelium zu verbreiten (Matthäus 28,18-20). Wenn Menschen sich bekehren, ändert sich die Gesellschaft automatisch zum Guten.“

Was so richtig klingt, ist es im Endeffekt nicht. Ja, Jesus hat sich aus der Politik seiner Zeit herausgehalten. Dabei hätte er allen Grund gehabt, politisch aktiv zu werden, schließlich war sein Land von den Römern besetzt. Viele seiner Zeitgenossen lebten in der Erwartung, dass Jesus sie von der römischen Vorherrschaft befreien würde, aber er erfüllte diese Erwartung nicht. Sein Auftrag war ein anderer: Die Erlösung der Welt. Und Ja auch zum Zweiten, unser Auftrag besteht (auch) darin, das Evangelium zu verbreiten. Vor allem Geistliche dürfen ihre Berufung nicht als parteipolitische Vorfeldarbeit missbrauchen. Künneth schreibt dazu: „Wenn der Pfarrer zum Politiker, zum demonstrierenden Welterneuerer, zum Sozialagenten, zum revolutionären Sympathisanten geworden ist, dann hat er auf jeden Fall Grund, Mitte und Ziel seiner geistlichen Berufung nicht verstanden, sondern radikal verloren.“[3] Und Ja zum

---

3   Künneth, Walter. 1984. *Der Christ als Staatsbürger: Eine ethische Orientierung.* Wuppertal: R. Brockhaus, 205.

Dritten: Wenn Menschen sich Gott zuwenden, hat das Konsequenzen für deren Umwelt; nicht immer sofort und klar sichtbar, aber doch schließlich erfahrbar. „Wenn der Bauer sich bekehrt, merkt das die Kuh im Stall", soll Luther einmal gesagt haben, und die Bibel sagt selbst: „Der Gerechte erbarmt sich über sein Vieh" (Sprüche 12,10). Noch deutlicher wird der Einfluss einer Herzenswandlung von Einzelnen auf die Gesellschaft bei großen Erweckungen. Bei der „Welsh Revival" 1904/05 in Wales beispielsweise bekehrten sich innerhalb weniger Monate etwa 100.000 Menschen. Die gesellschaftlichen Auswirkungen waren dramatisch. Sowohl der Alkoholkonsum als auch die Kriminalitätsrate brachen ein. Mancherorts hatten Polizei und Gerichtsbarkeit kaum noch etwas oder gar nichts mehr zu tun.[4] „Wenn der Gerechten viel sind, freut sich das Volk", erkannte Salomo (Sprüche 29,2). Die Prämissen dieser Auffassung sind also durchaus richtig; was nicht richtig ist, ist die Schlussfolgerung.

Nach biblischem Verständnis ist „Obrigkeit", also Regierung in jeglicher Form, etwas Gutes und Gottgewolltes. Paulus schreibt von der Obrigkeit: „Denn sie ist Gottes Dienerin, dir zugut" (Römer 13,4), und der englische Jurist John Scriven stellt fest: „Institutionen und Gesetze bestimmen die Parameter für unser Leben und beeinflussen das menschliche Verhalten auf vielfältige Weise. Falsche Ideologien können Familien und Leben über Generationen hinweg zerstören. Gute Politik kann den Rahmen für das Gedeihen von Menschen festlegen."[5] Wenn dies aber so ist, wenn Regierung zunächst einmal etwas von Gott Eingesetztes, etwas Gutes ist, gibt es keinen Grund,

---

4   Ein kurzer, interessanter Bericht von dem Erweckungsforscher Edwin Orr findet sich in dem Zweiteiler „EVAN ROBERTS & THE 1904/05 WELSH REVIVAL" auf Youtube.
5   Scriven, John. 2013. *Belief and the Nation*. London: Wilberforce Publications, 22.

sich als Christ prinzipiell einer Beteiligung zu entziehen. Luther bemerkte dazu in seiner unnachahmlichen Weise:

> Bitte sei nicht so frech, dass du sagen wolltest, ein Christ könne das nicht ausüben, was Gottes eigentliches Werk, Ordnung und Schöpfung sei. Sonst müsstest du auch sagen, ein Christ dürfe nicht essen und trinken und ehelich werden; denn das sind auch Gottes Werke und Anordnungen.

> Wenn du darum sähest, dass es an einem Henker, Büttel, Richter, Herrn oder Fürsten fehlt, und du fändest dich dazu geeignet, so müsstest du dich dazu anbieten und dich darum bewerben, damit ja die Amtsgewalt, die so nötig ist, nicht verachtet und mattgesetzt würde oder unterginge. Denn die Welt kann und mag sie nicht entbehren.[6]

Sowohl im Alten wie im Neuen Testament finden wir Beispiele von Gläubigen, die politische Verantwortung innehatten. Hierzu gehören Daniel und seine Freunde (Buch Daniel), Esther und Mordechai (Esther), Josef (ab 1. Mose 31), Josef von Arimathäa (Lukas 23,50-53), der äthiopische Kämmerer (Apostelgeschichte 8, 26-39), der Hauptmann Kornelius (Apostelgeschichte 10) und der zypriotische Statthalter Sergius Paulus (Apostelgeschichte 13,7.12). Sowohl Jesus als auch Paulus beriefen sich auf das weltliche Recht (Johannes 18,23; Apostelgeschichte 16, 35-39; Apostelgeschichte 22,22-30), und Petrus fordert die Leser seines ersten Briefes dazu auf, jeglicher menschlichen Ordnung Untertan zu sein (1. Petrus 2,13-17). All dies wäre nicht möglich, wenn weltliche Strukturen prinzipiell etwas für Gläubige zu Vermeidendes wären. „Nicht innere oder äußere Emigration ist angesagt, sondern Dienst am Gemeinwohl,

---

6 Luther, Martin. 1978. *Von weltlicher Obrigkeit.* Gütersloh: Gütersloher Verlagshaus, 29f; 26.

politische Diakonie", schreibt Peter Hahne. „Die Verpflichtung zur Nächstenliebe schließt auch die Übernahme politischer Verantwortung und Ämter mit ein, weil das Wohl der Mitmenschen im weltlichen Regiment Gottes geordnet ist."[7] Während *Kirche* also von ihrem Wesen her auf das Reich Gottes ausgerichtet und zunächst einmal unpolitisch ist, können *Christen* sich sehr wohl politisch engagieren.

Zweites Missverständnis:
Christliche Politik heißt, Gottes Gebote eins zu eins in Politik umsetzen

Wenn politische Betätigung für Christen also durchaus denkbar und etwas Gutes ist, stellt sich die Frage, wie diese auszusehen hat. Die meisten Christen in Deutschland haben vermutlich kein ausgeprägtes Verständnis von den theologischen Grundlagen christlicher Politik, aber wenn man sie fragen würde, kämen viele von ihnen wahrscheinlich mit einer Antwort, die in etwa so klingen würde: „Christliche Politik heißt, dass wir versuchen, Gottes Gebote mehr oder weniger in Gesetze zu gießen." Das Problem mit dieser Idee ist zum einen, dass sie sehr vage ist (welche Gebote Gottes sind gemeint? Alle?); das entscheidende Problem ist aber, dass diese Vorstellung die Tatsache übersieht, dass wir es mit zwei verschiedenen Reichen zu tun haben – und dass das weltliche Reich nicht mit den Geboten des Reiches Gottes regiert werden kann. Luther bringt dies wie folgt auf den Punkt:

> Wollte man darum sich das Wagnis zutrauen, ein ganzes Land oder die Welt mit dem Evangelium zu regieren, so ist das ebenso,

---

7   Hahne, Peter. 2008. *Suchet der Stadt Bestes: Werte wagen – für Politik und Gesellschaft*. Lahr: Johannis, 72.

wie wenn ein Hirte Wölfe, Löwen, Adler und Schafe in einem Stall zusammentäte und jedes frei unter den anderen gehen ließe und spräche: „Da weidet euch und seid rechtschaffen und friedlich untereinander; der Stall steht offen, Weide habt ihr genug, Hunde und Prügel braucht ihr nicht zu fürchten." Da würden wohl die Schafe Frieden halten und sich in dieser Weise friedlich weiden und regieren lassen; aber sie würden nicht lange leben, und kein Tier würde vor dem anderen erhalten bleiben.[8]

Weltliche Gesetze zielen auf ein bestimmtes Verhalten derjenigen ab, für die sie gemacht sind, nicht in erster Linie auf ihre moralische Einstellung oder gar auf ihr Seelenheil. Trotzdem sind sie natürlich äußerst sinnvoll. Martin Luther King bemerkte einmal: „Es mag sein, dass das Gesetz das Herz nicht ändern kann, aber es kann die Herzlosen in ihre Schranken weisen. Es mag sein, dass das Gesetz einen Mann nicht dazu bringen kann, mich zu lieben, aber es kann ihn davon abhalten, mich zu lynchen, und ich denke, das ist auch ziemlich wichtig."[9] In der Tat.

Christliche Gebote gehen von einem veränderten Herzen aus. Sie setzen voraus, dass ein Mensch erkannt hat, dass er prinzipiell sündig ist; dass er durch Gnade bei Gott angenommen ist; und dass er in Jesus einen neuen Herrn und Hirten hat. Jesu Worte an seine Jünger sind genau dies: Worte an seine Jünger. Sie taugen nicht als Gesetzesvorlagen für einen säkularen Staat. Besonders deutlich wird dies bei der Frage nach dem Einsatz von Gewalt. Christen dürften sich weitgehend einig sein, dass Gewalt kein geeignetes Mittel zur Ausbreitung des Evangeliums ist (Matthäus 26,52). Auf der anderen

---

8   Luther, Martin. 1978. *Von weltlicher Obrigkeit.* Gütersloh: Gütersloher Verlagshaus, 22.

9   „Dr. Martin Luther King's visit to Cornell College";
    https://news.cornellcollege.edu/dr-martin-luther-kings-visit-to-cornell-college/

Seite gestehen Christen dem Staat durchaus das Gewaltmonopol zu. Paulus schreibt in Römer 13,4 (NeÜ): „Sie [die Obrigkeit] steht ja zu deinem Besten im Dienst Gottes. Tust du aber Böses, hast du allen Grund, sie zu fürchten, schließlich ist sie nicht umsonst die Trägerin von Polizei- und Strafgewalt. Auch darin ist sie Gottes Dienerin." Der Fakt, dass staatliche Gewalt ein göttliches Mandat hat, sieht man auch daran, dass Soldaten im Neuen Testament nie aufgefordert wurden, ihren Dienst zu quittieren.[10] Christliche Gebote und staatliche Gesetze sind also zwei verschiedene Paar Schuhe. Sie gehen von unterschiedlichen Voraussetzungen aus und gelten in unterschiedlichen Domänen.

Drittes Missverständnis:
Christliche Politik heißt vor allem, Milde und Barmherzigkeit zu zeigen

Dieses falsche Verständnis von christlicher Politik ist das, was häufig durch die Medien und leider auch durch manche Kirchenvertreter kolportiert wird. Es ist eigentlich ein Sonderfall des zweiten Missverständnisses. Auch hier werden Gebote Gottes, die für das Reich Gottes gedacht sind, auf das weltliche Reich übertragen. Hinzu kommt allerdings eine Selektivität bei der Betrachtung der Gebote: Sie beziehen sich ausschließlich auf Barmherzigkeit, Gnade und Milde und lassen alle anderen Anforderungen außer Acht. Befürworter dieses Ansatzes verwechseln also nicht nur die beiden Reiche, sondern wählen auch noch das aus, was ihnen politisch in den Kram passt. Die Bibel wird zum Steinbruch persönlicher Präferenzen.

---

10 Dies gilt für die Soldaten, die Johannes den Täufer fragten, wie sie sich verhalten sollen (Lukas 3,14) ebenso wie für den Hauptmann von Kapernaum (Matthäus 8,5ff) und den Hauptmann Kornelius (Apostelgeschichte 10).

Nahezu vom Anfang der Reformation an hat sich beispielsweise die evangelische Kirche in Deutschland immer wieder nach dem gerichtet, was Politik und Zeitgeist ihr vorgaben. Insbesondere seit dem Aufkommen der 68er-Bewegung hat es Versuche gegeben, die Kirche von links zu instrumentalisieren – Versuche, denen die Kirche oft nachgegeben hat. Der Osnabrücker Pfarrer Burghard Affeld schrieb schon 1983:

> In den sechziger Jahren war auch im Munde vieler gläubiger Christen Jesus der „Revolutionär", der Glaube an Christus wurde als „Revolution" bezeichnet. ... Heute reden wir viel von Frieden und Abrüstung und Umweltverschmutzung. Prompt ist Jesus der Friedefürst, die Botschaft Christi die Friedensbotschaft, die Gemeinde Jesu die Gemeinschaft der Friedensstifter, jeder Gottesdienst eine Friedensdemonstration.[11]

Neben Versatzstücken wie dem alttestamentlichen „Schwerter zu Pflugscharen" (Jesaja 2,4), das als Slogan vor sich hergetragen wurde, war vor allem die Bergpredigt bevorzugter Fundus für Zitate. Hier finden sich Verse wie „Selig sind die Barmherzigen; denn sie werden Barmherzigkeit erlangen" (Matthäus 5,7), „Selig sind, die Frieden stiften; denn sie werden Gottes Kinder heißen" (Matthäus 5,9), „Liebt eure Feinde und bittet für die, die euch verfolgen" (Matthäus 5,44) oder „Richtet nicht, damit ihr nicht gerichtet werdet" (Matthäus 7,1). Dabei wurde ausgeblendet, dass sich Jesus in der Bergpredigt an seine Jünger wandte (Matthäus 5,1-2). Sie sind es auch, die er als „Salz der Erde" und „Licht der Welt" bezeichnet (Matthäus 5,13-14). Ein Staat hingegen kann und darf sich nicht auf das Prinzip gründen, die andere Backe hinzuhalten.

---

11 Affeld, Burghard. 1983. ... *höher als alle Vernunft: Friedens- und Weltverantwortung des Christen*. Wuppertal: R. Brockhaus, 98.

„Wehrlosigkeit als Prinzip des weltlichen Lebens ist gottlose Zerstörung der von Gott gnädig erhaltenen Ordnung der Welt", schrieb
Dietrich Bonhoeffer in seiner „Nachfolge".[12]

Wie absurd es ist, einfach ein paar Verse aus der Bergpredigt zu
reißen und sie als politisches Programm auszugeben, macht Peter
Hahne deutlich:

> Wer die Bergpredigt zum Weltmaßstab erheben will, sollte
> wenigstens auch logisch und konsequent sein: Dann müssten
> alle Gebote Gottes auch im Staatswesen wörtlich genommen
> werden (Matthäus 5,17-20); jeder Widerstand gegen Unrecht
> ist ausgeschlossen (5,25f. und 38-42); mit vom Finanzamt ab-
> zugsfähigen Spendenbescheinigungen ist es aus (6,2-4), eben-
> so mit außerehelichen Beziehungen und Scheidung (5,27-32);
> Sparguthaben sind genauso unchristlich (6,19-21) wie Lebens-,
> Renten- und Arbeitslosenversicherungen (6,25-30); selbst häus-
> liche Vorratswirtschaft im Einmachglas und Gefriertruhe wäre
> ein Akt von Glaubensarmut (6,31-32); auch Polizei und Ge-
> richtsbarkeit wären abzuschaffen (7,1-5), und die Gewerkschaf-
> ten bekämen einen ganz neuen Slogan: „Wenn dich jemand
> anstellt, 40 Stunden pro Woche zu arbeiten, so arbeite freiwillig
> und für gleichen Lohn das Doppelte" (5,42).[13]

Vermutlich würden solcherlei „christliche" Forderungen eher heute
als morgen auf Ablehnung stoßen.

Ähnlich selektiv gehen auch Vertreter des „christlichen Sozialismus" vor. Sie reißen beispielsweise die Aussage „Gott hat die Armen

---

12   Bonhoeffer, Dietrich. 1985 (15. Aufl.). *Nachfolge*. München: Chr. Kaiser
     Verlag, 52.
13   Hahne, Peter. 2008. *Suchet der Stadt Bestes: Werte wagen – für Politik und
     Gesellschaft*. Lahr: Johannis, 129f.

erwählt" (Jakobus 2,5) aus dem Zusammenhang und verweisen darauf, dass die Jünger in der Jerusalemer Urgemeinde alles gemein hatten (Apostelgeschichte 2,44-45; 4,32). Dabei übersehen sie, dass dieses Prinzip des Gemeinschaftseigentums auf völliger Freiwilligkeit beruhte (Apostelgeschichte 5,4), und dass selbst dieser „urchristliche Liebeskommunismus" nicht auf Dauer funktionierte (Römer 15,26-28; Galater 2,10). Heute ist es eher die Forderung nach Barmherzigkeit, wie sie im Gleichnis des Barmherzigen Samariters (Lukas 10,25-37) zum Ausdruck kommt, die von manchen Kirchenvertretern als Forderung an die Politik gerichtet wird.

Um hier einem Missverständnis vorzubeugen: Christen können, dürfen und sollen barmherzig sein. Und auch Politik kann und soll Elemente der Barmherzigkeit beinhalten (vgl. 2. Mose 22,20-26; 5. Mose 24,10-22). Allein: Aus Bibelstellen der Nächstenliebe ein politisches Programm des bedingungslosen Grundeinkommens oder der offenen Grenzen zu entwickeln, ist nicht möglich. Hierzu noch einmal Luther im Original:

> Nun habe ich schon oft in dem Sinn gelehrt, man solle und könne die Welt nicht nach dem Evangelium und der christlichen Liebe regieren, sondern nur nach strengen Gesetzen ... Sonst, wenn man lauter Liebe üben wollte, so würde jedermann vom Guten des andern essen, trinken und wohlleben wollen, und niemand wollte arbeiten, ja, jedermann würde dem andern das Seine nehmen und es würde ein Zustand daraus entstehen, dass niemand vor dem andern leben könnte.[14]

Das Problem ist, dass das Verständnis von Kirche in weiten Teilen der Bevölkerung schon so von diesem Bild der „Milde" gekennzeichnet

---

14 Luther, Martin. 1978. *Von weltlicher Obrigkeit*. Gütersloh: Gütersloher Verlagshaus,134.

ist, dass es gar nicht mehr in Frage gestellt wird. Nach den gescheiterten Koalitionsverhandlungen zwischen CDU/CSU, FDP und Grünen im November 2017 sagte der Grünen-Politiker Boris Palmer in einem Interview mit Blick auf die Flüchtlingskrise, dass die CSU ja durchaus auch richtige Forderungen nach Ordnung und Steuerung gestellt habe, weil offene Grenzen in der heutigen Welt nicht machbar seien. Die Grünen hätten in einer Koalition „den christlicheren Anteil, die Barmherzigkeit" vertreten und die CSU den „leider nicht vermeidbaren Anteil, die Härte und die Begrenzung."[15] Dieses Zitat zeigt zum einen, wie christliche Politik im öffentlichen Diskurs auf „weiche" Faktoren wie Barmherzigkeit, Milde, Fürsorge usw. reduziert wird, und zum anderen, dass Realpolitiker wie Palmer sehr wohl einsehen, dass dies in dieser Welt nicht durchzuhalten ist. Aber Jesus war nicht realitätsfremd. Er wusste, was im Menschen ist (Johannes 2,25) und wie diese Welt funktioniert (Matthäus 20,25). Nicht die christlichen Werte an sich sind also falsch, sondern die Vorstellung, man könne und müsse sie auf die Politik anwenden. Wer das tut, überfordert die Politik und liefert dem einzelnen Christen unter Umständen sogar noch einen Vorwand, seine eigene Verantwortung gegenüber seinen Mitmenschen an den Staat zu delegieren.

Wenn Christen sich also weder aus der Politik heraushalten sollen, noch die Bibel eins zu eins in Politik umsetzen können, noch ideologisch motivierte biblische Rosinenpickerei betreiben dürfen – was heißt christliche Politik dann?

---

15 „Grünenpolitiker beklagt Trittins ‚Provokationen'";
    https://www.zeit.de/politik/deutschland/2017-11/boris-palmer-die-gruenen-
    jamaika-verhandlungen

Christliche Politik – unser Verständnis

Wenn wir nun versuchen, auf wenigen Seiten unser Verständnis von
christlicher Politik zu beschreiben, dann ist uns sehr wohl klar, dass
dieser Abriss nicht mehr als einige Grundzüge umfassen kann. Interessierte Leser, die sich tiefer in die Materie einarbeiten wollen,
finden am Ende dieses Kapitels einige Literaturhinweise. In diesem
Abschnitt konzentrieren wir uns auf vier Aspekte, die wir für christliche Politik für fundamental halten: Das biblische Verständnis von
irdischer Herrschaft („Obrigkeit"), das christliche Menschen- und
Weltbild, die Werte Gottes und die Vernunft bzw. das Fachwissen.
Auf diesen vier Säulen beruhen dann alle Einzelentscheidungen, die
im politischen Raum getroffen werden.

Die Rolle der Obrigkeit

Nach biblischem Verständnis ist die Obrigkeit zunächst einmal Teil
der „Not-", „Erhaltungs-" oder „Nach-dem-Sündenfall-Ordnung".
„Die Regierung ist ebenso wie die Kleidung ein Abzeichen verlore-
ner Unschuld", schrieb Thomas Paine, einer der Gründerväter der
Vereinigten Staaten.[16] Eine Menschheit, die teilweise so sein will wie
Gott, braucht nun Hilfe. Sie bedarf einer Ordnung und einer Autorität, um nicht in Anarchie und Chaos zu verfallen. Paulus drückt
das in Römer 13,1-4 so aus:

> Jedermann sei untertan der Obrigkeit, die Gewalt über ihn hat.
> Denn es ist keine Obrigkeit außer von Gott; wo aber Obrigkeit
> ist, ist sie von Gott angeordnet. Darum: Wer sich der Obrig-
> keit widersetzt, der widerstrebt Gottes Anordnung; die ihr aber

---

16 „1776: Paine, Common Sense (Pamphlet)";
    https://oll.libertyfund.org/pages/1776-paine-common-sense-pamphlet

widerstreben, werden ihr Urteil empfangen. Denn die Gewalt haben, muss man nicht fürchten wegen guter, sondern wegen böser Werke. Willst du dich aber nicht fürchten vor der Obrigkeit, so tue Gutes, dann wirst du Lob von ihr erhalten. Denn sie ist Gottes Dienerin, dir zugut. Tust du aber Böses, so fürchte dich; denn sie trägt das Schwert nicht umsonst. Sie ist Gottes Dienerin und vollzieht die Strafe an dem, der Böses tut.

In eine ganz ähnliche Kerbe schlägt auch Petrus (1. Petrus 2,13-14):

Seid untertan aller menschlichen Ordnung um des Herrn willen, es sei dem König als dem Obersten oder den Statthaltern als denen, die von ihm gesandt sind zur Bestrafung der Übeltäter und zum Lob derer, die Gutes tun.

Insbesondere die Römer-Stelle ist viel diskutiert worden; was aber in beiden Stellen klar wird, ist dreierlei: 1. Obrigkeit ist von Gott; 2. Ihre Hauptaufgabe ist es, für Ordnung zu sorgen, indem sie die Einhaltung der Gesetze sicherstellt; und 3. Beide Stellen erwähnen das Lob der Regierung für die, die Gutes tun. Dieser letzte Aspekt wird in der Literatur über christliche Staatstheorie eher selten bedacht. Offenbar ist es Teil der göttlichen Aufgabenbeschreibung für Regierungen, Lob zu verteilen und dadurch das Gute zu befördern. „Alle Regierungen sollten eine Vision davon haben, welche Art von Gesellschaft wünschenswert ist und welche Art von sozialem Charakter sie in ihren Bürgern fördern möchten", schreibt Scriven.[17] Über die Möglichkeiten, diesen Aspekt im politischen Geschäft umzusetzen, darf gerne nachgedacht werden. Aber Ziel von christlicher Politik ist es nicht, jede Sünde, insbesondere nicht die Haltungssünden (wie Neid, aber auch Angst oder Hass), für illegal zu erklären. Dies wäre

---

17 Scriven, John. 2013. *Belief and the Nation*. London: Wilberforce Publications, 142.

eine völlige Überforderung für Mensch und Gesetz. Wir dürfen – und müssen – in der politischen Arbeit den Menschen nehmen, wie er ist.

Wer als Christ Verantwortung im Staat trägt, muss dort nach anderen Gesetzen handeln als nach denen, die das Evangelium ausmachen. Ein christlicher Richter muss einen Straftäter für schuldig sprechen, wenn seine Schuld erwiesen ist. Eine christliche Lehrerin muss einen Schüler, dessen Leistungen nicht ausreichen, durch eine Prüfung fallen lassen. Beide können nicht sagen: „Ich habe Gnade erfahren, also will auch ich diesem Schüler bzw. Straftäter gnädig sein und beide Augen zudrücken." Dies wäre verantwortungslos, sowohl der Gesellschaft, die sie für ihre Arbeit bezahlt, als auch den Betroffenen gegenüber. Würde die Lehrerin dauerhaft so handeln, wäre das Niveau ihrer Klasse binnen kürzester Zeit im Keller. Auf der anderen Seite können Christen, die im Staatswesen Verantwortung tragen, durchaus nach Möglichkeiten suchen, in ihrem Privatleben oder im Rahmen ihres kirchlichen Engagements Barmherzigkeit zu üben. Die Lehrerin kann versuchen, Schüler zu fördern, die spezielle Bedürfnisse haben. Ein christlicher Politiker, der sich für die Einhaltung der Gesetze in der Migrationspolitik einsetzt, kann z. B. im Rahmen seiner Gemeindearbeit Flüchtlinge unterstützen. Dies ist kein Widerspruch, sondern hat seine Grundlage darin, dass wir als Christen immer Bürger zweier Reiche sind; wir sind zugleich Gott und dem „Kaiser" verpflichtet. Das heißt nicht, dass dies immer spannungsfrei zu bewerkstelligen wäre. Aber selbst innerhalb des Reiches Gottes gibt es eine Spannung, hier zwischen Gnade und Wahrheit. Am deutlichsten wird dies vielleicht bei Jesu Umgang mit einer Frau, die beim Ehebruch ertappt worden war, und die nun von Pharisäern und Schriftgelehrten, den Vertretern des Gesetzes, zu Jesus geschleppt wurde (Johannes 8,2-11). Jesus lässt Gnade walten, aber er spielt die Schuld der Ehebrecherin nicht herunter, versucht nicht, sie zu erklären oder zu rechtfertigen, sondern fordert sie unter vier Augen auf, nicht mehr zu sündigen (Vers 11).

Das christliche Menschen- und Weltbild

Wie wir den Menschen und die Welt sehen, wird unsere Politik nachhaltig bestimmen. Wie wichtig das Weltbild für die Politik ist, beschreibt etwa der christliche indische Philosoph und Sozialreformer Vishal Mangalwadi wie folgt:

> In einer Gesellschaft mag es zum Beispiel einzelne sehr fähige Menschen geben, dennoch werden sie sich kaum für „Naturgesetze" interessieren, wenn sie glauben, dass die Natur verzaubert ist und von Millionen kleiner Gottheiten wie dem Regengott, der Flussgöttin oder von *deva* beherrscht wird, einer Ratte. ... Als Ergebnis findet keine Entwicklung von Wissenschaft und Technik statt mit dem Ziel, sich die Erde „untertan" zu machen.[18]

Ebenso wird der Umgang mit anderen Menschen bestimmt von dem generellen Bild, das man vom Menschen hat:

> Als Menschen haben wir Inder ebenso viel natürliches Mitleid wie jeder andere Mensch auf der Welt, aber die Karma-Lehre hinderte uns daran, unser Mitgefühl in diakonischen Institutionen und in Krankenpflegeberufen auszudrücken.[19]

Christliche Politik beruht fundamental auf dem christlichen Menschenbild. Wenn wir wissen wollen, wie wir Menschen regieren können und sollen, müssen wir wissen, wer und was der Mensch ist.

---

18 Mangalwadi, Vishal. 2017. *Das Buch der Mitte: Wie wir wurden, was wir sind: Die Bibel als Herzstück der westlichen Kultur*. Basel: fontis, 307.
19 Ebd., 427.

Dieses Menschenbild ist vor allem deshalb so wichtig für die Politik, weil es für *alle* Menschen gilt, unabhängig von ihrem Glauben. Wir sind der Überzeugung, dass das christliche Menschenbild akkurat ist und den Menschen so beschreibt, wie er tatsächlich ist. Wo Politik nun nicht mit diesem Menschenbild übereinstimmt, muss es zu Verwerfungen kommen. Nehmen wir als Beispiel die Sieben-Tage-Woche.

Diese ist nach biblischem Zeugnis nicht eine „kulturelle Errungenschaft", wie das in den säkularen Medien manchmal dargestellt wird, sondern ein Reflex des Schöpfungsrhythmus, also etwas, nach dem der Mensch tickt, weil er nach dem Bilde Gottes geschaffen wurde. Es gab in der Geschichte der Menschheit immer wieder Versuche, andere Zyklen als die Sieben-Tage-Woche einzuführen. Während der französischen Revolution war man beispielsweise bemüht, alle religiösen Bezüge auszulöschen, und führte 1793 den sogenannten „Französischen Revolutionskalender" ein. Dieser war streng dezimalisch orientiert und beruhte auf einer Zehn-Tage-Woche. Nun kann man sich unschwer vorstellen, dass sich dieser Kalender keiner großen Beliebtheit erfreute, verlängerte er den Zeitraum bis zum nächsten freien Tag doch um volle drei Tage, und so wurde er 1805 wieder abgeschafft. In der Sowjetunion wurde 1929 aus denselben Gründen der „Sowjetische Revolutionskalender" eingeführt, der der im Gegensatz zum französischen Kalender auf einer Fünf- bzw. Sechs-Tage-Woche beruhte. Aber auch er konnte sich nicht auf Dauer halten und wurde 1940 wieder durch die Sieben-Tage-Woche ersetzt.

Diese Beispiele sollen verdeutlichen, dass ein Abweichen von einem göttlichen Design durch eine Politik, die sich diesen Realitäten nicht stellt, immer zu Problemen führen wird. Dies gilt auch – und gerade – für politische Ansätze, die vermeintlich „gut" (d. h.

menschenfreundlich) sind, aber das Wesen des Menschen missachten. Je un-menschgemäßer (d. h. je weniger der Schöpfungsordnung entsprechend) eine Gesellschaft wird, umso unmenschlicher wird sie. Die zunehmende Diskrepanz zwischen der Natur des Menschen und den Gesetzen der Gesellschaft wird entweder zum Zusammenbruch der Politik führen oder zu immer stärkerem Zwang, mit dessen Hilfe die Politik aufrechterhalten werden soll.

Der Ankertext des christlichen Welt- und Menschenbildes ist die Urgeschichte (1. Mose 1-11) mit der in ihr beschriebenen Schöpfungs- und Erhaltungsordnung (nach dem Sündenfall); aber auch zahlreiche andere Stellen der Bibel beschreiben das Wesen und die Lage des Menschen. Es dürfte klar sein, dass wir an dieser Stelle nur einige Grundzüge umreißen können, die wir aber für wichtig halten. Weitere, spezifische Bezüge zur Schöpfungsordnung werden wir im nächsten Kapitel machen, wenn wir einzelne konkrete Themen diskutieren.

Die Geschöpflichkeit des Menschen. Für Christen ergibt sich der erste Wert des Menschen daraus, dass er von Gott erschaffen wurde (1. Mose 1,27). Er ist kein Produkt des Zufalls und einer Jahrmillionen langen Entwicklung, sondern hat seinen Ursprung in der Intention eines Schöpfers. Bereits diese Sicht des Menschen hat erste Implikationen für die Politik. Wer den Menschen als etwas Geschaffenes und nicht Evolviertes betrachtet, kann (und braucht) nicht zu versuchen, ihn *prinzipiell* zu verbessern, etwa durch den Druck der Gesellschaft. Natürlich lernt ein Mensch im Laufe seines Lebens hinzu, natürlich können auch Sanktionen in dieser Hinsicht förderlich sein; an der prinzipiellen Würde *und* Gefallenheit des Menschen ändern sie jedoch nichts, selbst wenn der Prozess über Tausende von Jahren fortgeführt würde. Für die christliche Politik heißt dies: Wir können, dürfen und müssen den Menschen nehmen, wie er ist.

Der Wert des Menschen. Die Geschöpflichkeit des Menschen an sich erhebt ihn noch nicht über die sonstigen Kreaturen. Der spezielle Wert des Menschen liegt darin, dass er *in Gottes Ebenbild* geschaffen wurde (1. Mose 1,26-27). Was auch immer genau mit dieser Ebenbildlichkeit gemeint ist (und die Meinungen hierüber gehen auseinander), so ist doch klar, dass der Mensch das Wesen Gottes reflektiert. Er hat damit einen Status, der ihn weit über seine Mitgeschöpfe erhebt. Und diese Würde gilt für alle Menschen: Sie gilt für Männer ebenso wie für Frauen, für Behinderte wie für Gesunde, für Geborene ebenso wie für Ungeborene, für Junge ebenso wie für Alte, für Angehörige des eigenen Volkes wie für solche anderer Nationen. Sie gilt auch für Menschen, die einem nicht lieb sind: den Gegner, auch den politischen, den Kriminellen, ja, sogar für den Tyrannen. Das heißt nicht, dass das, was diese Menschen machen, richtig oder gut wäre; aber es heißt sehr wohl, dass auch sie etwas von Gott widerspiegeln, was sie prinzipiell wertvoll macht und das ihnen nicht genommen werden kann. Trotz aller Gefallenheit spiegelt jeder Mensch etwas von der Herrlichkeit Gottes wider. Unser Grundgesetz erkennt diesen Status (wenn auch nicht explizit aus diesen Gründen) an, indem es gleich zu Beginn feststellt: Die Würde des Menschen ist unantastbar.

Die Freiheit und Verantwortung des Menschen. Wozu ist der Mensch auf dieser Erde? Nach dem Schöpfungsbericht ist der Mensch zur Gemeinschaft mit Gott erschaffen. Er hat aber auch spezifische Aufgaben, die zu seiner Würde beitragen. Er ist hier, um sich die Erde untertan zu machen und sie zu bebauen und bewahren (1. Mose 1,28; 2,15). Der Mensch kann die Welt erforschen und gestalten und sich ihr mit der ihm eigenen, seiner Gottesebenbildlichkeit entsprechenden Kreativität nahen. Da bleibt z. B. kein Raum für eine prinzipielle Wissenschaftsfeindlichkeit. Diese Freiheit zu entscheiden lässt Gott den ersten Menschen auch bei dem Umgang mit der Begrenzung, die er ihnen auferlegt. Da gab es einen Baum, von dem sie nicht essen sollten. Nun wissen wir, dass der Mensch nicht lange brauchte, um diese Freiheit zu missbrauchen (1. Mose 3). Aber eins bleibt bestehen: Der Mensch ist prinzipiell auf Freiheit angelegt. Gleichzeitig ist es seine Aufgabe, für die Bewahrung der Welt zu sorgen. „Bebauen" und „bewahren" stehen direkt nebeneinander in *einem* Vers, werden quasi in einem Atemzug genannt. Offenbar sind dies für Gott keine widerstrebenden Ziele, wie wir es heute empfinden. Damit ist dem Menschen eine enorme Verantwortung übertragen.

Das hat Folgen für die christliche Vorstellung von Politik. Scriven bemerkt hierzu:

> Trotz des Erfordernisses, wo nötig zu regulieren, sollte das Eingreifen der Regierung, wo immer dies praktikabel ist, begrenzt sein, da es ein christliches Prinzip ist, dass die Menschen die von Gott gegebene Freiheit haben sollten, innerhalb eines Rechtsrahmens Entscheidungen zu treffen, und diese Freiheit ist sowohl ein privates als auch ein öffentliches Gut. Diese Freiheit bringt persönliche Verantwortung mit sich, die Teil des Menschseins ist.[20]

Bei aller fraglos existierenden Notwendigkeit zur Begrenzung der individuellen Freiheit, insbesondere im jetzigen Status einer gefallenen Menschheit, gilt zunächst das Prinzip, dass der Staat dem Menschen nicht seine grundlegende Freiheit nehmen darf. Dazu gehört jedoch auch, dass der Mensch Verantwortung für sich und seine Lebensführung übernimmt:

> Die Prinzipien von Verantwortung und persönlicher Rechenschaft sind ... nichts anderes als die Kehrseite von Würde und

---

20 Scriven, John. 2013. *Belief and the Nation*. London: Wilberforce Publications, 138.

Freiheit. Damit ein Mensch sich frei entscheiden kann, muss er seine Verantwortung akzeptieren und auch, dass er für seine Entscheidungen zur Rechenschaft gezogen wird.[21]

Damit ist aber auch einem falschen Verständnis vom Staat als einer Institution, die für alle Bedürfnisse aufzukommen hat, ein Riegel vorgeschoben. Auch außerhalb der Kirchen wird der „Nanny-Staat" bisweilen kritisch gesehen. Josef Kraus, ehemaliger Präsident des Deutschen Lehrerverbandes, schreibt: „Ein Staatsverständnis, das das politische Gemeinwesen als Dienstleistungseinrichtung versteht, führt zu einer fürsorglichen Entmündigung oder gar einer erlernten Hilflosigkeit – auf Kosten nachfolgender Generationen mit einem Drehen an der Verschuldungsschraube und einem Verzicht auf das Prinzip Subsidiarität."[22]

Die Gefallenheit des Menschen und der gesamten Schöpfung. Eigentlich müsste dieser Punkt nicht gesondert erwähnt werden. Zu offensichtlich sind die Folgen des Sündenfalls (1. Mose 3): Angefangen von den kleinen Flunkereien und Egoismen im Alltag über Korruption, zerrüttete Ehen und verschiedene Arten von Missbrauch bis hin zu Mord und den großen Tragödien der Menschheitsgeschichte wird sichtbar: „Die ganze Welt liegt im Argen" (1. Johannes 5,19). Ja, es gibt immer noch vieles, was die ursprüngliche Herrlichkeit Gottes in den Geschöpfen widerspiegelt; und ja, Menschen können und sollen sich bemühen, Gutes zu tun. Aber tief in einem jeden von uns, auch in den Christen, steckt die Versuchung, sich letztlich doch selbst zum Maßstab zu machen. Auch Freiheit muss jetzt sowohl begrenzt als auch diese Grenzen durchgesetzt werden.

---

21 Mangalwadi, Vishal. 2017. *Das Buch der Mitte: Wie wir wurden, was wir sind: Die Bibel als Herzstück der westlichen Kultur.* Basel: fontis, 521.
22 Kraus, Josef. 2018. *50 Jahre Umerziehung: Die 68er und ihre Hinterlassenschaften.* Lüdinghausen: Manuscriptum, 77.

Der britische Staatsmann Edmund Burke sagte einmal: „Eine Gesellschaft kann nicht existieren, wenn nicht irgendwo dem Willen und Verlangen eine Kontrollmacht gegenübersteht. Je weniger davon innerlich vorhanden ist, desto mehr davon braucht es außen."[23]

So offensichtlich diese Tatsache, dass wir in einer gefallenen Welt leben, ist, so wichtig ist ihre Anerkenntnis auch für eine Politik nach biblischen Maßstäben. Stellen wir uns folgende Fragen.

1. Wie sollte ein Staat aufgebaut sein, der dieser Tatsache der Gefallenheit Rechnung trägt?

2. Was bedeutet die Tatsache der Gefallenheit für die „Erziehung" des Menschen, also z. B. im Umgang mit Straftätern?

3. Was bedeutet diese Tatsache für die Ziele, die mit einer Politik verfolgt werden können und sollen?

1. Wenn es richtig ist, dass der Mensch eine Neigung zum Egoismus hat, dann ist es auch sinnvoll, seine Macht zu begrenzen. „Absolute power corrupts absolutely", schrieb der englische Historiker, Politiker und Publizist Lord Acton.[24] Totale Macht korrumpiert total. In Demokratien spiegelt sich die Anerkennung dieser Wahrheit im Prinzip der Gewaltenteilung wider, d. h. in der Aufteilung staatlicher Gewalt in die voneinander unabhängigen Gewalten Legislative (gesetzgebende Gewalt), Exekutive (ausführende Gewalt) und Judikative (Rechtsprechung), ebenso wie in turnusmäßigen Neuwahlen.

---

23 Nach Mangalwadi, Vishal. 2017. *Das Buch der Mitte: Wie wir wurden, was wir sind: Die Bibel als Herzstück der westlichen Kultur*. Basel: fontis, 482.

24 „Letter to Archbishop Mandell Creighton"; https://history.hanover.edu/courses/excerpts/165acton.html

2. Christen gehen davon aus, dass die Gefallenheit jeden Menschen betrifft, egal, wie und wo er aufgewachsen ist (Römer 3,23). Der Mensch kann nicht mit Hilfe von Sozialingenieuren neu konstruiert, sondern nur erlöst werden (Römer 3,24). Es wäre also fahrlässig, in der täglichen Politik nicht mit der Gefallenheit des Menschen zu rechnen oder sie herunterzuspielen. Als Antwort auf individuelle Verfehlungen hat Gott innerweltliche Regimente eingesetzt, deren Aufgabe es u. a. ist, diejenigen zu bestrafen, die Gesetze übertreten (1. Petrus 2,14).

Von linken Gesellschaftstheoretikern, die Gott ebenso aus der Gleichung herauslassen wollen wie die Gefallenheit des Menschen, wird das Böse hingegen anders interpretiert. Für sie ist der Mensch nach wie vor rein gut. Das Böse wird als Folge von schlechten gesellschaftlichen Einflüssen gesehen, die es zu beseitigen gilt. Dann, so die Annahme, würde sich langfristig auch der Mensch ändern.[25] Künneth bemerkt hierzu:

> So bemüht sich die liberalistische Gläubigkeit an das unzerstörbar „Gute" im Menschen, die Schärfe und Härte des Gesetzes zu mildern oder überhaupt aufzuheben. Es scheint zu genügen, selbst verbrecherische Handlungen psychologisch zu erklären und auf Umweltschädigungen und verderbliche Einflüsse der kapitalistischen Gesellschaft zurückzuführen. Indem aber die fundamentalen ethischen Rechtsbegriffe „Schuld und Sühne" außer Kraft gesetzt werden, ereignet sich ein alarmierender Erdrutsch, der das moralische Ordnungssystem des demokratischen Staates bedroht.[26]

---

25 Vgl. z. B. Noebel, David A. 2007. *Kampf um Wahrheit: Die bedeutendsten Weltanschauungen im Vergleich.* Gräfelfing: Resch, Kap. 8+9.

26 Künneth, Walter. 1984. *Der Christ als Staatsbürger: Eine ethische Orientierung.* Wuppertal: R. Brockhaus, 57.

Nun ist es durchaus sinnvoll, in der Beurteilung von Straftaten im Sinne eines umfassenden Gesamtbildes auch „mildernde Umstände" geltend zu machen. Wenn jedoch in der Rechtsprechung ein Menschenbild vorherrscht, das böse Handlungen prinzipiell auf schlechte Umstände zurückführt (die ironischerweise wiederum mehrheitlich von anderen Menschen zu verantworten sind), dann verschiebt sie sich in eine Richtung, die die Täter als Opfer sieht, und kommt so unter Umständen zu Urteilen, in denen die Opfer ein zweites Mal zu Opfern gemacht werden. Dass dies weder der Genugtuung der Opfer dient noch der Eindämmung von Kriminalität förderlich ist, liegt auf der Hand.

3. Christliche Politik lehnt jeden Utopismus ab. Jedes Weltbild, das den Menschen nicht akzeptiert, wie er ist, ist ultimativ zum Scheitern verurteilt und wird auf dem Weg dorthin Opfer fordern. Das heißt nicht, dass wir nicht für eine bessere und freiere Gesellschaft leben und kämpfen können. Das heißt schon gar nicht, dass Christen sich auf das Jenseits vertrösten sollen, im Gegenteil: Eben *weil* wir auf die Ewigkeit hinstreben, können wir uns auf der Erde engagieren, ohne zu sehr auf die Kosten fixiert zu sein. Aber es heißt sehr wohl, dass wir nicht versuchen dürfen (und es auch nicht brauchen), den Himmel auf die Erde zu holen. Dort, wo dies trotzdem versucht wurde, ist es kläglich gescheitert. „Die Vollkommenheit des Paradieses wird auf Erden nicht zu erreichen sein. Mehr noch, immer, wenn Menschen versucht haben, paradiesische Zustände auf Erden zu errichten, ist eher eine irdische Hölle herausgekommen", schreibt die ehemalige DDR-Bürgerrechtlerin und spätere CDU-Abgeordnete Vera Lengsfeld.[27] Dies gilt für alle säkularen Utopien ebenso wie

---

27 Lengsfeld, Vera. 2006. *Neustart! Was sich in Politik und Gesellschaft ändern muss. Umdenken lohnt. Freiheit und Fairness statt Gleichheit und Gerechtigkeit.* München: Herbig, 67.

für „christliche" Ansätze, die es leider auch in der Geschichte der Christenheit gegeben hat.[28] Scriven hält fest:

> Versuche, einen idealen politischen Staat durch die Ausübung von weltlicher Gewalt auf Kosten der Grundfreiheiten herbeizuführen, seien sie inspiriert durch Religion, Marxismus, Faschismus oder revolutionären Idealismus, scheitern allesamt an menschlichen Unvollkommenheiten, unabhängig davon, ob die Ziele wahr und nobel waren oder nicht. … Die Auferlegung eines utopischen Ideals durch die Regierung beraubt die Individuen in der Gesellschaft der Wahlfreiheit und unterdrückt sie daher.[29]

Die bisher beschriebenen Punkte umreißen den Rahmen einer christlichen Politik; sie stellen sozusagen das Fundament dar, auf dem christliche Politiker sich bewegen. Sie sind extrem wichtig, denn bereits hier unterscheidet sich christliche Politik grundlegend von manchen anderen Ansätzen der Staatskunst. Diese Punkte sagen bisher aber noch wenig über die konkrete Ausgestaltung von politischen Entscheidungen aus.

---

28 „Einige Christen des sogenannten *linken Flügels der Reformation* im 16. Jahrhundert wie *Thomas Müntzer* oder *Johannes von Leyden* versuchten, das Königreich Christi mit den Mitteln politischer Einflussnahme auf radikale Weise aufzubauen. Dabei wurde allerdings der eschatologische Charakter des Reiches Gottes völlig übersehen und eine revolutionäre Vorwegnahme im Sinne des ‚hic et nunc' durch eigene Kraft vollzogen."
Plutschinski, Timo. 2017. *Der Auftrag. Wenn Christen Politik und Gesellschaft verändern.* Gießen: Brunnen, 49.
29 Scriven, John. 2013. *Belief and the Nation.* London: Wilberforce Publications, 49.

Die Werte Gottes in Politik übersetzen

Die Bibel ist voll von Aussagen über die Vorstellungen Gottes, wie Menschen im Allgemeinen und Gläubige im Speziellen miteinander leben sollen. Die Schöpfungsordnung, die 10 Gebote und die Bergpredigt sind dabei nur die prominentesten Beispiele. Nun haben wir oben gesagt, dass sich viele Gebote Gottes an die Gläubigen richten und nicht an die Menschen im Allgemeinen, und dass es weder sinnvoll noch möglich ist, Gottes Gebote eins zu eins in Politik umzusetzen. Wir haben es mit einer gefallenen Schöpfung zu tun, und viele der von Politik Betroffenen glauben nicht einmal an Gott. Wieso sollten die Gebote eines Gottes für sie eine Rolle spielen, wenn sie dessen Existenz negieren?

Die Antwort auf diese Frage ist eine zweifache. Erstens beruht *jede* Politik auf Werten, und zwar auf den Werten jener, die sie machen. Es gibt schlicht und ergreifend keine wertfreie Politik. Dabei wird jede Politik auch solche Menschen betreffen, die diese Werte ablehnen. Zweitens gehen wir grundsätzlich davon aus, dass Gottes Gebote gut für den Menschen sind und nicht etwa zu ihrer Einengung oder Gängelung dienen. Scriven bringt dies treffend auf den Punkt:

> Die christliche Lehre legt nahe, dass Gesellschaften in dem Maße gedeihen, in dem sich Gottes Standards in ihren Gesetzen und Gebräuchen und in den Überzeugungen und dem Verhalten ihrer Bürger widerspiegeln. „Gerechtigkeit erhöht ein Volk; aber die Sünde ist der Leute Verderben", sagt der Verfasser des Buches der Sprüche (Kapitel 14,34). ... Den Anweisungen des Herstellers zu folgen, bedeutet, authentisch menschlich zu sein.[30]

---

30 Scriven, John. 2013. *Belief and the Nation*. London: Wilberforce Publications, 120 + 121.

Auf der anderen Seite werden wir in einer säkularen Regierung erhebliche Abstriche machen müssen. Der Kirchenvater Augustinus formulierte das so: „Jenes Gesetz, das für die Staaten gegeben wurde, die zu regieren sind, sieht vieles nach und lässt es ungestraft, was durch die göttliche Vorsehung zur Verantwortung gezogen wird."[31] Doch wie sollen Gottes Werte, die Werte des „Herstellers", in Politik übertragen werden? Dies ist keine banale Angelegenheit.

Nehmen wir zum Beispiel den Ehebruch. Die Bibel ist sehr klar, dass Ehebruch für Gläubige nicht akzeptabel ist (z. B. 2. Mose 20,14; Hebräer 1,4). Ehebruch hat etwas Zerstörerisches, und dies gilt unabhängig von den Bekenntnissen der Beteiligten. Sollte Ehebruch daher auch in einer säkularen Gesellschaft verboten und unter Strafe gestellt werden? Tatsächlich gab und gibt es Gesellschaften, in denen dies der Fall war und ist. Auf der anderen Seite hält die christliche Ethik auch die persönliche Freiheit sehr hoch:

Das protestantische christliche Mainstream-Denken tendiert zur Freiheit des Individuums. Obwohl es die Notwendigkeit von Machtstrukturen in einer unvollkommenen Welt anerkennt, ist es ihnen gegenüber misstrauisch und widersetzt sich einer Politik, die über den Glauben herrschen oder die Freiheit des Individuums einschränken möchte.[32]

Ein anderes, verwandtes Beispiel ist die Ehescheidung. Auch sie war ursprünglich von Gott nicht vorgesehen (Matthäus 19,3-6). Doch schon im Volk Israel erlaubte Mose die Ehescheidung aufgrund der „Härte des Herzens" (Verse 7-8), und auch Jesus gestattete sie bei Ehebruch (Vers 9). Selbst *innerhalb* des Volkes Gottes ist es also

---

31 Zitiert nach: Thomas von Aquino. 1985. *Summe der Theologie*, Bd. 2: *Die sittliche Weltordnung* (hrsg. von Joseph Bernhart). Stuttgart: Kröner, 485.
32 Scriven, John. 2013. *Belief and the Nation*. London: Wilberforce Publications, 52.

nötig, Abstriche von den Vorstellungen, die Gott für die Menschen hatte, zu machen – wieviel mehr in einer säkularen Gesellschaft?

Einer, der sich über den Zusammenhang von Gottes Werten und Politik Gedanken gemacht hat, ist der Kirchenlehrer Thomas von Aquin (1225-1274). Er resümiert:

> Nun aber wird das menschliche Gesetz für die Vielheit der Menschen gegeben, worin es zum größeren Teil nicht tugendfertige Menschen gibt. Deswegen werden durch das menschliche Gesetz nicht alle Lasterhandlungen verhindert, deren sich die Tugendhaften enthalten, sondern bloß die schwereren, deren sich zu enthalten auch dem größeren Teil der Vielheit möglich ist; und vorzüglich jener, die zum Schaden der anderen gehen, ohne deren Verhinderung die menschliche Gemeinschaft nicht gewahrt werden könnte, wie durch das menschliche Gesetz Mord und Diebstahl und derartiges verhindert wird.[33]

Christliche Politik bewegt sich also immer im Spannungsfeld zwischen den Werten Gottes und der Realität einer gefallenen Welt. Die Werte Gottes, wie sie im Wort Gottes festgehalten sind, geben die Richtung vor; Priorität haben jene Gesetze, die den Mitmenschen schützen und so die Erhaltung der Gemeinschaft sicherstellen.

Die Rolle von Vernunft und Fachwissen

Trotz klarer Aussagen darüber, was weltliche Autorität ist, trotz der Rahmenbedingungen durch die Schöpfungsordnung und trotz der Werte Gottes, wie sie in der Bibel zum Ausdruck kommen: Die

---

33 Thomas von Aquino. 1985. *Summe der Theologie*, Bd. 2: *Die sittliche Weltordnung*. Hrsg. von Joseph Bernhart. Stuttgart: Kröner, 484.

Bibel liefert keine Gebrauchsanweisung für Alltagspolitik. Wer in dem Wort Gottes nach Antworten auf Fragen wie „Wo sollte der Grenzwert für den Stickoxidausstoß von Pelletheizungen liegen?" oder „Wie kann der Tourismus im Harz gefördert werden?" sucht, muss einen langen Atem haben. „Das Christentum ist *kein* Ersatz für fachliche Kompetenz", sagte einmal der britische Schriftsteller C. S. Lewis. „Wenn Sie kein Volkswirtschaftler sind und auch sonst keine Erfahrungen auf dem Gebiet haben, werden Sie allein aufgrund der Tatsache, dass Sie Christ sind, keine industriellen Probleme lösen."[34]

Christliche Politik muss auf Basis der drei anderen Säulen mit Vernunft und Sachverstand nach Lösungen suchen. Dies ist weder unchristlich noch schlimm. Mose nahm den weisen Ratschlag seines nichtjüdischen Schwiegervaters Jitro an und strukturierte seine Judikative um (2. Mose 18,13-27); Jesus selbst führte zwei Beispiele aus dem Bereich der ökonomischen und politischen Vernunft an, um zu verdeutlichen, dass man sich seine Entscheidung für die Nachfolge gut überlegen sollte (Lukas 14,28-32). „Vernunft gehört zur Persönlichkeit des Menschen", bemerkt Affeld. „Christen stehen als ganze Persönlichkeiten mit Leib, Seele und Geist in den Fluten dieser Welt. Der dienende Gebrauch ihrer geistigen Fähigkeiten gehört zum Christusgehorsam."[35]

Auch in der Barmer Erklärung, jenem Dokument, in dem sich die Bekennende Kirche in der Zeit des Nationalsozialismus von den sogenannten „Deutschen Christen" abgrenzte, wird das menschliche Ermessen für den politischen Prozess als gottgegeben dargestellt. In der fünften These heißt es unter anderem (unsere Hervorhebung):

---

34 Lewis, C. S. 2013. *Ich erlaube mir zu denken: Essays zu zeitgemäßen und unzeitgemäßen Fragen.* Basel: Brunnen, 89.
35 Affeld, Burghard. 1983. *... höher als alle Vernunft: Friedens- und Weltverantwortung des Christen.* Wuppertal: R. Brockhaus, 152.

Die Schrift sagt uns, dass der Staat nach göttlicher Anordnung die Aufgabe hat, in der noch nicht erlösten Welt, in der auch die Kirche steht, *nach dem Maß menschlicher Einsicht und menschlichen Vermögens* unter Androhung und Ausübung von Gewalt für Recht und Frieden zu sorgen.

Eine auf einem realistischen Menschen- und Weltbild basierende Vernunft lässt sich in der Politik durch nichts ersetzen. Mangelnde, durch Ideologie ersetzte Vernunft wird immer entweder zu Frustration und Hass oder zu Repression und Ohnmacht führen. Gerade in diesem Bereich liegt einer der Hauptunterschiede zwischen der Politik der AfD und jener der anderen Parteien. Während Letztere häufig mehr von Wunschdenken bis hin zu Utopien getragen ist, stellt sich die Politik der Alternative der Realität. „Die AfD steht für eine Politik von Vernunft und Verantwortung und damit für eine Politik aus dem Geist des Christentums", schreiben Münz und Frisch.[36] Dass menschliche Einsicht immer Stückwerk ist, bleibt dabei unbenommen. Jede politische Entscheidung bedeutet somit immer auch ein Wagnis.

Zusammenfassend kann man also Folgendes sagen: Christliche Politik ist *nicht* der Versuch, eine Theokratie (Gottesherrschaft) einzusetzen; zur Christusnachfolge kann, soll und darf niemand gezwungen werden. Vielmehr ist sie nach unserem Verständnis das Bestreben, bei konsequenter Beachtung der Trennung von Kirche und Staat Gesetze zu erlassen, die *dem Wesen des Menschen gerecht werden*, die *den Werten Gottes entsprechen* und die *realistisch, vernünftig* und *fachlich gut durchdacht* sind, und so zu einer Gesellschaft beizutragen, die so frei und gerecht ist, wie dies unter den jeweiligen Umständen möglich ist.

---

36 Münz, Volker & Michael Frisch. 2018. AfD: Vernunft und Verantwortung als Basis alternativer Politik aus christlichem Ethos. In: *Christliches in den Parteien*. Würzburg: Echter, 29.

Qualifikationen christlicher Politiker

Abschließend widmen wir uns noch kurz der Frage: Was kennzeichnet einen guten christlichen Politiker? Auch über diese Frage haben sich über die Jahrhunderte Menschen den Kopf zerbrochen, allen voran Luther im dritten Teil seines Traktats *Von weltlicher Obrigkeit.* Da dieses Buch aber einen anderen Themenschwerpunkt hat, wollen wir nur kurz drei Eigenschaften von christlichen Politikern erwähnen, die wir für wichtig halten.

Verwurzelung in Gott. Christen wird manchmal der Vorwurf gemacht, sie seien zu sehr auf den Himmel fixiert und würden darüber die Nöte hier auf der Erde vernachlässigen. Nun mag das in Einzelfällen zutreffen, aber an sich ist das Gegenteil richtig. Eben *weil* Christen die „letzten Fragen" für sich geklärt und Antworten gefunden haben, können sie sich mit einer inneren Sicherheit den vorletzten widmen und den Menschen mit ihren Gaben dienen. Peter Hahne schreibt hierzu: „[Ein christlicher Politiker] sieht seine Verantwortung vor Gott höher an als populistische Anbiederei für die nächste Wiederwahl. Das schafft eine innere Unabhängigkeit und Souveränität, die heute im Zuge eines verdunstenden Glaubens weithin verloren gegangen ist."[37]

Motivation. Ein Politiker, der keinen Willen zur Macht und keinen Wunsch hat, Gesellschaft zu gestalten, hat vermutlich seinen Beruf verfehlt. Wichtig, ja grundlegend für Christen ist jedoch auch die Frage, warum er diese Gestaltungsmacht sucht. Ist es die Bereitschaft, den Menschen zu dienen, ihr Bestes zu suchen? „Erstens muss er [der christliche „Fürst"] auf seine Untertan sehen und hier sein Herz in rechte Verfassung bringen", schreibt Luther. „Das

---

37 Hahne, Peter. 2008. *Suchet der Stadt Bestes: Werte wagen – für Politik und Gesellschaft.* Lahr: Johannis, 62.

tut er aber dann, wenn er sein ganzes Sinnen darauf richtet, ihnen nützlich und dienstbar zu sein."[38] Nächstenliebe ist einer der Grundpfeiler christlichen Lebens. In der heutigen Zeit mag das bedeuten: Ein politisch interessierter Christ schaut sich diese Welt an und sieht, wie die Lüge verschiedener Ideologien immer weiter um sich greift und die Gesellschaft zersetzt. Wenn er dann sagt: „Ich kann so nicht weiterleben. Ich muss etwas tun!", ist er nach unserer Auffassung auf dem richtigen Weg. Christliche Politik ist Dienst am Menschen.

Die Bereitschaft, sich die Finger schmutzig zu machen. Wenn Sie dieses Kapitel bis hierher gelesen haben, dürfte Ihnen klar sein, dass mit der Dienstbereitschaft und Nächstenliebe, die wir als Qualifikation für christliche Politiker aufgeführt haben, weder Sentimentalität noch Sozialromantik gemeint ist. Noch einmal Hahne:

> Staatspolitische Verantwortung in dieser zerrissenen Welt ist immer mit Leid verbunden. Es gilt Entscheidungen zu treffen, von denen Leben und Tod, Krieg und Frieden, Arbeitsplätze und Menschenschicksale abhängen, es gilt auch unerwünschte Kompromisse zu tragen. Die Übernahme politischer Verantwortung schließt immer Leidensbereitschaft mit ein.[39]

Wenn es bis zum Äußersten kommt, bedeutet Liebe sogar, sein Land mit Waffengewalt zu verteidigen. In einer Zeit, in der zahlreiche Konflikte ausgeblendet oder denen angelastet werden, die auf sie hinweisen, mögen solche Worte wie eine Zumutung erscheinen. Wahr sind sie trotzdem. Nichts hören, nichts sehen, nichts sagen und unter den Teppich kehren sind keine nachhaltigen Alternativen. „Zeitgeist-

---

38 Luther, Martin. 1978. *Von weltlicher Obrigkeit.* Gütersloh: Gütersloher Verlagshaus, 50f.
39 Hahne, Peter. 2008. *Suchet der Stadt Bestes: Werte wagen – für Politik und Gesellschaft.* Lahr: Johannis, 114.

konformität, im Milieu beider Kirchen omnipräsent, mag bequem sein; der christliche Auftrag wird dadurch jedoch nicht erfüllt."[40]

Was Sie tun können

Wenn viele von den Gedanken, die wir in diesem Kapitel präsentiert haben, neu für Sie waren und Sie sich weiter mit den Grundlagen christlicher Politik auseinandersetzen wollen, gibt es einige Texte, mit denen Sie sich beschäftigen können. Hier ist eine Auswahl.

- Grundlagentexte der Bibel für christliche Politik sind z. B. 1. Mose 1-11 (Urgeschichte: Schöpfungsordnung als Basis für das Menschen- und Weltbild); 2. Mose 12,38.43-45; 18,13-27; 19,5-6 (besondere Rolle Israels); 22,27; 23,10-11; Psalm 37,28a; 94,15; Sprüche 8,15-16; 11,14; 14,34; 20,28; 24,6; 29,2.4.14; Prediger 5,8; 8,11; Amos 6,12; Matthäus 20,25; Johannes 18,36; Römer 13,1-7; 1. Timotheus 2,1-3; 1. Petrus 2,11-17.

- Ein klassischer Text zum Verhältnis von Christ und Staat ist Luthers *Von weltlicher Obrigkeit*. Der Text ist in zahlreichen Formen und in unterschiedlich gut lesbaren Revisionen gedruckt worden und kann auch im Internet als Teil des Projekt Gutenberg abgerufen werden (allerdings in einer eher altertümlichen Fassung).[41]

- Walter Künneth war Professor der Theologie an der Universität Erlangen, der in zahlreichen Schriften zu Fragen von Christsein

---

40 Dirsch, Felix; Volker Münz & Thomas Wawerka. 2018. Einleitung. In: dies. *Rechtes Christentum? Der Glaube im Spannungsfeld von nationaler Identität, Populismus und Humanitätsgedanken.* Graz: Ares, 7-16: 9.

41 http://gutenberg.spiegel.de/buch/von-weltlicher-obrigkeit-wie-weit-man-ihr-gehorsam-schuldig-sei-267

und Politik Stellung genommen hat. Seine Werke sind naturgemäß anspruchsvoll. Seinem Grundlagenwerk zur politischen
Ethik hat er den Titel *Politik zwischen Dämon und Gott* gegeben
(1954). Das am ehesten für eine breite Leserschaft geeignete
Buch dürfte *Der Christ als Staatsbürger* (1984) sein. Beide Werke
stehen in zahlreichen Hochschulbibliotheken ein.

- Peter Hahnes *Suchet der Stadt Bestes: Werte wagen für Politik und
  Gesellschaft* ist ein relativ leicht zu lesendes Büchlein mit vielen
  Zitaten bekannter Persönlichkeiten aus dem öffentlichen Leben.

- Die AfD-Landtagsfraktion Thüringen hat eine Broschüre mit
  dem Titel *Unheilige Allianz: Der Pakt der evangelischen Kirche
  mit dem Zeitgeist und den Mächtigen* erarbeitet, in der die einseitige Politisierung der Kirche thematisiert wird. Die Broschüre
  steht auch online zur Verfügung.[42]

- Wer des Englischen mächtig ist, kann sich auch an *Belief and
  the Nation* von John Scriven (2013; Wilberforce Publications)
  heranwagen. Der Jurist behandelt die philosophischen Grundlagen christlicher Politik, geht aber auch der Frage nach deren
  Umsetzung in einer Reihe von konkreten Politikfeldern nach
  (Bildung, Redefreiheit, Wirtschaft, Umwelt etc.).

---

42 https://afd-thl.de/wp-content/uploads/sites/20/2019/06/Kirchenpapier_
Onlineversion.pdf

Der Inhalt:
Wofür die AfD wirklich steht

3

In diesem Kapitel werden wir uns nun einigen konkreten Politikfeldern zuwenden. Die lange „Anlaufphase" bis hierhin, insbesondere das Kapitel zur Medienblase, war notwendig, weil eine bloße Abhandlung von inhaltlichen Themen manchen Leser mit der Frage zurückgelassen hätte: „Kann das denn alles so sein, wie das hier beschrieben wird? Wie kann es sein, dass ich davon nichts wusste?" Andere Themen, insbesondere die Frage nach dem Nationalstaat und die Flüchtlingsfrage, bedürfen eines Verständnisses, was christlich motivierte Politik überhaupt bedeutet – und was nicht. Es musste also zunächst einmal ein breites Fundament gelegt werden, bevor wir auf politische Inhalte zu sprechen kommen. Die zitierten Positionen der AfD sind dabei der Langversion des Grundsatzprogramms entnommen, das von der Homepage der Partei heruntergeladen werden kann.

Politische Korrektheit (PC)

Die im ersten Kapitel angesprochene Diffamierung durch die Medien betrifft nicht allein die AfD; vielmehr ist sie Teil einer weit umfassenderen Strömung, die sich gegen alles richtet, was konservativ, freiheitlich oder rechts ist. Betroffen sind beispielsweise Menschen, die sich für die traditionelle Familie einsetzen, Lebensschützer, Islamkritiker, Patrioten jeglicher Couleur und inzwischen sogar die WerteUnion (eine konservative Gruppe in der CDU). Dabei wenden Politik und Medien weitgehend die gleichen Methoden an wie bei dem Kampf gegen die AfD. Um ein Bewusstsein für die Durchdringung der Gesellschaft mit der Politischen Korrektheit zu schaffen, werden wir in diesem Abschnitt einige kurze Beispiele für die PC-Strategien anführen, die diesmal nicht die AfD betreffen; der Schwerpunkt wird aber auf den Folgen der Politischen Korrektheit liegen.

Doppelmoral. Doppelmoral durchzieht die Ideologie der Politischen Korrektheit wie ein roter Faden. Über vielen politisch oder gesellschaftlich orientierten Mikrodiskursen in Form von Zeitungsartikeln und Fernsehbeiträgen steht das Anliegen, linke Positionen zu befördern und konservative und rechte zu diskreditieren. Besonders deutlich wird dies dort, wo es um die Bewertung von Gewalt und Verbrechen geht. Es sind die konservativen und bürgerlichen Veranstaltungen (Parteitage, Demonstrationen, Infostände, Preisverleihungen), die massiv durch die Polizei geschützt werden müssen, und es sind die konservativen Politiker und Einrichtungen, die weit überproportional von Gewalt betroffen sind (vgl. Kap. 4). Gewarnt wird in den Medien jedoch fast ausschließlich vor rechter Gewalt.

Stellen Sie sich bitte einmal vor, die bürgerkriegsähnlichen Zustände in Hamburg im Juli 2017 („Welcome to Hell"), bei denen Hunderte von Polizeibeamten verletzt wurden und ein Sachschaden von mehreren Millionen Euro entstand, wären nicht von Links-, sondern von Rechtsextremisten ausgegangen. Was wäre da wohl die Reaktion gewesen, wenn schon die Tatsache, dass in einer demokratischen Wahl im Februar 2020 ein FDP-Politiker mit Unterstützung der AfD zum Ministerpräsidenten gewählt wurde, zu einen ungehemmten Aufschrei in Politik und Medien geführt hat, und ein Staatssekretär entlassen wurde, weil er es gewagt hatte, dem Gewählten zu gratulieren?[1] Die Flut von Sondersendungen mit Einspielungen von

---

1   „Christian Hirte: Einmal ‚falsch' gratuliert und schon den Job los";
     https://juergenfritz.com/2020/02/08/christian-hirte-einmal-falsch-gratuliert-
     und-schon-den-job-los/

einzelnen Gewalttaten, Betroffenen-Interviews, „Wehret den Anfängen"-Rufen und Verbotsforderungen wäre wohl kaum zu über-
schauen gewesen. Im Umgang mit Gewalt und Verbrechen legen
die Medien eine regelrechte „Briefmarkensammler-Mentalität" an
den Tag: Das linke Auge wird zugekniffen, während für das rechte die Lupe herausgeholt wird. Beispiele gibt es zahlreiche.[2] Diese
Doppelmoral setzt sich fort bis hinein in den Umgang mit den ganz
großen Gräueltaten der Weltgeschichte. „Wir leben in einer Welt,"
schreibt der Publizist Steve Maltz, „in der … linke Apologeten auf
den Massenmord von rechtsgerichteten Diktatoren verweisen, aber
bequemerweise die weit höheren Zahlen ignorieren, die von linken
Diktatoren wie Stalin oder Mao getötet wurden."[3]

Themenselektion und Blickfeldverengung. Die Ausblendung und Unterdrückung bestimmter Informationen ist eine der stärksten Waffen der Politischen Korrektheit. Warum verschwiegen Polizei und
Medien die Übergriffe in der Silvesternacht 2015/16 in Köln und
anderen Städten so lange, bis sie nicht mehr zu leugnen waren?
Wie konnte es sein, dass der Fokus der Berichterstattung nach dem
Tötungsdelikt im September 2018 in Chemnitz so schnell auf den
Rechten lag und sogar Massenproteste „gegen rechts" hervorrief, wo
es doch um Trauer um das Opfer und um Empörung gegen eine
falsche Asylpolitik, ohne die es nicht zu dieser Tat gekommen wäre,
ging? Wieso wurde massenmedial und sogar weltweit die Nachricht

---

2   Eine sehenswerte Dokumentation in diesem Zusammenhang stellt die Junge
    Freiheit unter dem Titel „Prüffall Deutschland – Demokraten im Fadenkreuz"
    zur Verfügung;
    https://www.youtube.com/watch?v=LZlhh9U4dMk Siehe auch: Wendt, Alex-
    ander. 2019. Wir schaun dann mal weg. In *Tichys Einblick* 01/2020, 28-31.
3   Maltz, Steve. 2018. *Into the Lion's Den: Reaching a World gone mad.* Ilford: SP
    Publishing, 54.

von „Hetzjagden" verbreitet?[4] Die Antwort auf diese Fragen ist immer die gleiche: Die Realität passte nicht ins linke Weltbild, und so wurde versucht, sie entweder zu unterdrücken oder zu „ersetzen".

Generell kann man sagen, dass in den Massenmedien bei der Behandlung von politischen und gesellschaftlichen Themen fast immer eine Tendenz vorherrscht. Diese zeigt sich zum einen darin, *worüber* ausführlich und wiederholt berichtet wird; hierzu gehören z. B. Themen und Forderungen aus dem linken Spektrum; die Behandlung des Phänomens „Rechtspopulismus"; oder Gewalt, Morddrohungen oder radikale Äußerungen von rechts. Auf der anderen Seite gibt es solche Themen, über die nur das Nötigste oder gar nichts berichtet wird (Stellungnahmen und Forderungen aus dem konservativen und rechten Lager; Wirtschaftsmigranten; Linkspopulismus; Gewalt, Morddrohungen oder radikale Äußerungen von links oder von islamischer Seite). Die Tendenz zeigt sich darüber hinaus auch in der *Wertung* bestimmter Personen und Ereignisse. So wird in der deutschen Presselandschaft fast ausschließlich herablassend oder warnend über Trump, Orbán, den Brexit oder konservativen oder patriotischen Aktivismus berichtet, während linker und ökologischer Aktivismus mit Wohlwollen oder – bei Straftaten – zumindest mit Verständnis rechnen kann.

---

4   Zu Chemnitz gibt es etliche kritische Beiträge. Zu dem berühmten „Hase-Video" siehe „Tichys Einblick fand die Herkunft des Chemnitz-Videos heraus";
https://www.tichyseinblick.de/meinungen/tichys-einblick-fand-die-herkunft-des-chemnitz-videos-heraus/.
Einen guten Kommentar liefert Roger Köppel (Chefredakteur der „Weltwoche"): „Weltwoche daily 05.09.2018 | Stubenhockerjournalismus, Twitter-Stasi, Hetzjagden: Fake News";
https://www.youtube.com/watch?v=rLBgdAaHi88 (bis 7:23).

Dabei muss nicht jede einzelne Nachricht diesem Muster entsprechen; es reicht, wenn in jeder *heute*-Sendung oder in jeder Tagesschau ein oder zwei Nachrichten enthalten sind, die diese Wahrnehmung unterstützen. Schauen wir uns als Beispiel einmal die *heute*-Nachrichten vom 22.11.2019 an. Eingebettet in eine mehr oder weniger neutrale Berichterstattung über den CDU-Parteitag in Leipzig, IG-Metall-Demonstrationen in Stuttgart und den Juso-Bundeskongress in Schwerin findet sich plötzlich die Nachricht, dass die Bürgermeisterin von Arnsdorf (Sachsen) zurückgetreten ist, weil sie „von Rechtsextremen angefeindet und eingeschüchtert" worden sei.[5] Eingeleitet wird der Beitrag von dem Sprecher mit den Worten: „Und jetzt ein Thema, das durchaus einiges sagt über unsere Gesellschaft". Dem Ereignis wird also von vornherein eine deutschlandweite Bedeutung zugemessen. Nun verurteilen wir es, wenn Politiker anders als mit demokratisch legitimen Mitteln unter Druck gesetzt werden, egal, welcher Partei sie angehören. Es sind jedoch vor allem die Politiker der AfD, die massiv angefeindet werden. Beschimpfungen, Ausgrenzungen bis hin zu tätlichen Angriffen gehören mittlerweile zum traurigen Alltag (vgl. Kap. 4). Manche von uns erhalten wiederholt Morddrohungen. Nicht alle können dem standhalten und ziehen sich zurück. Wenn AfDler oder andere Konservative betroffen sind, werden jedoch nur die schlimmsten Fälle berichtet, und das auch nur im Regionalteil der Tageszeitung oder bestenfalls in einem nationalen Printmedium. Der besagte Fall der SPD-Bürgermeisterin aus Sachsen findet sich dagegen nicht nur in den 19-Uhr-Hauptnachrichten wieder, sondern wird hier sogar zu einem Sinnbild für den Zustand der Gesellschaft erhoben.

Hier sind wir an einer entscheidenden Stelle, was die gesellschaftlichen Folgen von solchen Verzerrungen angeht. Wie wirkt sich die selektive Berichterstattung auf das Bewusstsein des gemeinen

---

5   „heute 19:00 Uhr vom 22.11.2019";
     https://www.youtube.com/watch?v=jRkdyZYKBEQ . Ab 8:25.

Fernsehzuschauers aus? Wer täglich mit „Framings" dieser Art gefüttert wird und sich nicht kritisch mit ihnen auseinandersetzt, *kann gar nicht anders, als die Gefahr rechts zu sehen.* In kleinen täglichen Dosen erhält er sorgfältig ausgewählte Informationen, von denen jede für sich nicht falsch ist, die aber in ihrer Einseitigkeit ein völlig entstelltes Bild zeichnen. Gleichzeitig wird der unbedarfte Zuschauer immer mehr emotional eingenommen und, je nach Disposition, aufgehetzt. Auf der anderen Seite wird es immer auch jene geben, die ein umfassenderes Bild von der Realität haben und diese Manipulationen durchschauen. Diese wiederum sind aufgebracht, weil sie die Lüge erkennen, sich der Übermacht aus Politik und Medien gegenüber aber häufig als ohnmächtig und hilflos wahrnehmen. Treffen Angehörige der ersten Gruppe nun auf jene der zweiten, kommt es zum Knall. Dies ist im Kleinen das, was unsere Gesellschaft spaltet.

Was aber passiert mit jenen, die sich nicht einschüchtern lassen, sondern vor den Gefahren warnen, die beispielsweise ein immer stärkerer Gesinnungsstaat, Massenmigration oder die Islamisierung mit sich bringen? In den Augen vieler Medienvertreter und Politiker sind *sie* das Problem – nicht diejenigen, die die Probleme verursachen. „Was die Politiker und Medien des Mainstream während des gesamten ersten Jahrzehnts dieses Jahrtausends tatsächlich getan haben," schreibt Douglas Murray, „war, den Eindruck zu erwecken, dass diejenigen, die in Europa ‚Feuer' riefen, als die Brandstifter anzusehen seien."[6] Der Medieninformatiker Daniel Ullrich und die Wirtschaftspsychologin Sarah Diefenbach bezeichnen dies als „Shoot-the-Messenger-Kultur":

> Während man dem Überbringer eines Missstands eigentlich Achtung und Dankbarkeit entgegenbringen sollte, da er

---

6   Murray, Douglas. 2018. *Der Selbstmord Europas: Immigration, Identität, Islam.* München: Finanzbuch-Verlag, 166.

Aufmerksamkeit auf ein Problem lenkt, das somit erst gelöst werden kann, ist es in der Realität häufig gerade umgekehrt: Der Überbringer der Nachricht wird zur Zielscheibe und wird härter kritisiert als diejenigen, die den Missstand verursacht haben – so als wäre er Teil des Problems und nicht der Lösung.[7]

Ein Paradebeispiel für diese Unkultur war der Umgang mit dem ehemaligen Präsidenten des Verfassungsschutzes Hans-Georg Maaßen. Er wurde seines Amtes enthoben, als er es wagte, auf die Möglichkeit hinzuweisen, dass es sich bei den „Hetzjagden" von Chemnitz um ein Ablenkungsmanöver handeln könnte.

Zitatverdrehung und Maximalkeule. Eines der prominenten Opfer von Zitatverdrehung ist die ehemalige Tagesschau-Sprecherin Eva Herman. Auf einer Pressekonferenz im September 2007 hatte die Autorin, die sich seit vielen Jahren für die Familie eingesetzt hatte, frei und ohne Manuskript Folgendes gesagt:

> Wir müssen den Familien Entlastung und nicht Belastung zumuten und müssen auch 'ne Gerechtigkeit schaffen zwischen Kinderlosen und kinderreichen Familien. Und wir müssen vor allem das Bild der Mutter in Deutschland auch wieder wertschätzen lernen, das leider ja mit dem Nationalsozialismus und der darauf folgenden 68er-Bewegung abgeschafft wurde. Mit den 68ern wurde damals praktisch alles das, alles, was wir an Werten hatten – es war 'ne grausame Zeit, das war ein völlig durchgeknallter, hochgefährlicher Politiker, der das deutsche Volk ins Verderben geführt hat, das wissen wir alle –, aber es ist damals eben auch das, was gut war, und das sind Werte, das sind Kinder, das sind Mütter, das sind Familien, das ist Zusammenhalt, das wurde abgeschafft.

---

7   Ullrich, Daniel & Sarah Diefenbach. 2017. *Es war doch gut gemeint. Wie Political Correctness unsere freiheitliche Gesellschaft zerstört.* München: riva, 239.

Mit anderen Worten: Herman behauptete, es habe *vor* dem Nationalsozialismus und den 68ern in der Gesellschaft Werte gegeben, die *durch* die Nazis und die 68er abgeschafft wurden – eine Aussage, der vermutlich nicht nur die meisten Konservativen zustimmen würden. Eine norddeutsche Journalistin machte daraus jedoch Folgendes:

> In diesem Zusammenhang machte die Autorin einen Schlenker zum Dritten Reich. Da sei vieles sehr schlecht gewesen, zum Beispiel Adolf Hitler, aber einiges eben auch sehr gut. Zum Beispiel die Wertschätzung der Mutter. Die hätten die 68er abgeschafft, und deshalb habe man nun den gesellschaftlichen Salat.[8]

Das klingt zunächst einmal ähnlich. Es sind die gleichen Akteure, die die Journalistin aufführt (Mütter, 68er, Hitler), es geht um dieselbe Handlung (abschaffen), es geht um das gleiche Gut, das abgeschafft wurde (Wertschätzung der Mutter), und doch enthält die Aussage eine kleine, aber entscheidende Verdrehung. Die Journalistin verschiebt nämlich die Zeit, in der die Werte nach Herman abgeschafft wurden, allein auf die der 68er. Dies ist, wie aus dem zweiten Satz des Original-Zitats ersichtlich wird, jedoch nicht das, was Herman gesagt hatte. Aber es entsprach der Agenda der Medien, die sich schon lange an Herman störten, weil diese sich für das traditionelle Familienbild eingesetzt hatte. Die Nachricht der Journalistin wurde ungeprüft von vielen anderen Medien aufgegriffen, weiter verbreitet und zum Teil sogar noch verkürzt zu „Herman lobt die Familienpolitik der Nationalsozialisten". Als schließlich das Original-Zitat in Form eines Tondokumentes auftauchte, war der Schaden bereits angerichtet. Frau Herman verlor ihren Arbeitsplatz und wurde medial vorgeführt. Die Nazikeule zieht. Auch wenn sie auf einer Falschaussage basiert.

---

8   Zitiert aus: Herman, Eva. 2010. *Die Wahrheit und ihr Preis: Meinung, Macht und Medien*. Rottenburg: Kopp, 177f, 66.

Zeugenauswahl. Zeugenauswahl funktioniert nicht nur so, dass man als Journalist allein solche Vertreter zu Wort kommen lässt, die die eigene Position bestätigen. Man kann umgekehrt auch eine Gruppe, die man nicht mag, diskreditieren, indem man extreme oder abstoßende Aussagen von Beteiligten auswählt und diese dann medial transportiert. Das erweckt den Eindruck, die darin enthaltenen Positionen seien repräsentativ für die Bewegung, obwohl die Aussagen nicht von den Verantwortlichen stammen, sondern nur von medienunerfahrenen (und möglicherweise ganz und gar nicht repräsentativen) Mitläufern. Dies scheint eine beliebte Strategie vor allem bei unbeliebten patriotischen Gruppen zu sein.

Wortwahl. Schaut man sich die Wortwahl der PC-Sprache an, ergeben sich einige interessante Beobachtungen. Folgt man den meisten Medien, dann *demonstrieren* linke Gruppierungen, oder sie *halten eine Kundgebung ab.* Rechte dagegen *marschieren* oder *veranstalten einen Aufmarsch* (und an was erinnert uns der Begriff *Aufmarsch?*). Werden Linke gewalttätig, werden sie manchmal als *Aktivisten* geadelt. Wird dagegen jemand oder etwas als *umstritten* bezeichnet, können Sie davon ausgehen, dass es sich hierbei um einen Träger konservativen Gedankenguts handelt. Dies wiederum wirft ein interessantes Licht auf die Blase, in der sich der Journalismus bewegt: Auf den Gedanken, dass etwas Linkes genauso umstritten sein könnte (nur eben von einer anderen Seite her), kommen Journalisten offenbar nicht so schnell, weil man sich in einer Welt bewegt, in der linke Positionen generell akzeptiert sind.

Die Frage bleibt: Wieso funktioniert die PC so effektiv? Warum werden einseitige Sichtweisen, diffamierender Wortgebrauch und verdrehte Zitate nicht einfach aufgedeckt und somit entkräftet?

Die Wirkweise der Politischen Korrektheit

Eine Möglichkeit, eine Partei oder Position zu diffamieren, die wir bisher noch nicht besprochen haben, besteht darin, dass man nicht die Ansichten einer Person oder die Programmatik der Partei diskutiert, sondern versucht, ihren Charakter bzw. den ihrer Vertreter zu diskreditieren. In der klassischen Rhetorik wird dies als „argumentum ad hominem" (lat. „Beweisrede zum Menschen") bezeichnet. Bei dieser Art und Weise der „Argumentation" setzt sich ein Diskutant nicht mit den inhaltlichen Positionen seines Gegenübers auseinander; stattdessen versucht er, die Person des Gegners zu diskreditieren, indem er ihm z. B. unehrenhafte oder unlautere Motive unterstellt. Wenn diese Angriffe auf die Person systematisch oder über einen längeren Zeitraum erfolgen, spricht man im Deutschen von *Rufmord* und im Englischen von *character assassination*. Das Niederträchtige an „ad hominem"-Argumenten ist, dass sich der Vorwerfende gleichzeitig mit der moralischen Degradierung des Gegners selbst erhöht. Diese moralische Selbsterhöhung, die sich jedoch einer echten Auseinandersetzung entzieht, ist kennzeichnend für die Wirkweise der gesamten Politischen Korrektheit.

Dabei ist ein Verweisen auf die Motive oder den Charakter eines Menschen in Diskussionen nicht prinzipiell falsch, denn schließlich gilt: „Wes das Herz voll ist, des geht der Mund über" (Lukas 6,45). Auch Jesus durchschaute die Motive seiner Gegner – und wies sie gelegentlich auch darauf hin (z. B. Matthäus 9,4). Heute wird „ad hominem" jedoch als Waffe gebraucht, ohne im Geringsten legitimiert zu sein. „Die meisten politischen Journalisten arbeiten wie Bots, wie automatisierte Programme, die in festgelegten Abständen die immer gleichen Formeln generieren (Nazi – Ausländerfeind – Rechtsextremist – Islamhasser – Rassist), ohne sich auf Interaktion mit der Realität einzulassen", stellt der Autor Thorsten Hinz fest.[9]

Ein berühmtes Beispiel für eine „ad hominem"-Argumentation findet sich in der Neujahrsansprache von Kanzlerin Angela Merkel für das Jahr 2015. Dort unterstellte sie den Organisatoren der Montagsdemos gleich zweimal zweifelhafte Motive (unsere Kursivsetzung):

> Heute rufen manche montags wieder: ‚Wir sind das Volk!' *Aber tatsächlich meinen sie: ‚Ihr gehört nicht dazu wegen eurer Hautfarbe oder eurer Religion!'* Deshalb sage ich allen, die auf solche Demonstrationen gehen: ‚Folgen Sie denen nicht, die dazu aufrufen! *Denn zu oft sind Vorurteile, ist Kälte, ja, sogar Hass in deren Herzen.'*"[10]

Die Kanzlerin maßt sich hier also nicht nur an, die wahre Intention hinter dem Ausruf „Wir sind das Volk!" zu kennen, sondern sogar sagen zu können, was in den Herzen derer ist, die diese Demonstrationen organisieren.

„Ad hominem"-Argumentation ist bei linksradikalen und -extremen Kräften weit verbreitet, wird aber leider häufig auch von der Presse übernommen. Die amerikanische Journalistin Kirsten Powers bemerkt dazu: „Es ist leichter für die illiberale Linke, ihre Gegner zu dämonisieren und sich selbst als moralisch höher Stehende zu präsentieren, als Meinungsverschiedenheiten mit Respekt zu behandeln."[11] Beispielsweise dient der Begriff *Phobie* bzw. die Wortendung *-phob* normalerweise dazu, auf eine irrationale und damit

---

9   Hinz, Thorsten. 2019. Die Maßstäbe werden verdorben. In *Junge Freiheit* 23/19, 13.

10 „Bundeskanzlerin Angela Merkel: Neujahrsansprache für 2015"; https://www.youtube.com/watch?v=CxN7OHP56KA, ab ca. 4:04.

11 Powers, Kirsten. 2015. *The Silencing. How the Left is Killing Free Speech.* Washington: Regnery, 52.

krankhafte Angststörung bei den Betroffenen hinzuweisen, etwa die Aviophobie (Flugangst) oder die Arachnophobie (Angst vor Spinnen). Heute kann es jedoch passieren, dass Menschen, die die Sexualpolitik eines Landes kritisieren, als „homophob" bezeichnet werden, obwohl dies rein gar nichts mit Ängsten vor Homosexuellen zu tun haben muss. Ebenso ist es nachvollziehbar, wenn Menschen Angst haben, Opfer eines islamisch motivierten Anschlags zu werden. Indem man diese Menschen aber als „islamophob" bezeichnet, verschiebt man das Problem. Man tut so, als seien in Wirklichkeit diejenigen, die die Probleme ansprechen, die, die ein Problem hätten. Eine ähnliche Funktion erfüllt häufig die Endung -feindlich (z. B. fremdenfeindlich). Auch hier setzt man sich nicht mit den Argumenten der so Bezeichneten auseinander, sondern unterstellt ihnen pauschal eine feindliche Haltung, etwas, das in Zeiten der allgegenwärtig geforderten Toleranz einem Sakrileg gleichkommt. Ein besonders perfider Missbrauch dieser Wortendung liegt meist bei dem Vorwurf vor, jemand oder eine Partei sei „europafeindlich". Fast nie haben die so Bezeichneten eine ablehnende oder auch nur kritische Haltung gegenüber dem Kontinent Europa, seinen Staaten oder seinen Bewohnern; meist ist sogar das exakte Gegenteil der Fall. Vielmehr bezieht sich deren Kritik allein auf die politische Institution der EU, die sie als zerstörerisch für die Identität der Nationalstaaten erleben.

Diese moralische Aufladung trägt letztlich die gesamte Politische Korrektheit: Wer sich ihr anschließt, gilt als gut, weltzugewandt, ein wertvolles Mitglied der Gesellschaft. Wer dies nicht tut, ist zumindest anrüchig, wenn nicht Schlimmeres. Der Philosoph Robert Spaemann fasst dies wie folgt zusammen:

> Seit Jahren ist in unserem Land und europaweit eine wachsende Diskussionsverweigerung im Namen der ‚politischen Korrekt-

heit' zu beobachten. Dem vom Mainstream Abweichenden wird nicht mehr mit Argumenten erklärt, inwiefern er irrt, sondern es wird ihm gesagt: ‚Das hättest du nicht sagen dürfen.' Ich erinnere hier nur an den Fall Sarrazin. Er wird nicht widerlegt, sondern geächtet. Was dahintersteht, ist Wahrheitsrelativismus. Wahrheit beanspruchen gilt als Intoleranz.[12]

Mit anderen Worten: Es geht der PC nicht um richtig oder falsch, wahr oder unwahr; es geht ihr darum, Meinungen und Menschen als gut oder böse zu charakterisieren. „Statt um gute oder schlechte Argumente geht es um gute oder schlechte *Menschen*", schreibt auch der schweizerische Schriftsteller Giuseppe Gracia.[13]

Diese moralische Aufladung wird in der Regel nicht offen zugegeben. Als jedoch im Februar 2019 das „Framing-Manual" auftauchte, das die ARD in Auftrag gegeben hatte, konnten Interessierte lesen, wie weit dieses Moralisierende den öffentlichen Diskurs bestimmt. Bereits der erste Satz dieses Manuals lautet:

> Beginnen wir direkt mit dem Wichtigsten: Wenn Sie Ihre Mitbürger dazu bringen wollen, den Mehrwert der ARD zu begreifen und sich hinter die Idee eines gemeinsamen, freien Rundfunks ARD zu stellen, ... dann muss Ihre Kommunikation immer in Form von moralischen Argumenten stattfinden.[14]

Diese Idee des „moralischen Framings" zieht sich dann durch das gesamte Dokument. Auf den 89 lose bedruckten Seiten findet sich

---

12 Zitiert aus: Bednarz, Liane. 2018. *Die Angstprediger: Wie rechte Christen Gesellschaft und Kirchen unterwandern*. München: Droemer, 61.

13 Gracia, Giuseppe. 2018. *Das therapeutische Kalifat: Meinungsdiktatur im Namen des Fortschritts*. Basel: fontis, 17.

14 FRAMING-MANUAL: Unser gemeinsamer, freier Rundfunk ARD; https://cdn.netzpolitik.org/wp-upload/2019/02/framing_gutachten_ard.pdf, 3.

die sprachliche Wurzel „moral*" sage und schreibe 94 Mal – im Durchschnitt also mehr als ein Mal pro Seite! Wenn Sie nachvollziehen wollen, wie moralisierender Diskurs funktioniert, werfen Sie einmal einen Blick in das Manual.

Die Folge dieser moralischen Aufladung der Debatte ist jedoch auch die Emotionalisierung der Bevölkerung. Wer sich moralisch wähnt, glaubt, jedes Recht zu haben, empört zu sein, wenn seiner Meinung widersprochen wird. Der christliche Publizist Steve Maltz bringt dies wie folgt auf den Punkt:

> Die Menschen werden auf Sie reagieren oder Sie mit fadenscheinigen Argumenten angreifen, die von einer emotionalen, sogar quasi-religiösen Intensität befeuert werden, von der viele noch nicht einmal wissen, dass sie sie besitzen. Dies ist sicherlich eine falsche Emotionalität, die von Medien, Kommentatoren und anderen Personen, die in dieses Zwielicht gezogen wurden, geschaffen und gespeist wird. Die Menschen werden starke Empfindungen zu Themen wie Einwanderung, Islamophobie oder Genderfluidität haben, ohne zu wissen, warum.[15]

In einem zunehmend entchristlichten Westen entwickelt sich die Politische Korrektheit mit ihrer Mischung aus moralischem Absolutheitsanspruch, der immer weniger Abweichungen erträgt, und der mangelnden Bereitschaft ihrer Anhänger, sich mit anderen Überzeugungen auseinanderzusetzen, zu einer Art Ersatzreligion.[16] Es ist jedoch keine tolerante Religion oder gar eine Religion der Feindesliebe. PC ist eine zutiefst schambasierte Religion, die mit

---

15 Maltz, Steve. 2018. *Into the Lion's Den: Reaching a World gone mad*. Ilford: SP Publishing, 194.

16 Vgl. z. B. Ullrich, Daniel & Sarah Diefenbach. 2017. *Es war doch gut gemeint. Wie Political Correctness unsere freiheitliche Gesellschaft zerstört*. München: riva, Akt 3.

der Grundbotschaft einhergeht: „Widersprichst du uns, bist du ein schlechter Mensch und gehörst nicht zu uns!" – letztlich eine Religion der Ausgrenzung Andersdenkender.

Die Folgen

Die Bürger einer Gesellschaft, die auf die Regeln der Politischen Korrektheit verpflichtet werden, zahlen dafür einen hohen Preis. Zu den persönlichen Kosten zählen z. B. Angst (vor allem die Angst, etwas „Falsches" zu sagen) und eine belastete Seele durch die mit der PC verbundene Heuchelei. In diesem Abschnitt werden wir uns jedoch mehr mit den gesellschaftlichen Folgen auseinandersetzen.

Wahrheitsverlust. Politische Korrektheit ist nicht dasselbe wie Takt. Takt ist die persönliche Entscheidung, Menschen mit Respekt zu begegnen, auch wenn man ihre Ansichten nicht teilt. Takt schließt nicht aus, dass man auch unbequeme Wahrheiten – eben taktvoll – an- und ausspricht, und damit ist er etwas Gutes. PC hingegen ist ein politisches Instrument, das mit sozialem Druck arbeitet. Politische Korrektheit lügt$_2$, weil sie bestimmte Realitäten ausblendet. Sie kreiert eine Scheinrealität, ähnlich der Blase, die wir im Kapitel über die Medien angesprochen haben, nur dass die Politische Korrektheit eine ganze Weltsicht beinhaltet. Eine ideologisch motivierte, eingeschränkte Sichtweise auf die Realität ist jedoch eine denkbar schlechte Grundlage für Entscheidungen. So kommt es, wie wir noch sehen werden, an vielen Stellen zu Verwerfungen, und zwar immer dort, wo Anspruch und Realität nicht zusammenpassen.

Förderung von Verschwörungstheorien. Eine Lückenpresse, also ein Journalismus, der nur dann Informationen zur Verfügung stellt, wenn sie der eigenen Ideologie entsprechen, führt spätestens dann, wenn die meisten ihn durchschauen, zu Spekulationen. Ein gutes Beispiel hierfür ist wiederum der Umgang der Medien mit Straftätern. Der vom Deutschen Presserat herausgegebene Pressekodex wies Journalisten bis zum März 2017 an, bei Straftaten grundsätzlich die Herkunft des Täters zu verschweigen; einzige Ausnahme war, wenn ein „begründbarer Sachbezug" zur Straftat bestand. Da die Beweislast, dass dieser „begründbarer Sachbezug" in einem konkreten Fall gegeben war, aber auf den Journalisten lastete, wurde auf die Herkunftsnennung fast immer verzichtet. Mit der Zeit fingen Mediennutzer jedoch an, dieses Muster zu durchschauen. Wer einmal verstanden hatte, dass er sich nicht im vollen Umfang auf die präsentierten Inhalte verlassen konnte, fing an, in die jeweiligen Berichte „hineinzulesen", und so wurde spekuliert und gedeutet. In den Internetforen schossen bei Straftaten regelmäßig die Spekulationen ins Kraut, wenn bei dem Täter lediglich von einem „Jugendlichen", „Mann", „22-Jährigen" oder einer „Großfamilie" die Rede war. Viele Mediennutzer suchten nach dem ganzen Bild und fanden es häufig auch irgendwo im Internet, sei es auf einer anderen deutschen oder auf einer ausländischen Mainstream-Seite oder in den alternativen Medien. Schließlich geriet die Regelung des Presserates zunehmend unter Druck. Im März 2017 einigte man sich auf eine Änderung der Regel. Nach wie vor „soll" „in der Regel" die Herkunft eines Täters nicht genannt werden – aber nun ist dies doch möglich, wenn „ein begründetes öffentliches Interesse" besteht.[17] Der Preis, den eine Bevölkerung für das Verschweigen der Täterschaft unter Umständen zahlt, kann enorm sein, wie wir am Beispiel Großbritannien noch sehen werden.

---

17 „Sollen Medien bei Straftaten die Herkunft des Täters nennen?";
https://www.sueddeutsche.de/medien/pressekodex-sollen-medien-bei-straftaten-die-herkunft-des-taeters-nennen-1.3431729

Einschränkung der Meinungsfreiheit. Konservative sehen sich heute einer geballten Front aus Mainstream-Medien sowie großen Teilen der Politik, des Bildungssektors und der Kirchen gegenüber, die zwar alle ein Lippenbekenntnis zur Meinungsfreiheit leisten, Andersdenkende jedoch stigmatisieren und ausgrenzen. Für die allermeisten Menschen ist es hingegen wichtig, von ihrem Umfeld anerkannt und respektiert zu werden. Wer will schon gesellschaftlich in die moralische Schmuddelecke gestellt werden? Diese unheilige Allianz aus Politik und Medien sorgt dafür, dass die meisten Menschen sich der PC bewusst oder unbewusst unterordnen. Was hierdurch in Gang gesetzt wird, nennen Soziologen eine „Schweigespirale". Josef Kraus erklärt diese so:

> Man neigt dazu, nichts zu sagen, wenn man annimmt, dass man sich damit außerhalb des „Mainstreams" stellt. Man artikuliert sich also zunächst nicht, sondern schielt erst nach dem Meinungsklima und nach den „PC"-Sprachregelungen. Ist die eigene Meinung damit konform, artikuliert man sich; passt sie nicht, so schweigt man, oder man sagt es in „PC"-Sprache. Die Folge ist, dass sich „veröffentlichte" Meinung qua „Schweigespirale" durchsetzt.[18]

Ähnlich sieht dies auch Thilo Sarrazin:

> Menschen haben eine Scheu, sich zu Meinungen zu bekennen, die sie nicht als Mehrheitsmeinung wahrnehmen, und sie bekennen sich umso mutiger zu einer Meinung, je eher sie davon ausgehen können, dass sie damit die Meinung der Mehrheit reflektieren. ... In der öffentlichen Meinung kann es auf diese Art zu Rückkopplungseffekten der Meinungsbildung kommen:

---

18 Kraus, Josef. 2018. *50 Jahre Umerziehung: Die 68er und ihre Hinterlassenschaften.* Lüdinghausen: Manuscriptum, 48.

Die Vertreter der Mehrheitsmeinung äußern sich offensiver und häufiger, was wiederum die noch Zögernden beeindrucken und einen bestehenden Meinungsumschwung verstärken kann. Ihr natürliches Harmoniebedürfnis lässt die Mehrheit der Menschen gern auf der Seite der Mehrheit stehen, und das wiederum beeinflusst ihre Meinungsbildung.[19]

Mit anderen Worten: Die Schweigespirale ist ein sich selbst verstärkendes System. Während wir *de jure* (vom Gesetz her) also – Gott sei Dank! – noch sagen dürfen, was wir denken, ist diese Freiheit *de facto*, also in der alltäglichen Realität, längst massiv unter Druck geraten.

Spaltung. Wir erleben momentan eine Spaltung unserer Gesellschaft, wie sie Deutschland seit dem Ende des Zweiten Weltkriegs nicht mehr gesehen hat. Die Bevölkerung spaltet sich in solche, die dem von Politik und Medien vorgegebenen Weltbild anhängen (oder es sogar selbst vorantreiben), und solche, die es durchschauen, seine Gefahr erkennen und gegebenenfalls selbst Verantwortung übernehmen wollen, dies aber, wenn überhaupt, nur unter hohem persönlichen Einsatz können. Erschwerend kommt hinzu, dass die moralische Aufladung des gesellschaftlichen Diskurses inhärent doppelmoralisch ist: Ausgerechnet die Unterdrücker bestimmter Fakten verstehen sich als moralisch Höherstehende. Doppelmoral aber sät Hass. Wenn die Spaltung in unserer Gesellschaft je überwunden werden soll, müssen die Medien zu einer wahrhaften Berichterstattung zurückkehren.

Damit ist jedoch noch nicht das Ende der negativen Konsequenzen der PC erreicht.

---

19 Sarrazin, Thilo. 2014. *Der neue Tugendterror: Über die Grenzen der Meinungsfreiheit in Deutschland.* München: Deutsche Verlags-Anstalt, 131.

Verwerfungen. Der Begriff der Verwerfung stammt aus der Geologie und bezeichnet Zerreiß- oder Bruchstellen, die entstehen, wenn sich zwei oder mehrere Gesteinsschichten aufgrund von hohen Druck- oder Zugkräften gegeneinander oder voneinander weg verschieben. Diese Verwerfungen können relativ gering sein (im Größenbereich von wenigen Zentimetern), aber sie können sich auch über viele Kilometer erstrecken. Im gesellschaftlichen Bereich wird das Bild der Verwerfung dann aufgegriffen, wenn es aufgrund von starken Kräften, die zueinander in einer Spannung stehen, zu Konflikten oder anderen negativen Konsequenzen kommt. Dazu kommt es zum Beispiel immer dann, wenn ein gesellschaftliches (Schein-) Bild etabliert wird, das nicht mit der Realität in Einklang zu bringen ist. Kommt es zu Verwerfungen, haben die Produzenten des falschen Bildes genau drei Möglichkeiten: Sie können sich erstens der Realität stellen und ihr Bild anpassen. Wenn dies geschieht, ist das wunderbar; in Bezug auf die politisch korrekte Weltsicht erleben wir dies jedoch eher selten. Sie können zweitens versuchen, den Menschen oder die Umstände an das Bild „anzupassen", d. h. den Druck erhöhen, um den gewünschten Schein aufrechtzuerhalten. Oder sie können drittens versuchen, die unschöne Realität an das Bild „anzupassen", d. h. sie versuchen, die Verwerfung zu vertuschen.

Den zweiten Ansatz erleben wir aktuell mit Blick auf die alternativen Medien. Mit dem Aufkommen des Internets haben die etablierten Medien einen Teil ihres Informations- und Meinungsbildungsmonopols verloren. Alternative Medien haben zwar in Deutschland bei Weitem nicht die finanziellen oder personellen Ressourcen wie die gebührenfinanzierten öffentlich-rechtlichen oder auch die etablierten nicht-öffentlichen Medien; trotzdem wenden sich immer mehr Bürger zumindest teilweise von den etablierten Medien ab und den vor allem im Internet zu findenden alternativen Angeboten zu. Diese Freiheit der Bürger ist verständlicherweise jenen ein

Dorn im Auge, die sich bisher auf die Unterstützung der Massenmedien verlassen konnten, und so suchen sie nach Möglichkeiten, auch das Internet unter die Kontrolle der PC zu bringen. In diesem Licht ist unserer Meinung nach das 2017 von Justizminister Heiko Maas initiierte Netzwerkdurchsetzungsgesetz zu sehen, das offiziell verabschiedet wurde, um die „Hasskriminalität" im Internet einzudämmen. Was vordergründig gut klingt, ist jedoch mit drei schwerwiegenden Problemen behaftet:

1. Hass als Delikt ist eine Erfindung, die über das hinausgeht, was bisher an mehr oder weniger objektiven Straftatbeständen (wie Beleidigung, üble Nachrede, Volksverhetzung) existierte. Sie erweitert – zumindest potentiell – das Sanktionierungsrecht des Staates von objektiven Handlungen hinein in die Seele des Menschen. Die Erweiterung seiner Kompetenz auf die Moral seiner Bürger ist für einen Staat jedoch immer fatal. Bereits vor fünfhundert Jahren stellte Luther fest:

> Das weltliche Regiment hat Gesetze, die sich nicht weiter erstrecken als über Leib und Gut und was sonst äußerliche Dinge auf Erden sind. Denn über die Seele kann und will Gott niemand regieren lassen als sich selber allein. Wo darum weltliche Amtsgewalt sich anmaßt, der Seele ein Gesetz zu geben, da greift sie Gott in sein Regiment und verführt und verderbt nur die Seelen.[20]

2. Das Delikt der „Hassrede" kann so definiert werden, wie es den Herrschenden gefällt.[21] Was ist, wenn sie die ungeschriebenen

---

20 Luther, Martin. 1978. *Von weltlicher Obrigkeit*. Gütersloh: Gütersloher Verlagshaus, 36.

21 Vgl. „Den Haß fixiert, wer die Macht besitzt";
https://jungefreiheit.de/debatte/kommentar/2019/den-hass-fixiert-wer-die-macht-besitzt/

Regeln der Politischen Korrektheit jetzt in Gesetzesform gießen? Wenn also nichts Kritisches mehr über Minderheiten (und Frauen) gesagt werden darf, und sei es auch noch so wahr, weil dies ja „zum Hass anstacheln" oder „spalten" würde? Sind wir uns bewusst, dass so mittelfristig auch bibelbasierte Predigten beispielsweise über das Wesen des Volkes, Homosexualität, Abtreibung oder den Absolutheitsanspruch Jesu kriminalisiert werden können?

3. Die Hoheit über das, was zu sagen und schreiben erlaubt ist, wird vom Staat in private Hände delegiert; damit kann der Staat das Image als unparteiische Instanz aufrechterhalten, die Gesetze für alle macht. Zugleich aber wählt er diejenigen aus, die mit der Bewertung und Zensur dieser Hassrede beauftragt werden. Schon jetzt erleben wir, dass in den sozialen Medien gerade patriotische Stimmen von Löschungen und anderen Sanktionen betroffen sind und Internetplattformen infolge von horrenden Bußgeldandrohungen lieber zu viel als zu wenig löschen.

Der konservative britische Autor Douglas Murray nannte es folgerichtig „eine der finstersten Entwicklungen der letzten Jahre, dass ein Zusammenschluss von Regierungsbehörden und privaten Firmen darüber entscheidet, was ‚Hassrede' ist".[22] Birgit Kelle sieht dies ähnlich:

> In normalen Demokratien schützt der Staat seine Bürger in der Wahrnehmung seiner Verfassungsrechte wie freie Meinungsäußerung, Redefreiheit und Pressefreiheit. Unser Land hat stattdessen rechtliche Voraussetzungen geschaffen, um Privatunternehmen zum Einschnitt dieser Rechte explizit zu befähigen.[23]

---

22 Murray, Douglas. 2018. *Der Selbstmord Europas: Immigration, Identität, Islam.* München: Finanzbuch-Verlag, 18.
23 Kelle, Birgit. 2019. Zensur ausgelagert. In *Junge Freiheit* 38/19, 2.

Kritik an diesem Gesetz wurde auch weit über die Grenzen konservativen Denkens hinaus laut. Die „Digitale Gesellschaft", ein Verein, der sich für Bürgerrechte und Verbraucherschutz im Netz engagiert, warnte zum Beispiel, dass das geplante Gesetz immer mehr „zu einem allgemeinen Netzzensurgesetz" werde und stellte fest: „Das bereits in rechtstechnischer Hinsicht verunglückte Gesetz macht soziale Netzwerke faktisch zu einer Inhaltepolizei des Internet"[24], und selbst SPD-nahe Experten sprachen von einer „Zensurinfrastruktur"[25]. Offensichtlich ist diese durchaus „erfolgreich":

> Es wäre falsch zu sagen, dass es im Westen keine Meinungsfreiheit gebe. ... Wir leben nicht in China oder Nordkorea. Aber unsere Freiheiten sind ... Freiheiten im Rahmen eines erlaubten Verhaltens- und Gesinnungs-Korridors. Um die Grenzen dieses Korridors zu spüren, müssen Sie auf Facebook oder Twitter nur etwas Kritisches zum Islam, zum dominierenden Genderdiskurs oder gegen Abtreibung publizieren, dann werden Sie sehen, wie schnell man Sie zurechtweist.[26]

Wobei „zurechtweisen" noch eine recht harmlose Form der Zensur ist. Inzwischen bekommen gerade konservative oder patriotische Blogger und Vlogger die Auswirkungen des NetzDG zu spüren. Sie werden demonetarisiert (d. h., sie bekommen kein Geld mehr für ihre Beiträge), ihre Reichweite wird begrenzt, ihre Kanäle temporär

---

24 „Terror, Porno, landesverräterische Fälschung: Justizministerium weitet NetzDG-Entwurf erheblich aus";
    https://digitalegesellschaft.de/2017/03/ausweitung-entwurf-netzdg/
25 „SPD-naher Verein zerreißt Maas' Facebook-Gesetz";
    https://web.archive.org/web/20170331220206/http://www.heute.de/spd-naher-verein-d64-kritisiert-gesetz-von-heiko-maas-gegen-hasskommentare-scharf-46780030.html
26 Gracia, Giuseppe. 2018. *Das therapeutische Kalifat: Meinungsdiktatur im Namen des Fortschritts.* Basel: fontis, 33.

gesperrt, oder ihre Kanäle werden mit Verweis auf vermeintliche „Hassreden" ganz gelöscht. So wurde z. B. die Ehe- und Familienaktivistin Hedwig von Beverfoerde vier Wochen von Facebook gesperrt, weil sie folgenden Satz gepostet hatte: „Wo keine eindeutige Geschlechtszuordnung m/w möglich ist, liegt eine biologische Anomalie vor, aber kein drittes Geschlecht" – eine Aussage, die bis vor wenigen Jahren noch der überwiegende Teil der Bevölkerung für selbstverständlich gehalten hätte.[27] Inzwischen verstößt eine solche Selbstverständlichkeit jedoch gegen die Standards von Facebook – während manche hasserfüllten Kommentare aus anderen Richtungen stehen bleiben dürfen. Der Journalist Matthias Matussek kritisiert diese tendenziöse Handhabung der Social-Media-Zensur:

> Besonders auf Facebook ist die Sprachpolizei aktiv. Rechtsanwalt Joachim Steinhöfel erstellte deshalb eine „Facebook Wall of Shame", in der er nachwies, dass die von Maas eingesetzte Zivilpolizei – die Amadeu-Antonio-Stiftung und andere – sehr selektiv meldet, um Sperren zu erreichen. So wurde der Korankenner und streitbare Publizist Hamed Abdel-Samad gesperrt, weil er eine Sure des Koran zitierte, zahllose islamistische Hasspostings gegen Juden dagegen nicht, etwa jener, in dem einer sich die „Bekanntschaft mit jüdischen Mädchen wünschte" und das mit einer Reihe von Aschehaufen illustrierte.[28]

Das Gesetz dient also zumindest nicht nur der Eindämmung der „Hasskriminalität", sondern *de facto* der Steuerung dessen, was

---

27 „Groteske Zensur: Facebook löscht Beverfoerde-Posting zum nicht-existenten 3. Geschlecht!"; https://demofueralle.blog/2017/12/15/groteske-zensur-facebook-loescht-beverfoerde-posting-zum-nicht-existenten-3-geschlecht/#more-17550

28 Matussek, Matthias. 2018. *White Rabbit oder der Abschied vom gesunden Menschenverstand.* München: Finanzbuchverlag, 105.

geschrieben werden darf, und damit der weiteren Einschränkung der Meinungsfreiheit.[29]

Die Einschränkung der Meinungsfreiheit ist beileibe nicht auf das Internet beschränkt. Auch außerhalb ist die Herrschaft der PC schon weiter verbreitet als gemeinhin angenommen. Vor allem an den Hochschulen, die eigentlich Orte des freien Denkens und der Diskussion sein sollten, geraten Angehörige des Lehrkörpers unter Druck, die nicht in den Bahnen der PC denken oder zumindest reden. Ullrich und Diefenbach fassen dies so zusammen:

> Im Namen der PC wird die Meinungsfreiheit eingeschränkt, Gesetzesgrundlagen für Zensur geschaffen und auch die Wissenschaft, die bislang immer als Hoffnungsträger für Fortschritt und Weiterentwicklung einer Gesellschaft galt, wird massiv eingeschränkt und darf zunehmend nur noch lehren und forschen, was dem Diktat der PC-Ideologie entspricht.[30]

In dieser Einschränkung der Meinungsfreiheit liegt eine echte Gefahr für die Demokratie, ist die Unterdrückung von freier Meinung und Rede doch sowohl Voraussetzung für als auch Kennzeichen jeder Diktatur. „In allen Diktaturen wurde und wird versucht, selbständiges Denken auszuschalten und Andersdenkende zum Schweigen zu bringen", stellt der Schriftsteller Manfred Mai fest.[31]

Die bisher schrecklichsten Folgen der Politischen Korrektheit auf europäischer Ebene gehen jedoch auf einen Versuch zurück, existierende Probleme unter der Decke zu halten, frei nach dem Motto:

---

29 Vgl. z. B. der Beitrag des Youtubers Feroz Khan mit dem Titel „YouTube im Zeitalter der modernen Zensur";
    https://www.youtube.com/watch?v=59Zo-Z88ilE
30 Ullrich, Daniel & Sarah Diefenbach. 2017. Es war doch gut gemeint. Wie Political Correctness unsere freiheitliche Gesellschaft zerstört. München: riva, 213.
31 Mai, Manfred. 2010. *Deutsche Geschichte*. Weinheim: Gulliver, 138.

„Was nicht sein darf, das nicht sein kann". Opfer sind in diesem Fall Tausende von englischen Mädchen und jungen Frauen, die sexuell missbraucht wurden. Die genauen Details sind zu erschütternd, als dass diese hier ausgeführt werden könnten, aber einige Muster seien doch erwähnt. Es kam zu Gruppenvergewaltigungen, Schwangerschaften, Fehlgeburten und Abtreibungen. Kinder wurden mit Benzin übergossen und bedroht, um sie gefügig zu machen. Mädchen wurden an andere Vergewaltiger „weitergegeben". Einigen wurde gedroht, auch ihre Mütter oder jüngeren Schwestern zu vergewaltigen. Dies alles geschah systematisch, über viele Jahre hinweg und in verschiedenen englischen Städten, von denen Rotherham in Nordengland nur die bekannteste ist. Wenn sich die Opfer oder die Eltern schutzsuchend an Sozialarbeiter oder die Polizei wandten, wurden ihre Anliegen zwar gehört, aber nicht weiter verfolgt. Einziger Grund für das ganze Elend: Die Täter waren überwiegend pakistanische Muslime, und die Behörden hatten in dem PC-geknechteten Klima Großbritanniens schlicht Angst, als Rassisten gebrandmarkt zu werden. Lieber ließ man die Schutzbefohlenen im Stich und machte sie so ein zweites Mal zu Opfern.

Als die ersten Berichte von den Torturen, denen diese Kinder und Jugendlichen ausgesetzt waren, schließlich doch vereinzelt auftauchten, achteten die offiziellen Stellen peinlich genau darauf, dass die Leser und Hörer der Nachrichten keinerlei Rückschlüsse auf die Hintergründe der Täter ziehen konnten. Es bedurfte erst eines mutigen Reporters namens Andrew Norfolk, der einen ungeschönten Artikel in der renommierten Zeitung *The Times* veröffentlichte, um Untersuchungen über das ganze Ausmaß und die Hintergründe dieser Katastrophe ins Rollen zu bringen.[32] In Deutschland wurde über diese Fälle nur am Rande berichtet. Wer will und sich dies zutraut, findet aber inzwischen im Netz unter Stichwörtern wie *Rotherham*

---

32 „An uncomfortable truth"; https://www.youtube.com/watch?v=qrUiHB5qJJ0

oder *grooming gang* zahlreiche Berichte und in den entsprechenden Börsen auch englischsprachige Bücher.

Tausende von gebrochenen Seelen wegen einer Ideologie, die die Utopie mehr liebt als die Realität. Sie stellen den Gipfel eines Eisbergs von Opfern dar, auf dem sich auch zahlreiche andere Menschen wiederfinden: Menschen, die ihren Arbeitsplatz verlieren oder aber nicht befördert werden, weil sie gegen das PC-Diktat verstoßen, obwohl sie nichts Falsches gesagt haben; Menschen, die genau davor Angst haben; vergewaltigte Frauen auch in Deutschland; eine zunehmend hasserfüllte und gespaltene Gesellschaft.

Political Correctness ist weder menschenfreundlich noch harmlos. Sie ist keine „Wahrheit, die frei macht" (Johannes 8,32). Sie ist eine Lüge$_2$, und wie jede Lüge führt auch sie letztlich in die Versklavung. Wenn wir in Zukunft in Freiheit leben wollen, müssen wir jetzt die Weichen stellen – und uns zu Wort melden. Dieter Stein, Chefredakteur der Wochenzeitung Junge Freiheit, schreibt:

> Jedes demokratische Grundrecht stirbt, wenn nicht dafür mutig gefochten wird. Das stickige Meinungsklima liegt in Summe auch an der Feigheit vieler einzelner, für ihre Meinung einzustehen. In der Familie, am Arbeitsplatz, in der Öffentlichkeit. Zum Nulltarif und ohne Risiko ist keine Freiheit zu haben.[33]

Die Alternative für Deutschland spricht sich ganz klar gegen die Vorgaben der Politischen Korrektheit aus. Im ihrem Grundsatzprogramm heißt es (93, 114):

> Politisch „korrekte" Sprachvorgaben lehnen wir entschieden ab.

> Gerade beim politischen Thema Asyl und Einwanderung verantwortet ein ideologisch vergiftetes Klima der „politischen

---

33 Stein, Dieter. 2019. Furcht vor der Isolation. In *Junge Freiheit* 4/19, 1.

Korrektheit" Sprachverbote und Sprachregelungen. Verstöße führen zu gesellschaftlicher Stigmatisierung, teilweise sogar zu beruflichen Nachteilen; diese Art von Umgang mit unangepassten Meinungen war in der Vergangenheit Merkmal totalitärer Staaten, aber nicht von freien Demokratien.

Die AfD ist damit die einzige im Bundestag vertretene Partei, die die Problematik der Politischen Korrektheit in ihrem Grundsatzprogramm anspricht und klar dazu Stellung bezieht.

Volk und Nation

Der Volksgedanke ist nicht mehr schick. *Volk* und *Nation* sind Vokabeln, die zumindest bei vielen Zeitgenossen auf dem Weg sind, anrüchig zu werden. Dies ist in weiten Teilen der westlichen Welt so, aber Deutschland ist von dieser Entwicklung besonders betroffen. Die historische Scham sitzt tief. Zwar steht im Grundgesetz, dass alle Gewalt vom Volk ausgeht, und auch den Reichstag ziert noch die Inschrift „Dem deutschen Volke", doch glücklich sind längst nicht mehr alle über Letztere. Bereits 1999 gab es die Überlegung, die Inschrift im Rahmen eines „Kunstprojektes" durch „Der deutschen Bevölkerung" zu überdecken.[34] Selbst Bundeskanzlerin Merkel vermeidet den Begriff Volk und spricht lieber von Bevölkerung oder eben von „denen, die schon länger hier leben."[35] Auch zu den Symbolen, die unsere Nation repräsentieren, haben die meisten Deutschen kein entspanntes Verhältnis. „Nationalsymbole

---

34 Vgl. „Der deutschen Bevölkerung";
     https://www.welt.de/print-welt/article561263/Der-deutschen-Bevoelkerung.html
35 „Was es heute heißt, deutsch zu sein";
     https://www.welt.de/debatte/kommentare/article160933639/Was-es-heute-heisst-deutsch-zu-sein.html

wie die Deutschlandfahne und die Nationalhymne als das Lied der Deutschen sind praktisch nur alle 4 Jahre beim Fußball erlaubt und wecken abseits dieser Veranstaltungen Assoziationen mit völkischen und nationalistischen Gruppierungen", stellen Ullrich und Diefenbach fest.[36] Ausgerechnet die Bundeskanzlerin scheint mit den Symbolen unseres Staates (Hymne, Flagge) ausgesprochen auf Kriegsfuß zu stehen. 2013 nahm sie auf der CDU-Wahlparty sogar ihrem eigenen Generalsekretär Hermann Gröhe mit verächtlicher Miene die Deutschlandflagge aus der Hand und entsorgte sie.[37]

Manches an dieser Skepsis gegenüber dem Denken in Nationen ist durchaus nachvollziehbar. War es nicht ein übersteigerter Nationalismus, der für eine der größten Katastrophen des 20. Jahrhunderts verantwortlich war? Liegt es da nicht nahe, eben jene Länder, die sich sonst möglicherweise bekriegen würden, Stück für Stück und friedlich zu vereinen, damit so etwas eben nicht noch einmal passiert? Und macht es überhaupt Sinn, in Zeiten der Globalisierung den Volksgedanken aufrechtzuerhalten, wenn wir als Privatpersonen schon Waren aus China beziehen und mit Menschen am anderen Ende der Erde nicht nur telefonieren, sondern sie gleichzeitig auch noch sehen können? Auch viele Fragen aus den Bereichen Wirtschaft, Kriminalität, Terrorismus oder Umweltschutz verlangen zunehmend nach internationalen Lösungsansätzen. Wir – als Autoren wie als Partei – glauben sehr wohl, dass ein supranationales Konstrukt wie die EU zur Lösung gemeinsamer politischer Aufgaben sinnvoll ist – aber als Staatenbund und nicht als Bundesstaat mit einer Zentralregierung. Wir sind überzeugt, dass die Abkehr von Volk und Nation etwas ist, das die Probleme nicht nur nicht löst,

---

36 Ullrich, Daniel & Sarah Diefenbach. 2017. *Es war doch gut gemeint. Wie Political Correctness unsere freiheitliche Gesellschaft zerstört.* München: riva, 115.

37 Auf Youtube finden sich mehrere Videos mit dieser Szene. Suchen Sie nach „Merkel Gröhe" oder „Merkel Deutschlandfahne".

sondern sie letztlich verschärft. Warum dies so ist, darauf werden wir in diesem Abschnitt eingehen.

Volk und Nation in der Bibel

Die Bibel lebt und atmet den Volksgedanken. Vom ersten Buch Mose bis zur Offenbarung des Johannes kommen die Begriffe *Volk* und *Nation* bzw. deren Ableitungen (*Völker, Volks-, Völkern, Nationen* etc.) sage und schreibe über 2.000 Mal vor! Aber was ist ein Volk nach biblischem Verständnis?

In 1. Mose 10 wird beschrieben, wie sich aus den Söhnen Noahs die Völker entwickelten. In ein Volk wird man also hineingeboren wie in eine Familie. Dennoch ist diese Zuordnung von Einzelperson zum Volk nicht starr. Als die Israeliten aus Ägypten auszogen, schlossen sich ihnen eine Menge Nichtisraeliten an (2. Mose 12,38). Diese galten zunächst als Fremde; wer zur Gemeinschaft der Israeliten gehören und das Passa mitfeiern wollte, konnte dies tun, musste sich zunächst jedoch eindeutig und unwiderruflich dem Volk anschließen, indem er das Bundeszeichen der Israeliten annahm: Die Beschneidung (2. Mose 12,43-51). Dann erst galt er als Einheimischer.

Ein starker Identifikationsträger eines Volkes ist auch dessen Sprache. Auf ihrer Grundlage verteilten sich die Menschen über den Erdball (1. Mose 11,1-9), und in der Bibel werden häufig Volk und Sprache in einem Atemzug, quasi synonym verwendet (z. B. 1. Mose 11,6; Esther 1,22; Dan. 3,7; Offb. 5,9). Schließlich gehört zu einem Volk auch ein Territorium. Nach 5. Mose 32,8 ist es Gott, der die „Nationen einsetzte" und „die Grenzen der Völker" bestimmte. Grenzen sind also nicht, wie der ehemalige Präsident der Europäischen Kommission Jean-Claude Juncker es einmal behauptete, „die schlimmste Erfindung, die Politiker je gemacht haben."[38] Vielmehr sind sie göttlichen Ursprungs und in dieser Welt etwas völlig Natürliches.

Eine besondere Rolle in der Weltgeschichte kommt nach dem Zeugnis der Bibel dem Volk Israel zu. In 1. Mose 12 befiehlt Gott Abraham, sein Land zu verlassen und in ein neues Land zu gehen. Fünf Kapitel später wird beschrieben, wie Gott einen Bund zwischen ihm auf der einen Seite und Abraham und seinen Nachkommen auf der anderen schließt. Er verspricht, ihnen ein bestimmtes Territorium zu geben (1. Mose 17, 8), und stiftet ein spezielles Bundeszeichen, die Beschneidung (V. 10-14). Inhaltlich wird dieser Bund getragen durch eine bestimmte Werteordnung, das Gesetz. Bezeichnenderweise wurden die Gesetzestafeln in der „Lade des Bundes" aufbewahrt (5. Mose 31,26). Dieses Gesetz beinhaltet auch eine Reihe von Feiern, darunter Erinnerungsfeiern (z. B. das Passafest). Abstammung, Sprache, Territorium, Werteordnung, gemeinsame Geschichte und Erinnerung – all das scheint in der Konstitution eines Volkes eine Rolle zu spielen. „Ohne gemeinsame Werte und ein Gefühl der kollektiven Identität", schrieb der britische Rabbi Jonathan Sacks, „kann sich keine Gesellschaft lange halten."[39] Im Falle von Israel ist mit der Identität als Volk aber auch noch eine spezielle Berufung verbunden. Als Gott Abraham seinen Auftrag gibt, eröffnet er ihm, dass durch ihn „alle Völker der Erde" gesegnet sein werden (1. Mose 12,3), und in 2. Mose 19,6 bestätigt Gott den Israeliten: „Ihr sollt mir ein Königsvolk von Priestern sein, eine heilige Nation!" (NeÜ; vgl. Josua 4, 23-24, wo diese Berufung bestätigt wird) „Abrahams Nachkommen lebten in dem Bewusstsein, dass sie erwählt worden waren, um andere Nationen

---

38 „Juncker: ‚Grenzen sind die schlimmste Erfindung'";
    https://www.berlinjournal.biz/jean-claude-juncker-grenzen/
39 Zitiert aus: Scriven, John. 2013. *Belief and the Nation*. London: Wilberforce Publications, 50.

zu segnen und ihnen als Licht Gottes zu dienen", schreibt Mangalwadi.[40]

Gelegentlich wird (z. B. mit Verweis auf Galater 3,28) argumentiert, dass das Denken in Völkern im Neuen Testament durch Jesus „überwunden" worden wäre, weil Jesus ja für alle Menschen gestorben sei. Nun ist es geistlich sicherlich richtig, dass das Erlösungsangebot universal ist, d. h. sich an Menschen aus allen Völkern richtet (Johannes 3,16); die Erlösung hebt aber weder die Schöpfungs- noch die Erhaltungsordnung auf Erden auf. Wer so argumentiert, verwechselt wieder einmal das Reich Gottes mit dem irdischen Reich. Auch der erlöste Mensch bleibt Mann oder Frau, arbeitet und ruht (zumindest idealerweise) in einem Sieben-Tage-Rhythmus und ist Teil eines Volkes. Außerdem wird der Volksgedanke auch im Neuen Testament fortgeführt. Nachdem er den neugeborenen Jesus gesehen hat, bekennt Simeon: „Mit meinen eigenen Augen habe ich die Rettung gesehen, die du für alle Völker vorbereitet hast – ein Licht, das die Nationen erleuchten und dein Volk Israel zu Ehren bringen wird" (Lukas 2,30-32). Die Jünger Jesu werden aufgefordert, „zu allen Völkern" zu gehen und die Menschen zu Jüngern zu machen (Matthäus 28,19; vgl. Römer 1,5). Auch Paulus bestätigt die Lehre des Alten Testamentes bezüglich der Völker. Als er in Athen auf dem Areopag steht, verkündigt er: „Aus einem einzigen Menschen hat er [Gott] alle Völker hervorgehen lassen. Er wollte, dass sie die Erde bewohnen, er bestimmte die Zeit ihres Bestehens und die Grenzen ihres Gebietes" (Apostelgeschichte 17,26; NeÜ). Im Weltgericht schließlich werden alle Völker vor Jesus stehen (Matthäus 25,32). Selbst im Neuen Jerusalem spielen Völker eine Rolle. Johannes, Autor der Offenbarung, beschreibt dies so (Kapitel 21,3.24.26):

---

40 Mangalwadi, Vishal. [6]2017. *Das Buch der Mitte: Wie wir wurden, was wir sind: Die Bibel als Herzstück der westlichen Kultur.* Basel: fontis, 248.

Und ich hörte eine große Stimme von dem Thron her, die sprach: Siehe da, die Hütte Gottes bei den Menschen! Und er wird bei ihnen wohnen, und sie werden seine Völker sein, und er selbst, Gott mit ihnen, wird ihr Gott sein.

Und die Völker werden wandeln in ihrem Licht; und die Könige auf Erden werden ihre Herrlichkeit in sie bringen.

Und man wird die Herrlichkeit und die Ehre der Völker in sie bringen.

Offenbar werden also selbst im Himmel die Völker weiter existieren, identifizierbar sein und einen eigenständigen Beitrag leisten! Der Theologe Künneth bezeichnet es folgerichtig als „elementare Aussage, dass Gott nicht eine volkhaft indifferente Menschheit geschaffen hat, nach Art eines neutralen Weltbürgertums, sondern vielmehr die Menschen ‚nach ihren Ländern, jeder nach seiner Sprache, nach ihren Geschlechtern geordnet hat in ihren Völkern'".[41] Er resümiert:

> Die Zugehörigkeit jedes Menschen zu einem bestimmten Volk oder einer Volksgruppe … bedeutet wahrhaft fundamentale Schicksalssetzung durch Gott. Die individuelle menschliche Existenz beruht nicht auf Zufall und sinnloser Willkür, sondern gründet in Gottes Schöpferwillen, in der einmaligen und unvertauschbaren „Schickung" Gottes, die jeden einzelnen einem charaktereigenen Volk zugewiesen hat.[42]

Dieses Verständnis für das göttliche Mandat von Nationen spielte auch für die Schaffung der europäischen Nationalstaaten eine Rolle. Mangalwadi beschreibt dies folgendermaßen:

---

41 Künneth, Walter. 1984. *Der Christ als Staatsbürger: Eine ethische Orientierung.* Wuppertal: R. Brockhaus, 127.
42 Ebd., 126.

Die Entstehung von Landessprachen durch die Übersetzung der Bibel war nur der erste Schritt auf dem Weg zu sprachlich definierten Nationalstaaten. Darüber hinaus lieferte die Bibel die theologische Rechtfertigung für die Entstehung unabhängiger Nationalstaaten wie Holland bzw. für den Prozess, der diesen vorausging.[43]

Nicht nur der einzelne Mensch, auch Volk und Nation sind also etwas Gutes und von Gott Gegebenes. Auch hier gilt: Wenn der Mensch von dieser Ordnung abweicht, sei es im Sinne eines linken Globalismus oder einer rechten Vergötzung der Nation, wird dies immer negative, langfristig sogar dramatische Konsequenzen haben. Dies hat mehrere Gründe.

Der Sinn der Völker

1. Menschen suchen und brauchen Identität. Identität konstituiert sich im Zusammenspiel von So-Sein („Ich bin männlich"), So-sein-Wie („... wie mein Papa") und Anders-sein-Als („und nicht wie meine Mama"). Diese Suche nach Identität findet auf allen Ebenen menschlichen Daseins statt, sei es Geschlecht, körperliche Eigenschaften, Begabungen, Beruf oder Charaktermerkmale. Ein wichtiger Parameter ist dabei auch die Zugehörigkeit zu einem Volk bzw. einer Nation. Wir haben ein Bedürfnis, zu einer Einheit zu gehören, die größer ist als unsere Familie, aber kleiner als die Weltgemeinschaft (weil wir uns da nicht mehr von anderen unterscheiden würden). „Auch in Zeiten der Globalisierung geht es um Nation und um Heimat. Denn der

---

43 Mangalwadi, Vishal. [6]2017. *Das Buch der Mitte: Wie wir wurden, was wir sind: Die Bibel als Herzstück der westlichen Kultur.* Basel: fontis, 232f.

unbehauste Mensch wird die Beliebigkeit und Oberflächlichkeit des ‚global village' kaum ertragen können."[44]

In Sachen Identität gilt: Nur wer ein positives Verhältnis zum Eigenen hat, zu sich selbst, zum eigenen Geschlecht oder zur eigenen Nation, kann auch dem anderen wohlwollend gegenübertreten (Lukas 10,27). Wenn diese Eigenliebe aus welchen Gründen auch immer unterdrückt wird, wird sie sich auf irgendeine kranke Weise Bahn brechen, sei es im Hass auf andere oder in Selbstüberhebung. Deshalb ist gesunder Patriotismus keine Gefahr, sondern eine Voraussetzung für den respektvollen Umgang mit anderen Nationen. Der ehemalige Präsident des Zentralrats der Juden Paul Spiegel hat dies einmal so ausgedrückt: „Patriotismus ist etwas Gesundes. Das Fehlen von Patriotismus würde zu einem neuen Nationalismus führen."[45]

Hier tritt einer der großen Unterschiede zwischen dem konservativen und dem linken Denken zu Tage. Links-globalistisches Denken sieht in dem Abgrenzungsaspekt von Identität („Anders-sein-Als") grundsätzlich etwas Gefährliches, weil er zu Konflikten führen kann. Linke Politik versucht deshalb tendenziell, Unterschiede einzuebnen oder herunterzuspielen. Damit wird jedoch gleichzeitig eine gesunde Identität verunmöglicht. Wenn das Anders-sein-Als wegfällt, wird auch das So-sein-Wie bedeutungslos; was bleibt, ist eine lediglich individuelle Identität. „Identität heißt, sich ‚definieren' und von anderen unterscheiden zu können", schreibt Kraus. „Das hat nichts mit Ausgrenzen zu tun, aber fehlende Grenzziehungen führen zu

---

44   Kraus, Josef. 2018. *50 Jahre Umerziehung: Die 68er und ihre Hinterlassenschaften.* Lüdinghausen: Manuscriptum, 131.

45   „Patriotismus ist etwas Gesundes"; https://www.tagesspiegel.de/politik/patriotismus-ist-etwas-gesundes/643086.html

Identitätskrisen."[46] Konservatives Denken dagegen bejaht das Eigene und sieht in dieser Bejahung eine Voraussetzung für den Respekt vor dem Anderen und Fremden. Wer sich selbst nicht liebt, annimmt und auch schützt, sei es in seiner Persönlichkeit, sei es als Mann oder als Frau oder sei es als Angehöriger eines Volkes, wird dies auch anderen nicht zugestehen.

2. Europa ist ein wunderbarer Kontinent. Wir haben hier auf relativ engem Raum eine Vielzahl von Völkern mit ihren Sprachen, Kulturen, Werteordnungen und Traditionen. Eine EU, die immer mehr in diese Bereiche eingreift und sie homogenisiert (EU-Sprech: „Harmonisierung"), zerstört letztlich die Vielfalt. Die Alternative für Deutschland stellt sich dem in ihrem Grundsatzprogramm deutlich entgegen (S. 30):

> Die große Vielfalt der verschiedenen nationalen und regionalen kulturellen Traditionen macht das Besondere unseres Kontinents aus. Wir sind dagegen, die EU in einen zentralistischen Bundesstaat umzuwandeln. Stattdessen treten wir dafür ein, die EU zurückzuführen zu einer Wirtschafts- und Interessengemeinschaft souveräner, lose verbundener Einzelstaaten in ihrem ursprünglichen Sinne. Wir wollen in Freundschaft und guter Nachbarschaft zusammenleben.

Wer Europa liebt, wer die kulturelle Vielfalt dieses Kontinents schätzt und vor allem: Wer den Frieden innerhalb und zwischen den Völkern bewahren will, kann keine Zentralisierung, wie die EU sie de facto verfolgt, unterstützen. Durch die Existenz von Völkern ist kulturelle Vielfalt gewährleistet. Wer die Völker abschaffen will, der schafft auch die Vielfalt ab.

---

46 Kraus, Josef. 2018. *50 Jahre Umerziehung: Die 68er und ihre Hinterlassenschaften.* Lüdinghausen: Manuscriptum, 82.

3. Dieses Gefühl „Wir gehören als Volk zusammen" erzeugt eine Solidaritätsstruktur sowohl innerhalb des Volks als auch zwischen Volk und Regierung, schließlich ist sie ja Teil desselben. Diese Solidarität macht es erst möglich, dass eine Menschengruppe in größtmöglicher Freiheit regiert werden kann. In einer multiethnischen Gesellschaft sucht sich der Einzelne demgegenüber neue Gruppen, mit denen er sich solidarisieren kann. Die Folgen sind fatal. In wunderbarer Offenheit und Ehrlichkeit beschrieb Daniel Cohn-Bendit, eine Ikone der Grünen, dies bereits 1991 in einem ZEIT-Artikel so:

> Die multikulturelle Gesellschaft ist hart, schnell, grausam und wenig solidarisch, sie ist von beträchtlichen sozialen Ungleichgewichten geprägt und kennt Wanderungsgewinner ebenso wie Modernisierungsverlierer; sie hat die Tendenz, in eine Vielfalt von Gruppen und Gemeinschaften auseinanderzustreben und ihren Zusammenhalt sowie die Verbindlichkeit ihrer Werte einzubüßen.[47]

Auch der Ausgleich zwischen ärmeren und reicheren Regionen (wie im Länderfinanzausgleich) lässt sich nur unter der Voraussetzung einer echten, natürlich gegebenen, nicht von oben aufgepfropften Solidarität bewerkstelligen. „Transfers werden nur in einem Verbund verstanden und geduldet, dem man mit Empathie angehört. Dieser Wille zur Solidarität lässt sich nicht verfügen, durch Verordnungen oder Gesetze aus Brüssel anordnen."[48]

---

47 Cohn-Bendit, Daniel & Thomas Schmid. „Wenn der Westen unwiderstehlich wird";
https://www.zeit.de/1991/48/wenn-der-westen-unwiderstehlichwird/komplettansicht

48 Rosenkranz, Barbara. 2014. *Wie das Projekt EU Europa zerstört: Eine überzeugte Europäerin rechnet ab ...* Graz: Ares, 50.

Auch die Geschichte lehrt dies. Wenn verschiedene Völker zwangsweise unter eine Regierung gestellt werden, führte und führt dies fast immer zu erheblichen Spannungen oder sogar zum Zusammenbruch des Staates. Beispiele aus der jüngeren Vergangenheit sind Jugoslawien, die Sowjetunion oder die Tschechoslowakei. Eines der wenigen Gegenbeispiele ist die Schweiz, wo ein allgemein hoher Lebensstandard als „sozialer Kitt" fungiert. Umgekehrt bedeutet dies, dass multinationale Gebilde einen erhöhten Druck auf ihre Untertanen ausüben und deren Freiheitsrechte einschränken müssen, um den Zusammenhalt zu gewährleisten.

Die Erosion der Solidaritätsstruktur findet bei multinationalen Regierungen jedoch nicht nur innerhalb der Bevölkerung oder von Seiten der Bevölkerung mit Blick auf die Regierung statt, sondern auch in umgekehrter Richtung. Scriven bemerkt hierzu:

> Eine transnationale Regierung ist nicht falsch, weil sie die falschen Resultate erzeugt, obwohl viele argumentieren würden, dass dies in bestimmten Fällen der Effekt ist. Sie ist gefährlich, weil sie die Rechenschaftsstrukturen zwischen den Regierten und den Regierenden lockert und in manchen Fällen auch zerstört. Dies ist eines der Hauptargumente gegen die Europäische Union.[49]

Souveräne Nationen sind also der beste Schutz vor Diktatur und Totalitarismus, weil sie den Zusammenhalt nicht im gleichen Maße über Zwang sicherstellen müssen wie Staatenbünde. Gleichzeitig liefern sie zwar keine Garantie, wohl aber die beste Gewähr für Frieden, die es auf diesem gefallenen Erdball gibt.

---

49 Scriven, John. 2013. *Belief and the Nation*. London: Wilberforce Publications, 416f.

Eine EU, die immer mehr das Prinzip der Subsidiarität aufgibt, die sich also in ihrer Gesetzgebung nicht mehr auf jene Bereiche beschränkt, die zwingend oder naheliegenderweise überstaatlich geregelt werden müssen, sondern immer mehr auch in Bereiche hineinregiert, in denen nationale Parlamente das Zepter führen sollten, ist also gerade *kein* Garant für Frieden (auch wenn das gerne so dargestellt wird), sondern im Gegenteil eine echte Gefahr.

Dass auch die EU nicht frei von antidemokratischen Tendenzen ist, zeigte sich bereits im Jahr 2000 an den Sanktionen der EU gegen Österreich. Anlass war die Bildung der ersten ÖVP/ FPÖ-Koalition, an sich ein Vorgang, der in einer Demokratie normal und beinahe alltäglich ist. In diesem Fall passte den Regierungen der 14 anderen EU-Mitgliedsstaaten jedoch deren inhaltliche Ausrichtung nicht, und so entschloss man sich, die diplomatischen Beziehungen zur österreichischen Regierung auf ein Minimum herunterzufahren. Erst als die EU merkte, dass sie mit dieser Sanktion die Solidarisierung der österreichischen Bevölkerung mit ihrer Regierung nur noch weiter beförderte, ließ sie von ihr wieder ab.

Heutzutage gibt es auch jene, die über einen EU-Staat sogar noch hinausdenken in Richtung einer völlig entgrenzten und damit „entvölkerten" Welt. Ein Meilenstein auf diesem Weg, davon sind wir überzeugt, ist der *Global Compact for Migration*, der im Dezember 2018 auch von Deutschland angenommen wurde. Dieser Pakt kennt keine illegale Migration mehr (nur noch „irreguläre", was auch immer das sein mag) und höhlt so die Souveränität von Staaten aus.

Eine Weltgesellschaft, wie sie manchen Eliten wie auch Bürgern vorschwebt, ist aber nur vordergründig ein Segen. An zwei

Stellen in der Bibel ist die Rede von einer Welteinheit, und beide Male ist sie gegen Gott gerichtet. Zum Ersten ist dies beim Turmbau zu Babel der Fall (1. Mose 11,1-9), wo Gott die Menschen, die sich einen „Namen machen" wollten, durch die Verwirrung der Sprache von ihrem Vorhaben abbringt und damit eine neue Ordnung (als Teil der Erhaltungsordnung) aufstellt. „Die unterschiedlichen Nationalitäten, Sprachen und Kulturen können daher sowohl als eine Reflektion der Unvollkommenheit der Menschheit gesehen werden wie auch als eine Reaktion darauf – zum Schutze der Menschheit", stellt Scriven fest.[50] Ohne diese Stufe der Volksgemeinschaft zwischen dem Individuum und der Weltgemeinschaft stehen die Menschen zu sehr in der Gefahr, sich zu überheben. Oder, wie es der christliche Schriftsteller Steve Maltz ausdrückt: „Das Leben in einem einzigen Staat führte sie in die Rebellion gegen ihren Schöpfer, also musste Gott ihnen in die Quere kommen, indem er ihre Sprache verwirrte. ... Man kann uns nur in kleineren Gruppen vertrauen, seien es Nationen, Territorien, Regionen oder Stadtstaaten."[51]

Die zweite Begebenheit, in der die Menschen eine Welteinheit bilden, bezieht sich auf die Zukunft; sie wird im 13. Kapitel der Offenbarung beschrieben. Hier ist es das „Tier aus der Erde", das alle Bewohner der Erde verführt. Es lässt ein Standbild aufstellen und bewirkt, dass „alle getötet wurden, die das Bild nicht anbeteten" (V. 15). Außerdem sorgt es dafür, dass sich alle ein Kennzeichen an die rechte Hand oder die Stirn machen, ohne das sie nichts mehr kaufen oder verkaufen können. Mit anderen Worten, es herrscht Totalitarismus pur. Wenn die schöne neue

---

50 Scriven, John. 2013. *Belief and the Nation*. London: Wilberforce Publications, 412.
51 Maltz, Steve. 2018. *Into the Lion's Den: Reaching a World gone mad*. Ilford: SP Publishing, 85.

Einheits-Welt, wie sie sich manche Menschen erträumen, eines Tages Realität wird, wird sie alles andere als schön sein. Es wird keine Freiheit mehr geben, nur völliges Ausgeliefertsein.

Die Alternative für Deutschland steht für einen gesunden Patriotismus, für die Erhaltung der Nationen und für eine an dem Prinzip der Subsidiarität orientierte EU. In unserem Grundsatzprogramm nehmen wir an etlichen Stellen dazu Stellung, so etwa in Kapitel 1 (Demokratie und Grundwerte), in Kapitel 2 (Europa und Euro) und in Kapitel 7 (Kultur, Sprache und Identität), und wir laden Sie ein, diese Stellen für sich selbst zu prüfen.

Gender Mainstreaming

Was verstehen Sie unter dem Begriff „Gender"? Ihre Antwort dürfte unter anderem davon abhängen, wie alt Sie sind. Wenn Sie schon etwas älter sind, assoziieren Sie mit „Gender" vermutlich so etwas wie Gleichberechtigung oder „geschlechtergerechte" Sprache. Wenn Sie jünger sind und zumindest dann, wenn Sie in den letzten zwanzig Jahren an einer deutschen Hochschule studiert haben, haben Sie wahrscheinlich eine Definition parat, die sich an die aus dem Englischen stammende Unterscheidung zwischen *gender* und *sex* anlehnt und ohne deren Kenntnis man heute kaum mehr durch ein Studium kommt: „Gender ist das soziale Geschlecht, die Geschlechterrolle; Sex ist das biologische Geschlecht." So weit, so gut. Fragt man allerdings nach den Hintergründen, wie und warum die Kategorie „Geschlecht" aufgespalten wurde und wie es kommt, dass diese Frage heute eine so breite, fast alle Gesellschaftsbereiche durchdringende Rolle spielt, herrscht bei den meisten Befragten Ratlosigkeit.

Einer der Pioniere der Gender-Ideologie, der prägend war sowohl für die inhaltliche Füllung von „Gender" wie auch für seine

Verbreitung, war der amerikanische Sexualwissenschaftler John Money (1921-2006). Money war der Überzeugung, dass das natürliche, biologische Geschlecht und das soziale Geschlecht unabhängig voneinander wären, man also theoretisch ein als Junge geborenes Kind durch diverse Eingriffe und Therapien zum Mädchen machen und dann als Mädchen erziehen könnte. „Sex" und „Gender" hätten also nichts miteinander zu tun. Money vertrat seine These vehement auch in der Öffentlichkeit, konnte sie aber nie beweisen. In dieser Zeit, 1965, wurden einem kanadischen Ehepaar namens Reimer eineiige Zwillinge geboren, zwei Jungen, die sie Bruce und Brian nannten. Kurz nach der Geburt stellte sich heraus, dass beide an einer Vorhautverengung litten, und die Eltern entschieden sich zu einem operativen Eingriff. Dieser misslang bei Bruce jedoch so gründlich, dass der Penis irreparabel zerstört wurde. Als die verzweifelten Eltern einige Zeit später im Fernsehen hörten, wie John Money seine These von der Unabhängigkeit von „Sex" und „Gender" vertrat, schöpften sie Hoffnung und kontaktierten den Wissenschaftler. Dieser wiederum überredete die Eltern, Bruce operieren zu lassen und ihn fortan als Mädchen zu erziehen.

Noch vor seinem zweiten Geburtstag wurde Bruce so zu „Brenda". Seine Hoden wurden entfernt, und aus dem Hodensack wurden Schamlippen geformt. Alle, die ihn noch als Jungen gekannt hatten, wurden aufgefordert, Brenda fortan als Mädchen zu behandeln. Für Money war dies *die* Gelegenheit, endlich seine Thesen zu beweisen. Nicht nur hatte er ein eindeutig als Junge geborenes Kind, das nun mit vollem Einverständnis und Unterstützung seiner Eltern und deren Umgebung als Mädchen erzogen werden sollte, sondern er hatte in Brian, Brendas Zwillingsbruder, auch noch eine ideale „Kontrollgruppe", der aus der gleichen Eizelle wie Brenda stammte und unter den gleichen Bedingungen aufwuchs, aber als Junge erzogen werden sollte.

In den folgenden Jahren wurde Brenda mit Hormonen behandelt, und beide Kinder mussten sich immer wieder zu „therapeutischen Sitzungen" bei Money einfinden. Diese Sitzungen drehten sich um Geschlechterrollen und beinhalteten auch übergriffige „Spiele". Money begann, sein Experiment als „John/Joan-Fall" zu publizieren und als Erfolg zu präsentieren, und zahlreiche (vor allem feministisch orientierte) Publizisten nahmen die Idee, dass Gender gar nichts mit dem natürlichen Geschlecht zu tun habe und nur auf gesellschaftlichen Konventionen (oder „Zwängen") beruhte, begierig auf und verbreiteten sie weiter. Schließlich war es doch genau das, was die französische Feministin Simone de Beauvoir zwei Jahrzehnte zuvor geschrieben hatte: „Man kommt nicht als Frau zur Welt. Man wird es."[52] (oder: Man wird nicht als Frau geboren: Man wird dazu gemacht.) „Dieser Ausspruch", stellt die österreichische Politikerin Barbara Rosenkranz fest, „ist im Kern eine Grundthese der Gender-Ideologie. Das Geschlecht ist nicht angeboren, von Geburt an fix, sondern stellt sich erst durch Erziehung, Einfluss der Gesellschaft, Kultur im Allgemeinen her, ist also eine soziale Kategorie."[53]

Moneys Experiment lief jedoch bei weitem nicht so, wie er und seine Anhänger es sich vorgestellt hatten. Trotz der entfernten Hoden, trotz der Hormontherapie, trotz der konzertierten Täuschung seiner Umgebung – Brenda verhielt sich wie ein typischer Junge und entwickelte in der frühen Pubertät sogar ein sexuelles Interesse am weiblichen Geschlecht (was Money veranlasste, Brenda als „lesbisch" zu deklarieren). Brendas Probleme und die Abneigung der Kinder gegenüber Moneys „therapeutischen Sitzungen" liefen schließlich so aus dem Ruder, dass Brenda drohte, sich umzubringen, falls er

---

52 de Beauvoir, Simone. 1951. *Das andere Geschlecht. Sitte und Sexus der Frau.* Hamburg: Rowohlt, 265.

53 Rosenkranz, Barbara. 2008. *MenschInnen: Gender Mainstreaming – Auf dem Weg zum geschlechtslosen Menschen.* Graz: Ares, 78.

Money noch einmal sehen müsste. Daraufhin entschieden sich die Eltern, den Kindern die Wahrheit zu sagen. Im Alter von nur 14 Jahren entschloss sich Brenda zu seiner zweiten Geschlechtsoperation, zurück zum Jungen, und fortan nannte er sich nach dem Vorbild eines jungen Mannes, der es mit einem Riesen aufgenommen hatte, David. Leider endete die Geschichte in diesem Fall nicht glücklich. Zwar heiratete David später noch eine Frau, doch nach Jahren der Depression, der finanziellen Unsicherheit und der Probleme in der Ehe nahm er sich schließlich das Leben. Sein Zwillingsbruder, der seine gesamte Kindheit über geglaubt hatte, eine Schwester zu haben, wurde schizophren und starb noch vor David an einer Medikamentenüberdosis.

Als klar wurde, dass Moneys Experiment gnadenlos gescheitert war, wurden die Hinweise auf den John/Joan-Fall aus den Lehrbüchern stillschweigend entfernt. In der Zwischenzeit hatte sich die Idee von Gender jedoch vor allem im Westen verbreitet. Auf der Weltfrauenkonferenz der UNO 1995 in Peking setzten sich die westlichen Länder gegen die katholisch und islamisch geprägten Länder mit der Forderung nach einer zunächst als unverbindlich deklarierten „Aktionsplattform" durch, mit deren Hilfe Gender als durchgängige Perspektive (engl. *to mainstream*) etabliert werden sollte. Dies ist die Geburtsstunde von Gender Mainstreaming (GM) als politischem Instrument.[54] Innerhalb kürzester Zeit wird die Ideologie juristisch festgezurrt. „Noch im selben Jahr verabschiedet die UN-Generalversammlung die Resolution 52/100 *Gender-perspective in all policies*

---

54 Zur Geschichte von Gender Mainstreaming siehe z. B. Hoffmann, Monika. 2015. „Gender Mainstreaming" im Zeitalter der Postdemokratie: Kleine Chronik der Durchsetzung einer Ideologie. In: Dominik Klenk (Hg.). *Gendermainstreaming: Das Ende von Mann und Frau?* Gießen: Brunnen, 33-43; oder Rosenkranz, Barbara. 2008. *MenschInnen: Gender Mainstreaming – Auf dem Weg zum geschlechtslosen Menschen.* Graz: Ares, 67-118.

and programs in the UN system und macht GM zur Pflicht für alle Maßnahmen und Programme der UN – die ,Unverbindlichkeit' der Pekinger Beschlüsse ist somit vom Tisch."[55] In schneller Folge übernahmen die EU und die nationalen Regierungen die Gender-Idee, setzten sie in verbindliches Recht um und entwickelten sie weiter.

Im Jahr 2003 wurde an der Humboldt-Universität zu Berlin das „GenderKompetenzZentrum" eingerichtet, das durch das Bundesministerium für Familie, Senioren, Frauen und Jugend finanziert wurde und als Forschungs- und Beratungszentrum auch der Bundesregierung diente. Seitdem wurden an den deutschen Hochschulen und Universitäten Hunderte von Gender-Lehrstühlen, Mitarbeiterstellen, Gender-Studiengängen und Gender-Zentren etabliert. Aber auch außerhalb der höheren Bildungsanstalten hielt Gender Einzug, sei es in die Arbeitswelt, die Lehrpläne von Schulen, die Medien und viele andere Bereiche. Dabei kommt es bisweilen auch zu skurrilen Auswüchsen wie etwa die 2004 vom Land Nordrhein-Westfalen in Auftrag gegebene und finanzierte Studie „Gender Mainstreaming im Nationalpark Eifel".[56] Vieles ist jedoch alles andere als spaßig. Selbst Kindergärten und Kindertagesstätten werden mittlerweile nicht mehr verschont.

Parallel zur Durchdringung der Gesellschaft mit dem Gender-Gedanken wird das Konzept weiterentwickelt und interpretiert. Eine wichtige Weiterentwicklung betrifft beispielsweise das Verständnis von Gleichheit von Frauen und Männern aus dem Jahre 1998. Es geht bei GM nicht mehr um Chancengleichheit, also darum,

---

55 Hoffmann, Monika. 2015. „Gender Mainstreaming" im Zeitalter der Postdemokratie: Kleine Chronik der Durchsetzung einer Ideologie. In: Dominik Klenk (Hg.). *Gendermainstreaming: Das Ende von Mann und Frau?* Gießen: Brunnen, 33-43: 35.

56 Studie online unter „Gender Mainstreaming im Nationalpark Eifel – Entwicklung von Durchsetzungsprojekten".

dass strukturelle Zugangsbarrieren abgebaut werden und beide Geschlechter gleiche Startbedingungen haben, sondern um „substanzielle Gleichheit", d. h. um Angleichung der Geschlechter im Beruf, etwa durch Quotenregelungen. Gleichberechtigung wird zugunsten einer formalen Gleichheit aufgegeben. „Die Vorstellung, dass Frau und Mann zwar die gleichen Chancen haben, aber Verschiedenes wählen können, gilt als überholt."[57] Dass es dabei zu Diskriminierungen kommt, wird in Kauf genommen, da man davon ausgeht, dass dies nur für eine Übergangszeit so ist.

Besonders radikal ist eine Vorstellung, die sich trotz des menschenverachtenden Money-Experiments in weiten Kreisen hält, nämlich Geschlecht sei nur ein „Konstrukt", mit anderen Worten etwas, das nicht natürlicherweise gegeben ist, sondern das durch unsere Wahrnehmung, Sprache oder gesellschaftlichen Einflüsse konstruiert sei. Das „GenderKompetenzZentrum" bringt das wie folgt auf den Punkt:

> Geschlecht ist keine „natürliche" Gegebenheit. Die Tatsache, dass es Frauen und Männer gibt und diese als zwei unterschiedliche Gruppen von Menschen wahrgenommen werden, ist vorrangig das Ergebnis einer Reihe von gesellschaftlichen Zuschreibungen und Erwartungen, die durch Erziehung, Medien, Rollenvorstellungen und Normen vermittelt werden.[58]

Wenn man Geschlecht aber nur als ein Konstrukt begreift, das beispielsweise von kulturellen Zuschreibungen abhängt, hat dies verstörende Folgen. Die folgenden gehören dabei zu den wichtigsten.

---

57 Sipos, Írisz. 2015. Verwirrung inBegriffen: Sieben Schlagworte – ihr Sinn und Widersinn. In: Dominik Klenk (Hg.). *Gendermainstreaming: Das Ende von Mann und Frau?* Gießen: Brunnen, 44-58: 49.

58 http://www.genderkompetenz.info/w/files/gkompzpdf/gkompz_was_ist_gender.pdf, S. 3.

1. Wenn Geschlecht nicht natürlicherweise gegeben ist, sondern nur ein „Konstrukt" ist, kann es auch keine Geschlechterrollen geben. Schließlich existiert ja jeder nur als „Mensch", nicht aber als „Mann" oder „Frau". Jede Differenzierung aufgrund eines von außen wahrgenommenen Geschlechts kann kritisch hinterfragt und schlimmstenfalls als Diskriminierung gebrandmarkt werden – bis hinein in den privaten Bereich. Dies ist nicht weit hergeholt. Ein Kollege von mir (HS), der auf einer Konferenz einmal einer Kollegin die Tür aufhielt, wurde mit der Frage abgekanzelt: „Sind Sie Sexist?" Aus konstruktivistischer Sicht macht solch eine Reaktion durchaus Sinn. Warum sollte man einer Frau, wenn sie nicht gerade erkennbar Hilfe benötigt, aus Höflichkeit die Türe aufhalten?

2. Es ist überhaupt nicht gesagt, dass es nur zwei Geschlechter gibt. So ist es nur konsequent, wenn Facebook seit 2014 die Wahl zwischen nicht weniger als 60 „Geschlechtern" anbietet. Es bliebe höchstens die Frage: Warum nur 60?

3. Geschlecht als Konstrukt wäre dann auch wandelbar. Je nachdem, wovon man es abhängig macht, könnte es sogar beliebig häufig und nach eigenem Gusto neu gewählt werden.

4. Wenn Geschlecht nur konstruiert ist, kann es auch wieder „dekonstruiert" werden. Dies ist eine Zielrichtung beispielsweise in manchen pädagogisch orientierten Gender-Ansätzen. Konstantin Mascher, Soziologe und ehemaliger Mitarbeiter des Deutschen Instituts für Jugend und Gesellschaft, erklärt:

> Was Mann oder Frau ‚typischerweise' charakterisiert, soll unter der Leitung der Lehrkraft mit bewusst untypischen Beispielen hinterfragt und dekonstruiert werden. ‚Undoing Gender' heißt das Verfahren. Man soll durch gelenktes *Verlernen* die „Geschlechterordnung (dosiert) irritieren, statt

von ‚weiblichen‘ und ‚männlichen‘ bzw. ‚geschlechtsspezifischen‘ Verhaltensweisen zu sprechen.“[59]

5. Wenn, abgesehen von der Gebärfähigkeit, Geschlechter gleich sind, dann ist nicht einzusehen, warum ihre Anteile im Berufsleben so ungleichmäßig verteilt sind. Die Schlussfolgerung lautet: Das kann nur auf Diskriminierung zurückzuführen sein! Hier müssen also Maßnahmen ergriffen werden, die die Geschlechterverteilung angleichen. Frauen müssen nun also, laut offizieller Lesart, bei höheren Positionen „bevorzugt berücksichtigt“ werden; ein flächendeckender Ausbau der Krippenbetreuung soll ihnen die Möglichkeit einräumen, wieder früher in die Erwerbsarbeit einzusteigen.

Spätestens jetzt dürfte klar sein, dass es bei „Gender“ nicht um Gleichberechtigung, sondern um etwas anderes geht. Es geht um eine Weltsicht, die der Menschheit – so sie denn Teil der Vereinten Nationen ist – von oben aufgepfropft wird und die schwerwiegende Folgen hat. Die drei folgenden dürften dabei zu den schlimmsten gehören.

1. Gender Mainstreaming wirkt wie ein Keil, der immer weiter zwischen Männer und Frauen getrieben wird. Immer mehr Männer erleben, dass sie berufliche Nachteile in Kauf nehmen müssen, allein aufgrund der Tatsache, dass sie Männer sind. Da sich viele Männer stark über ihren Beruf identifizieren, trifft sie dies besonders hart. Wenn sie sich nicht bewusst machen, dass die meisten Frauen nichts für diese Entwicklung können, kann dies den Hass auf das andere Geschlecht befördern.

---

59 Mascher, Konstantin. 2015a. Was wird Mädchen und Jungen wirklich gerecht? Konstruktive Alternativen zum Gender Mainstreaming. In: Dominik Klenk (Hg.). *Gendermainstreaming: Das Ende von Mann und Frau?* Gießen: Brunnen, 150-164: 154f.

Aber auch Frauen sind betroffen. Wenn ihnen beispielsweise eingeredet wird, dass sie für die gleiche Arbeit 21 % weniger Lohn als ihre männlichen Kollegen bekämen, dann bewirkt diese empfundene Ungerechtigkeit verständlicherweise Wut. Dass diese „Statistik" schon mehrfach widerlegt wurde, wird dabei verschwiegen.[60] Zudem ist diese Behauptung auch logisch nicht haltbar: Wenn es in einer Marktwirtschaft eine wie auch immer definierte Menschengruppe gäbe, die die gleiche Arbeit für deutlich weniger Lohn erledigen würde, würden Arbeitgeber so lange nur noch Angehörige dieser Gruppe einstellen, bis sich die Löhne wieder angeglichen hätten.

2. Durch die Gender-Pädagogik können junge Menschen in ihrer Identität verunsichert oder gar gestört werden. Der amerikanische Theologe und Pastor John Piper schreibt:

> Die Tendenz heutzutage ist es, die Gleichheit von Männern und Frauen herauszustellen, indem man die einzigartige Bedeutung unserer Männlichkeit oder Weiblichkeit minimiert. Aber diese Entwertung von männlicher und weiblicher Persönlichkeit ist ein großer Verlust. Generationen von jungen Männern und Frauen, die nicht wissen, was es bedeutet, ein Mann oder eine Frau zu sein, zahlen einen enormen Tribut.[61]

---

60   Siehe z. B. „Ten Years Gender Pay Gap-Mistake – Ein Irrtum wird zehn Jahre alt"; https://www.heise.de/tp/features/Ten-Years-Gender-Pay-Gap-Mistake-Ein-Irrtum-wird-zehn-Jahre-alt-3652060.html?seite=all
oder „GENDER PAY GAP – Die ganze Wahrheit"; https://www.youtube.com/watch?v=_Ta6BH3e97I

61   Piper, John. 1991. A Vision of Biblical Complementarity: Manhood and Womanhood Defined According to the Bible. In: John Piper & Wayne Gruden (Hg.). *Recovering Biblical Manhood & Womanhood: A Response to Evangelical Feminism*. Wheaton, Ill.: Crossway Books, 31-59:33.

Wer als Teenager (oder früher) beigebracht bekommt, dass Geschlechtsidentität unabhängig vom biologischen Geschlecht sei, kann schon mal auf die Idee kommen, im falschen Körper geboren worden zu sein. Diese Entwicklung ist tatsächlich nachweisbar. Im Januar 2019 gab der Kinderpsychiater Alexander Korte dem Spiegel ein Interview, in dem er berichtete, dass die Zahl der Jugendlichen, die ihr Geschlecht „wechseln" wollten, in den letzten zehn Jahren dramatisch gestiegen sei.[62] „Gender ist ... eine *Verunsicherungskategorie* – in ihrer Wirkung und ihrer Intention", schreibt die Direktorin des Tübinger Zentrums für Gender und Diversitätsforschung Regina Ammicht Quinn.[63] Mit anderen Worten: Gender *soll* verunsichern.

3. Gender Mainstreaming hat sich mit Hilfe internationaler Organisationen wie der UNO und der EU rasend schnell über den Erdball verbreitet, ohne dass es vor der Einführung in nennenswertem Umfang in Parlamenten oder gar innerhalb der Bevölkerung diskutiert worden wäre. Die Gender-Ideologie wurde von einigen Wenigen entwickelt und dann von oben nach unten durchgesetzt. Dass sie dabei auf relativ wenig Widerstand

---

62 Vgl. „Geschlechtsumwandlungen liegen im Trend";
https://www.freiewelt.net/nachricht/geschlechtsumwandlungen-liegen-im-trend-10076857/
Siehe auch: „Sonntagszeitung: Immer mehr Menschen halten sich für transgender";
https://www.idea.de/gesellschaft/detail/sonntagszeitung-immer-mehr-menschen-halten-sich-fuer-transgender-111339.html
Zu den Problemen, die mit einer Geschlechtsumwandlung verbunden sind, siehe z. B. die relevanten Seiten des Deutschen Instituts für Jugend und Gesellschaft:
https://www.dijg.de/transsexualitaet-geschlechtsumwandlung/.

63 Ammicht-Quinn, Regina. 2017. Populismus und Genderfragen: Die Angst vor der Unordnung der Geschlechter. In: Walter Lesch (Hg.). *Christentum und Populismus: Klare Fronten?* Freiburg: Herder, 174-186: 178.

gestoßen ist, dürfte vor allem daran liegen, dass der breiten Masse der Bevölkerung nicht wirklich klar ist, worum es geht. Der Religionspädagoge Andreas Späth bemerkt hierzu:

> Selbst konservative Politiker glauben im Gespräch noch immer, es gehe doch nur um Gleichberechtigung und die Beseitigung patriarchaler Rückstände. Dass die Gender-Theorie die Begriffe von Mann und Frau als solche schon als zu beseitigenden „Rückstand" sieht, erkennen viele nicht.[64]

Und die belgische Politik- und Kulturforscherin Marguerite Peeters fügt hinzu:

> Der Gender-Ideologie gelingt es oftmals, sich deswegen durchzusetzen, weil die Leute sie für das halten, was sie nicht ist: Sie halten sie insbesondere für den Respekt vor der Gleichheit der Würde von Mann und Frau und für die Freiheit, Gleichheit und den sozioökonomischen Fortschritt, den sie anstreben.[65]

Durch die konsequente Top-down-Implementierung von der UNO über die EU, die nationalen Parlamente, Landtage, Gemeinderäte, Universitäten, Schulen bis in die Kindergärten hinein ist Gender mittlerweile fest in der Gesellschaft verankert.

Inzwischen nimmt die Gender-Ideologie immer autoritärere bis hin zu totalitaristischen Zügen an. „Man kann Unterschiede zwischen

---

64 Späth, Andreas. 2012. Anstelle eines Vorwortes: „Gender Mainstreaming" – Befreiung oder Gesinnungsterror? In: Andreas Späth (Hg.). 2012. *Vergewaltigung der menschlichen Identität: Über die Irrtümer der Gender-Ideologie*. Ansbach: Logos Editions, 7-28: 14f.

65 Peeters, Marguerite A. 2016. Die Gender-Revolution – Praktische Überlegungen und Perspektiven der Hoffnung. In: *Bulletin* 1/16, 46-55:48.

Mann und Frau kaum noch zur Sprache bringen, ohne des Sexismus bezichtigt zu werden", stellt der katholische Journalist Matthias Matussek fest.[66] Auch erste Sanktionen gibt es bereits. So wurde in Schottland ein 17-jähriger Schüler aus der Klasse geworfen, weil er behauptet hatte, dass es nur zwei Geschlechter gäbe.[67] An deutschen Universitäten riskiert eine schlechtere Note, wer seine Hausarbeiten nicht „gendert".[68] Ein kanadisches Menschenrechtstribunal verurteilte einen christlichen Aktivisten zu einer hohen Geldstrafe, weil er einen Politiker, der als Frau lebt, als biologischen Mann bezeichnete.[69] In England wurde eine christliche Schulhelferin entlassen, weil sie auf Facebook den Gender-Unterricht an ihrer Schule kritisiert hatte.[70] Ein Arzt gab an, seine Stellung verloren zu haben, weil er sich weigerte, sich auf Transgender-Personen mit den Pronomen („er/sein", „sie/ihr" etc.) ihres gewählten Geschlechts zu beziehen.[71] Nicht auszudenken, was passiert, wenn diese Entwicklung so weitergeht.

Gender in seiner aktuellen, konstruktivistischen Form ist eine Utopie, eine Scheinwelt, die nicht nur Jahrtausende alten Traditionen

---

66 Matussek, Matthias. 2018. *White Rabbit oder der Abschied vom gesunden Menschenverstand.* München: Finanzbuchverlag, 101.

67 Hierzu gibt es zahlreiche Berichte im Internet. Suchen Sie nach Begriffen wie „Scottish student expelled".

68 „An den Hochschulen herrscht Anpassungsdruck: Wer nicht „gendert", bekommt Punktabzug"; https://www.news4teachers.de/2015/07/an-den-hochschulen-herrscht-anpassungsdruck-wer-nicht-gendert-bekommt-punktabzug/

69 „Urteil: Transgender-Politiker muss als ‚Frau' bezeichnet werden"; http://www.kath.net/news/67540

70 „Christin wegen Protests gegen Gender-Unterricht entlassen"; https://www.idea.de/gesellschaft/detail/england-christin-wegen-protests-gegen-gender-unterricht-entlassen-108914.html

71 „David Mackereth: Christian doctor 'sacked over trans beliefs'"; https://www.bbc.com/news/uk-england-birmingham-48924966

und dem gesunden Menschenverstand widerspricht, sondern auch der Wissenschaft. Mit Blick auf die Anhänger von Gender bemerkt Rosenkranz: „Das schreckliche Ende von Moneys unmenschlichem Experiment und die Ergebnisse der Biologie, der Genforschung, der modernen Neurowissenschaften werden in diesen Kreisen erfolgreich verdrängt und geleugnet."[72] Die Menschheit spielt eine neue Version von „Des Kaisers neue Kleider". Wie alle Vorstellungen, die sich nicht an der Realität des Menschen orientieren, sondern versuchen, den Menschen an die Utopie anzupassen, wird dies zu schmerzhaften Verwerfungen führen, und den Preis zahlen wir alle. Monika Hoffmann, Mitglied der Initiative Christliche Familie (ICF), resümiert:

Leidtragende sind letztlich alle: Frauen, weil ihre Wahlfreiheit zwischen häuslicher und Erwerbsarbeit massiv eingeschränkt wird; Männer, weil sie zunehmend offenen Diskriminierungen ausgesetzt sind; Kleinkinder, weil selbst die kompetenteste Krippenerziehung und Fremdbetreuung nicht die stabilisierende Geborgenheit der Elternbeziehung ersetzen kann.[73]

Bibelkundigen dürfte klar sein, dass Gender Mainstreaming im diametralen Gegensatz zur biblischen Lehre von den Geschlechtern steht. Der Schöpfungsbericht bezeugt, dass Gott den Menschen als Mann und Frau geschaffen und sie mit gleicher Würde ausgestattet hat (1. Mose 1,27). Geschlecht ist nichts Konstruiertes, noch nicht einmal nur etwas Natürliches oder Biologisches, sondern etwas Göttliches. Gleichwertigkeit bedeutet aber nicht Gleichartigkeit. Jedes

---

72 Rosenkranz, Barbara. 2008. *MenschInnen: Gender Mainstreaming – Auf dem Weg zum geschlechtslosen Menschen.* Graz: Ares, 44f.

73 Hoffmann, Monika. 2015. „Gender Mainstreaming" im Zeitalter der Postdemokratie: Kleine Chronik der Durchsetzung einer Ideologie. In: Dominik Klenk (Hg.). *Gendermainstreaming: Das Ende von Mann und Frau?* Gießen: Brunnen, 33-43: 42.

Geschlecht wurde mit einer eigenen Berufung und entsprechender Begabung ausgestattet (Kapitel 2-3). Dies schränkt die Vielfältigkeit innerhalb der Geschlechter nicht ein. In der Bibel finden wir einen reflektierten und sensiblen Johannes (z. B. Johannes 13,23) ebenso wie den Draufgänger Petrus (vgl. Johannes 18,10; Matthäus 26,35). Wir finden in Marta eine Frau, der Gastfreundschaft überaus wichtig war, ebenso wie eine Maria, die der Gemeinschaft mit Jesus Priorität einräumte (Lukas 10,38-42; vgl. Johannes 12,1-7). Für alle Menschen, unabhängig von Geschlecht, Temperament, Status oder sexueller Ausrichtung gilt das Gnadenangebot Gottes (vgl. Johannes 1,1-18).

Die Alternative für Deutschland distanziert sich in ihrem Grundsatzprogramm klar von der Gender-Ideologie. Sie hält unter anderem Folgendes fest (S. 109):

Die Gender-Ideologie marginalisiert naturgegebene Unterschiede zwischen den Geschlechtern und wirkt damit traditionellen Wertvorstellungen und spezifischen Geschlechterrollen in den Familien entgegen. Das klassische Rollenverständnis von Mann und Frau soll durch staatlich geförderte Umerziehungsprogramme in Kindergärten und Schulen systematisch „korrigiert" werden. Die AfD lehnt diese Geschlechterpädagogik als Eingriff in die natürliche Entwicklung unserer Kinder und in das vom Grundgesetz garantierte Elternrecht auf Erziehung ab. Ebenso fordert die AfD, keine Frühsexualisierung in Krippen, Kindergärten und an den Schulen zuzulassen und die Verunsicherung der Kinder in Bezug auf ihre sexuelle Identität einzustellen.

Das Erschreckende ist, dass keine andere im Bundestag vertretene Partei, auch nicht die, die sich „christlich" nennen, sich so klar von Gender Mainstreaming distanziert wie die AfD.

Familie

Die Familie aus Frau, Mann und Kind(ern) ist die Keimzelle der menschlichen Gesellschaft. Sie hat nach christlichem Verständnis ein göttliches Mandat: „Und Gott schuf den Menschen zu seinem Bilde, zum Bilde Gottes schuf er ihn; und schuf sie als Mann und Frau. Und Gott segnete sie und sprach zu ihnen: Seid fruchtbar und mehret euch und füllet die Erde." (1. Mose 1,27-28) Die Aufgabe der Politik ist es, die Bedürfnisse der Familie zu schützen. Nur wenn die Kernzelle der Gesellschaft geschützt ist, kann sich die Gesellschaft als Ganzes gesund entwickeln. Nach biblischem Verständnis beruht Familie dabei auf jenem verbindlichen Zusammenschluss von *einem* Mann und *einer* Frau, den wir als Ehe bezeichnen. Wir wissen, dass dieses Ideal in der realen Welt nicht immer aufrechtzuerhalten ist; wir sind jedoch überzeugt, dass dieses Modell die besten Voraussetzungen für die Entwicklung von Kindern und so der gesamten Volksgemeinschaft bietet und räumen ihm deshalb den Vorrang vor allen anderen Partnerschaftsmodellen ein. Allerdings gerät dieses Verständnis von Ehe und Familie massiv unter Druck, und das nicht nur von Seiten linker Parteien, sondern leider zunehmend auch von solchen, die sich im bürgerlichen Spektrum verorten.

Erziehungsrecht der Eltern ist unveräußerlich

Im Grundgesetz für die Bundesrepublik Deutschland heißt es: „Pflege und Erziehung der Kinder sind das natürliche Recht der Eltern und die zuvörderst ihnen obliegende Pflicht. Über ihre Betätigung wacht die staatliche Gemeinschaft." (Art. 6, Abs. 2) Wir stehen zu diesem Passus und glauben, dass die elterliche Betreuung in den allermeisten Fällen die absolut beste Förderung und Vorbereitung der Kinder auf ihren Lebensweg ist. Dieser Grundsatz wird in den letzten Jahrzehnten jedoch faktisch immer mehr ausgehöhlt, unter anderem, indem die Fremdbetreuung von Kindern einseitig gefördert wird und immer mehr Väter und Mütter aus wirtschaftlichen Gründen zur Erwerbsarbeit gezwungen werden. Im Gegensatz zu anderen politischen Parteien will die AfD diese Schieflage in der Frage der Betreuung von Kindern im Vorschulalter beseitigen und eine Wahlfreiheit für die Erziehungsberechtigten erreichen. Wir sind der Überzeugung, dass die Entscheidung zur eigenverantwortlichen Erziehung der Kinder gegenüber den staatlichen Betreuungseinrichtungen keine Benachteiligung beinhalten darf. Anstatt wie bisher Milliarden in Krippenplätze und Fremdbetreuung zu investieren, sollte das Geld in gleichem Maße den Eltern direkt zugutekommen. Mit anderen Worten: Eltern sollten ungefähr jenen Betrag, der Kinderbetreuung kostet, direkt vom Staat ausbezahlt bekommen und so ohne wirtschaftlichen Zwang frei wählen können, ob sie das Geld für externe Kinderbetreuung oder als Einkommensaufbesserung für den kinderbetreuenden Elternteil verwenden.

Ein solches Modell wertet die Arbeit des zu Hause betreuenden Elternteiles massiv auf und tritt der heutzutage leider weit verbreiteten Auffassung entgegen, die Betreuung der eigenen Kinder sei unproduktiv („was nichts einbringt, ist nichts wert"). Die Ungerechtigkeit, Erziehungsarbeit nur dann monetär abzugelten, wenn fremde Kinder betreut werden, muss beendet werden. Weshalb wird die Arbeit von Kindermädchen, Tagesmüttern, Leih-Omas, Krippenbetreuerinnen und Kindergartenpädagogen finanziell abgegolten, die Arbeit der eigenen Eltern hingegen nicht?

Auch das Bestreben der aktuellen Bundesregierung, sogenannte „Kinderrechte" im Grundgesetz zu verankern, lehnen wir ab. Wir halten es für einen besonders perfiden Versuch, Elternrechte zu unterminieren. Wer sich gegen diese Bestrebungen stellt, macht sich leicht verdächtig, kinderfeindlich zu sein. Das Gegenteil ist jedoch der Fall. Die Rechte von Kindern sind aktuell schon umfassend geregelt und geschützt. Die Einführung einer juristischen Kategorie „Kinderrechte" erlaubt es jedoch dem Gesetzgeber, diese beliebig zu füllen – und damit das Elternrecht auszuhebeln. Auf diese Weise kann der Staat auch gegen den Willen der Eltern in das Familienleben eingreifen, etwa indem er vorschreibt, dass Kinder ab einem bestimmten Alter verpflichtend in eine Krippe geschickt werden, welche Impfungen sie erhalten müssen oder indem Kindeswegnahmen durch die öffentliche Hand erleichtert werden. Es geht also letztlich nicht um das Wohl der Kinder, sondern um die Erweiterung der staatlichen Eingriffsmöglichkeit.[74]

Die AfD bekennt sich zur Familie

Die Alternative für Deutschland bekennt sich in ihrem Grundsatzprogramm klar zum Leitbild der natürlichen Familie (S. 80f):

Ehe und Familie stehen unter dem besonderen Schutz des Grundgesetzes. In der Familie sorgen Mutter und Vater in dauerhafter gemeinsamer Verantwortung für ihre Kinder. Die originären Bedürfnisse der Kinder, die Zeit und Zuwendung ihrer Eltern brauchen, stehen dabei im Mittelpunkt. Es sollte wieder erstrebenswert sein, eine Ehe einzugehen, Kinder zu erziehen und möglichst viel Zeit mit diesen zu verbringen. Die AfD möchte eine gesellschaftliche Wertediskussion zur Stärkung der Elternrolle und gegen die vom ‚Gender-Mainstreaming'

---

74 Vgl. z. B. „Gehören „Kinderrechte" ins Grundgesetz?";
    https://www.youtube.com/watch?v=HI-u1gQ6kkM
    oder „Nebelkerze Kinderrechte: Angriff auf das Elternrecht";
    https://www.youtube.com/watch?v=53FFUfk5yW0

propagierte Stigmatisierung traditioneller Geschlechterrollen anstoßen. Kinder sind kein karrierehemmender Ballast, sondern unsere Zukunft.

Die AfD will „durch eine größere Wertschätzung der Elternarbeit sowie eine Bildungs- und Familienpolitik, die sich an den Bedürfnissen von Familien orientiert und junge Menschen zur Familiengründung ermutigt, … die Geburtenrate mittel- bis langfristig" wieder auf eine tragfähige Stufe heben (S. 82). Tragfähigkeit bedeutet in diesem Zusammenhang mindestens 2,1 Kinder pro Frau, nicht so wie derzeit 1,4 Kinder. Auch die Herausforderung, „die Lücke zwischen Kinderwunsch, den nach wie vor 90 Prozent der jungen Deutschen hegen, und der Zahl der geborenen Kinder soweit wie möglich zu schließen" (S. 83) sieht die AfD als zentrale politische Aufgabe.

Ungarn macht es vor

Dass eine solche Familienpolitik durchaus möglich ist, sehen wir derzeit in Ungarn. Am 1. April 2019 beschloss das ungarische Parlament eine Reihe familienfreundlicher Gesetze, wie etwa zinslose Kredite für ungarische Familien sowie Kinderbetreuungsgelder für Großeltern. Für die ungarische Familienministerin Katalin Novak sind diese Beschlüsse „ein wichtiger Meilenstein" in der Geschichte der ungarischen Familienpolitik. Die ungarische Politik sei sich des Gegensatzes zu anderen westeuropäischen Staaten bewusst, die auf ihre christlichen Wurzeln verzichten und „langsam Selbstmord begehen".

Zu den vom ungarischen Parlament beschlossene „Maßnahmen zum Schutz der Familien" gehören die folgenden:

- Ehepaare, bei denen die Ehefrau unter 40 Jahre alt ist, haben Anspruch auf ein unverzinstes Darlehen in Höhe von umgerechnet 31.000 Euro. Die Rückzahlung kann ausgesetzt oder deutlich reduziert werden oder auch ganz entfallen, wenn das Paar Kinder bekommt.

- Familien mit mindestens drei Kindern erhalten einen Zuschuss von 7.800 Euro beim Kauf eines Autos mit mindestens sieben Sitzplätzen.

- Familien haben die Möglichkeit, ihre Hypothekenkredite bei Geburt des zweiten Kindes um 3.100 Euro zu reduzieren. Bei Geburt des dritten Kindes sinken die Hypothekenschulden um weitere 12.500 Euro.

- Beim Kauf einer bestehenden oder beim Bau einer neuen Immobilie zu Wohnzwecken bekommt eine Familie – je nach Kinderzahl – Beträge zwischen 31.000 und 48.000 Euro aus der ungarischen Familienförderung.

- Für ungarische Frauen, die mindestens vier Kinder haben, wurde die lebenslange Befreiung von der Einkommensteuer beschlossen.

- Auch Großeltern können einen Anspruch auf Kinderbetreuungsgeld geltend machen.

Aufgrund der Politikwende ist in Ungarn die Abtreibungsrate zwischen 2010 und 2018 um 33,5 Prozent gesunken und die Zahl der Eheschließungen um 43 Prozent gestiegen, während die Scheidungen im Zeitraum von 2010 bis 2017 um 22,5 Prozent zurückgegangen sind. Auch wegen dieser erfolgreichen rechtskonservativen Familienpolitik wird die von Ministerpräsident Viktor Orbán geführte ungarische Regierung von vielen Mainstream-Medien als

„rechtsradikal" verunglimpft. Die wirklichen Radikalen, so die Familienministerin Novak, seien jedoch diejenigen, die „propagieren, dass Einwanderung die einzige Entscheidungsoption" sei.[75]

Alternative für Deutschland: Familien mehr unterstützen!

Was in Ungarn bereits Stand der Dinge ist, wird in der Bundesrepublik bestenfalls mit Skepsis bedacht, schlimmstenfalls diffamiert. Hierzulande verlieren sich viele Familien durch die Mannigfaltigkeit diversester „Familienleistungen" in den Wirren der Bürokratie. Die „156 Instrumente der deutschen Familienpolitik"[76] sind teilweise kaum zielführend. Hauptgründe dafür dürften neben dem politisch links orientierten „Subventions- und Gießkannenmodus" die Unübersichtlichkeit der Fördermöglichkeiten sein: Bereits bezahlte Steuergelder werden – nachdem sie mit Abzügen eine kostenintensive Verwaltung durchlaufen haben – den Familien eher alibihaft erstattet, anstatt Familien von vornherein Steuererleichterungen zu gewähren. So wurde dies beispielsweise in Österreich in der letzten ÖVP/FPÖ-Regierung gehandhabt. Dort bezahlten Eltern pro Kind und Jahr von vornherein bis zu € 1500 weniger Steuern.[77]

Angesichts augenscheinlicher familienpolitischer Schieflagen will die AfD – trotz rauen Gegenwinds – Familien in Deutschland sowohl ideell als auch finanziell massiv stärken (S. 83):

---

75 „Hungary Family Minister: Supporting the Family is Not 'Nazism'"; http://www.ncregister.com/daily-news/Katalin-Novak-explains-to-the-Register-how-her-pro-family-government-is-cou

76 „Rückenwind für die Betreuungsgeld-Gegner"; https://www.handelsblatt.com/politik/deutschland/studie-zur-familienfoerderung-rueckenwind-fuer-die-betreuungsgeld-gegner/8878554.html

77 Vgl. „Familienbonus Plus – Alle Informationen"; https://www.bmf.gv.at/top-themen/familienbonusplus.html

So muss eine alternative Familienpolitik die Familie als wertegebende Grundeinheit finanziell und ideell stärken. Die derzeit bestehenden finanziellen Nachteile, die Familien mit Kindern gegenüber Kinderlosen erleiden, müssen korrigiert werden. Insbesondere muss es auch in den bildungsnahen, mittleren Einkommensschichten wieder möglich sein, zukunftsgerichtet für eine große Familie zu sorgen, ohne sich dabei einem Armutsrisiko auszusetzen. Ein geeignetes Mittel dafür wäre z. B. die Bereitstellung zinsloser Darlehen für Eltern zum Erwerb von Wohneigentum, deren Schuldsumme sich mit jedem neugeborenen Kind vermindert. ... Durch eine spezielle Förderung von Mehrkindfamilien möchte die AfD dazu ermutigen, sich für mehr Kinder zu entscheiden.

Lebensschutz

Warum wir für das Leben der Ungeborenen kämpfen

Abtreibung ist ein Tabuthema, über das viele Menschen in Deutschland nicht reden wollen. In den vergangenen Jahrzehnten haben Millionen von Frauen in Deutschland abtreiben lassen. Schwangere sind in dieser Entscheidung oft nicht frei. Der Druck ihres Umfeldes, der Arbeitswelt sowie auch der Väter oder der Eltern lastet meistens auf ihnen.

Unsere politischen Mitbewerber versuchen, mit Argumenten wie „Das ist kein Mensch, das ist nur ein Zellhaufen" oder „Das fühlt noch keinen Schmerz" für eine liberale Abtreibungspolitik zu werben. Jedoch: Sobald ein männliches Spermium in eine weibliche Eizelle eindringt, entsteht ein neuer Mensch. Die befruchtete Eizelle besteht aus menschlicher DNS, also aus menschlichem Erbgut.

Diese befruchtete Eizelle hat eine absolut einzigartige genetische Zusammensetzung. Genau diesen Menschen gibt es nur ein einziges Mal in der gesamten Menschheitsgeschichte. In dieser Eizelle sind nicht nur äußerliche Merkmale wie Haarfarbe, Augenfarbe, Statur usw. grundgelegt, sondern bereits auch Persönlichkeits- und Charaktermerkmale.

Dass das Kind bereits lebt, lässt sich am sich entwickelnden Stoffwechselsystem, am Wachstum, an der Reaktionsfähigkeit des Kindes usw. erkennen. Bereits 22 Tage nach der Befruchtung der Eizelle kommt das eigene Herz-Kreislauf-System des Kindes – unabhängig von jenem der Mutter – in die Gänge. Das Herz des Kindes pumpt bereits selbstständig, wie bei Ultraschall-Untersuchungen gesehen werden kann.

Nach nur sechs Wochen haben sich die Augen, die Augenlider, die Nase, Mund und Zunge herausgebildet. Nur kurze Zeit später, etwa in der siebten Woche, können Hirnaktivitäten des Kindes gemessen werden. Gegen Ende der achten Woche hat das Kind Organe und Gliedmaßen entwickelt. In der zehnten Woche kann das Kind seinen Körper selbstständig bewegen.

In Deutschland werden Abtreibungen im Wesentlichen innerhalb von bis zu zwölf Wochen nach der Befruchtung vorgenommen, das heißt bis zur 14. Schwangerschaftswoche, wenn vom ersten Tag der letzten Regelblutung gerechnet wird. In einigen Fällen wird auch noch später abgetrieben.

Unwertes Leben?

Wer hat in unserer Gesellschaft ein Recht auf Leben? In Zeiten, in denen ein besonderes Augenmerk auf Ökologie, Umwelt und Natur gerichtet wird und die Menschen zurück zu einer ursprünglicheren, natürlicheren Lebensweise möchten, werden oft unliebsame Aspekte der Natur ausgeblendet. In der Natur sind eben nicht alle Lebewesen gleich. Der Mensch ist kein maschinelles, perfektes Produkt. Analysiert man die derzeitige Lage, so haben ungeborene Kinder mit potentieller Behinderung deutlich geringere Überlebenschancen als gesunde. Sie werden zu einem großen Teil abgetrieben, häufig ohne dass die Eltern genau wissen, ob und wie stark die Beeinträchtigung tatsächlich einmal ausgeprägt sein wird.

Wenn ein Mensch aufgrund seiner Beeinträchtigung keine Leistung in Form von Arbeit und Steuerleistung erbringen kann, sondern sogar noch Kosten verursacht, scheint er keinen Mehrwert für die Gesellschaft zu haben. Dies ist jedoch ein Trugschluss. Menschen mit Trisomie 21 zum Beispiel sind oft sehr sensibel und besonders herzlich, umarmen andere gerne, sind ehrlich und freuen sich aufrichtig über kleine Dinge. Auch diese Dinge braucht der Mensch zum Leben, vor allem Liebe. Hat dies keinen Platz in unserer vermeintlich so fortschrittlichen Gesellschaft?

Natürlich bringt die Verantwortung für einen Menschen mit Behinderung größere Erschwernisse mit sich. Deshalb muss für eine großzügige finanzielle Unterstützung für die Eltern von solchen Kindern gesorgt werden. Auch der Ausbau von entsprechenden Unterrichtsmöglichkeiten, Werkstätten für Menschen mit Beeinträchtigung usw. ist wichtig.

Geschlechterselektive Abtreibung

Hauptsächlich in südöstlich von Europa gelegenen Kulturkreisen werden mehr weibliche als männliche Kinder abgetrieben. Infolge dieser geschlechterselektiven Abtreibungen kommt es zu einer Verschiebung der Geschlechterverhältnisse in der Gesellschaft. In

China beispielsweise kommen auf 100 Mädchen 118 Jungen, in einigen Gegenden sogar über 130.[78]

Doch auch in Europa, etwa in Norwegen und Großbritannien, gibt es bei Einwanderern aus asiatischen Kulturkreisen vor allem beim zweiten oder dritten Kind eine erkennbar bubenlastige Geburtenquote, was als typisches Indiz für eine vorgeburtliche Geschlechtsauswahl gilt. Gar nicht glücklich über die Entwicklung, über diesen Trend, ist man auch in Kanada. Laut jüngsten Erhebungen ist er besonders unter Migrantinnen verbreitet: Immigrantinnen aus Indien, China und Korea gebären unverhältnismäßig mehr Buben, auch wenn sie in Kanada finanziell abgesichert und integriert waren.[79]

Einer der ursprünglichen Beweggründe des Feminismus war, die Situation der Frauen zu verbessern und sie von der „Herrschaft" ihrer Männer und der Belastung durch ihre Kinder zu „befreien". Dies führte nun groteskerweise dazu, dass der Mutterleib in manchen Gegenden der Welt ein besonders gefährlicher Ort – speziell für Mädchen – wurde.

Positivbeispiel Vereinigte Staaten

Eine Umkehr und Hinwendung von Politik und Gesellschaft zu einer Kultur des Lebens wird hauptsächlich durch den persönlichen Einsatz von vielen einzelnen Menschen erreicht. Ein gutes Beispiel dafür sind die Vereinigten Staaten. Das Recht auf Leben wird hier von vielen einsatzbereiten Menschen, Gruppen und Organisationen

---

78 „Genderzid: Gezielte Abtreibung von Mädchen – ein weltweites Problem";
https://www.imabe.org/index.php?id=1890
79 Ebd.

viel nachdrücklicher in die gesellschaftspolitische Debatte getragen als in europäischen Ländern. Vermutlich auch deshalb versprach Donald Trump den konservativen Wählern während seines ersten Präsidentschaftswahlkampfes Maßnahmen zum Schutz des menschlichen Lebens. Seine Wahlversprechen hat er – soweit es ihm bisher möglich war – gehalten.

Eine seiner ersten Amtshandlungen als frisch gewählter Präsident der Vereinigten Staaten war es, bisher gezahlte Fördergelder in der Höhe von jährlich 500.000.000 US-Dollar an „Planned Parenthood", den weltgrößten Abtreibungskonzern, zu streichen. Auch die Überweisung hunderter Millionen Dollar an diverse Projekte der UNO mit Abtreibungs-Agenden haben die USA gestoppt. Ferner erließ Trump Gesetze, wonach Geldzahlungen der Vereinigen Staaten (also hauptsächlich Steuergelder) an Organisationen, die Abtreibung im Ausland fördern oder durchführen, verboten sind. Ein weiterer Meilenstein für das Leben war die Ernennung von Neil Gorsuch und Brett Kavanaugh zu Richtern am Obersten Gerichtshof. Erstmals seit Jahrzehnten zeichnet sich dadurch eine Mehrheit für den Schutz des Lebens in dem neunköpfigen Gremium ab.

Trump selbst sagte bei einem „Marsch für das Leben" öffentlich, dass die Lebensschutzbewegung „aus Liebe geboren" sei.

> „Ihr liebt eure Familien, ihr liebt eure Nachbarn und ihr liebt jedes Kind – geboren und ungeboren – weil ihr daran glaubt, dass jedes Leben heilig und jedes Kind ein kostbares Geschenk von Gott ist." Der Marsch für das Leben stehe für „die Heiligkeit des Lebens und die Familie als Grundlage unserer Gesellschaft". Das Leben sei „das größte Wunder von allen."[80]

---

80 „Trump: ‚Jedes Leben ist heilig'";
   https://www.die-tagespost.de/politik/Trump-Jedes-Leben-ist-heilig;-
   art438,185281

Die Haltung der AfD

Die Alternative für Deutschland setzt sich

für eine Willkommenskultur für Neu- und Ungeborene ein. In Deutschland kommen auf rund 700.000 Lebendgeburten pro Jahr ca. 100.000 Schwangerschaftsabbrüche. Dabei liegt nur bei drei bis vier Prozent eine medizinische oder kriminologische Indikation vor, in allen anderen Fällen wird der Schwangeren nach einer Beratung eine Bescheinigung ausgestellt, die ihr eine straffreie Abtreibung aus ,sozialen Gründen' ermöglicht. Ein Schwangerschaftsabbruch stellt eine einschneidende Erfahrung für die Betroffenen dar und kann zu langanhaltenden Schuldgefühlen, psychosomatischen Beschwerden oder depressiven Reaktionen führen. (S. 87)

Lebensschutz soll und kann jedoch nicht einseitig durch Restriktionen und Verbote erreicht werden. Werdende Mütter brauchen Unterstützung.

Die AfD steht für eine Kultur des Lebens und ist im Einklang mit der deutschen Rechtsprechung der Meinung, dass der Lebensschutz bereits beim Embryo beginnt. Wir fordern daher, dass bei der Schwangerenkonfliktberatung das vorrangige Ziel der Beratung der Schutz des ungeborenen Lebens ist. Werdenden Eltern und alleinstehenden Frauen in Not müssen finanzielle und andere Hilfen vor und nach der Entbindung angeboten werden, damit sie sich für ihr Kind entscheiden können. Adoptionsverfahren sind in diesem Zusammenhang zu vereinfachen. (ebd.)

Schließlich geht es auch darum, gesellschaftliche Aufklärungsarbeit zu leisten. „Die AfD wendet sich gegen alle Versuche, Abtreibungen zu bagatellisieren, staatlicherseits zu fördern oder sie gar zu einem

Menschenrecht zu erklären" (ebd.), wie dies linke Kräfte in den Landtagen, dem Bundestag, in der EU und bei den Vereinten Nationen immer vehementer fordern. So verlangten die Jusos 2018 die völlige Freigabe der Abtreibung bis zur Geburt[81], und auch in der CDU haben Lebensrechtler bisweilen den Eindruck, dass sie „in der Partei immer weniger willkommen sind."[82]

Wenn in den Parlamenten lebensverneinende Anträge eingebracht werden, geschieht dies meist unter wohlklingenden Namen wie „sexuelle und reproduktive Rechte" oder dem „Recht auf sichere und legale Abtreibung". Der Fokus dieser Politik liegt dabei jedoch allzu oft eher auf der Propagierung lebensbeendigender Maßnahmen als in der Unterstützung werdender Eltern. Die negativen Begleiterscheinungen der horrenden Abtreibungszahlen wie Überalterung der Gesellschaft, Altersdepression, Post-Abortion-Syndrome sowie die von Globalisten, Linken und Teilen der nach billigen Arbeitskräften verlangenden Konzernwirtschaft bewusst gewünschte und beförderte Masseneinwanderung (als Ausgleich für die schrumpfende Bevölkerung) werden von den Abtreibungsbefürwortern dagegen fast völlig ignoriert.

---

81 „Jusos wollen Legalisierung von Schwangerschaftsabbrüchen"; https://www.aerzteblatt.de/nachrichten/99562/Jusos-wollen-Legalisierung-von-Schwangerschaftsabbruechen

82 „Lebensrechtler in der CDU nicht mehr willkommen?"; https://www.idea.de/politik/detail/lebensrechtler-in-der-cdu-nicht-mehr-willkommen-106362.html. Vgl. jedoch „Hessen: Lebensrechtlerin darf nun doch im CDU-Vorstand mitarbeiten"; https://www.idea.de/politik/detail/hessen-lebensrechtlerin-darf-nun-doch-im-cdu-vorstand-mitarbeiten-106422.html

Umweltschutz

Bewahrung der Schöpfung als Bestandteil christlich-konservativen Denkens

„Füllet die Erde und machet sie euch untertan. ... Und Gott sah an alles, was er gemacht hatte, und siehe, es war sehr gut. ... Und Gott der HERR nahm den Menschen und setzte ihn in den Garten Eden, dass er ihn bebaute und bewahrte." (1. Mose 1, 28+31; Kap. 2, 15)

Umwelt- und Naturschutz ist mitnichten eine Errungenschaft der „Grünen". Die Bewahrung der Schöpfung ist elementarer Bestandteil christlich-konservativen Denkens. Nach christlichem Verständnis hat Gott dem Menschen die Natur als Lebensraum geschenkt und ihm seine Schöpfung anvertraut. Die Menschen haben von Anbeginn an einen immer größer werdenden Teil der sie umgebenden Natur nach ihren Bedürfnissen gestaltet. Sie formten ihre Umwelt und schufen damit Kultur und Zivilisation. Wir dürfen die von Gott geschaffene Welt nutzen, tragen jedoch Verantwortung dafür, dass auch die zukünftigen Generationen noch über natürliche Lebensgrundlagen verfügen. Das erfordert einen sorgsamen Umgang mit der Natur.

Die Rückbesinnung auf die Natur begann in Deutschland bereits mit der Epoche der Romantik ab der Wende vom 18. zum 19. Jahrhundert. Die Naturbegeisterung war eine Gegenbewegung zur Entfremdung des Menschen von der Natur und zur „Entzauberung" der Welt durch den Rationalismus der Aufklärung.[83] Gegen Ende des 19. Jahrhunderts kam auf konservativer Seite im Zuge der fortschreitenden Industrialisierung eine Fortschrittsskepsis hinzu. Die negativen Folgen der Technik und der industriellen Wirtschaftsweise für die Natur und den Menschen rückten zunehmend in den

---

83 Vgl. Dirsch, Felix. 2017. Die konservative Dimension der Ökologie – ein Überblick. In *Die neue NON NOBIS*, 9: 17, 23.

Blick. Der Natur- und Umweltschutz blieb in Deutschland bis in die siebziger Jahre des letzten Jahrhunderts im Wesentlichen eine Angelegenheit des ländlich-konservativen Milieus. Der politischen Linken blieb die Umweltfrage lange Zeit überwiegend fremd; gerade in der DDR mit ihrer sozialistischen Regierung hatte Umweltschutz keine Priorität (man denke nur an die ganzen Altlasten, die nach der friedlichen Revolution 1989/90 beseitigt werden mussten).

Im Jahr 1975 legte der damalige CDU-Bundestagsabgeordnete Herbert Gruhl sein Buch „Ein Planet wird geplündert: Die Schreckensbilanz unserer Politik" vor. Gruhl forderte eine Abkehr von einem wachstumsorientierten Wirtschaften, das zu Lasten der natürlichen Lebensgrundlagen ging. Der Mensch müsse „von den Grenzen unserer Erde ausgehend denken und handeln".[84] In der damals noch konservativen CDU fand Gruhl allerdings wenig Rückhalt für seine Forderungen. 1978 trat er aus der Partei aus und gründete 1980 mit anderen zusammen „Die Grünen" als einen Zusammenschluss verschiedener Gruppierungen der Umweltschutz-, der Anti-Atomkraft-, der Friedens- und der Frauenbewegung. Schon bald setzten sich jedoch die ehemaligen Mitglieder der aus der Studentenrevolte von 1968 hervorgegangenen „K-Gruppen" (kommunistisch orientierte Gruppen) durch, sodass Gruhl und andere Konservative 1981 die Partei wieder verließen und die Ökologisch-Demokratische Partei (ÖDP) als eine Art „konservative Grüne" gründeten.

Während CDU und CSU es lange Zeit versäumten, sich des ureigenen christlichen Themas „Bewahrung der Schöpfung" glaubhaft anzunehmen, haben es die Grünen verstanden, sich das Image der Umweltschutzpartei zu geben. Unter dem grünen Deckmantel sind die Grünen jedoch nach wie vor gesellschaftspolitisch rot und verfolgen linke, egalitäre Vorstellungen.

---

84 Gruhl, Herbert. 1975. *Ein Planet wird geplündert. Die Schreckensbilanz unserer Politik*. Frankfurt a. M., 225.

Verkürzung des Umweltschutzes auf Klima und CO2

Das Thema Umweltschutz ist derzeit in Deutschland weitestgehend verkürzt auf den Kampf gegen den Klimawandel. Oft wird dabei fälschlicherweise behauptet, dass eine große Mehrheit der Klimaforscher die These vertreten würde, dass die Menschen durch die Verbrennung von fossilen Energieträgern (Erdöl, Kohle und Gas) mit dem dadurch erzeugten Ausstoß von Kohlendioxid (CO_2) maßgeblich zu einer Erderwärmung beitrügen und damit einen Klimawandel verursachten. Die immer wieder zu hörende Behauptung, dass 97 Prozent der Klimaforscher sich hier einig seien, wurde mehrfach kritisiert und widerlegt.[85] Selbst wenn diese Behauptung stimmen würde, wäre das Argument, dass eine Mehrheit von Fachleuten eine bestimmte These oder Auffassung teilt, noch kein Beweis für die Wahrheit. Wahrheit ist keine Frage von Demokratie, weder in Glaubensdingen noch in der Wissenschaft. Wer von uns schon mehr Lebenserfahrung hat, wird sich vielleicht noch an manche Prognose erinnern können, die in den letzten 40 Jahren als wissenschaftlich verkauft wurde: von der schnellen Erschöpfung der Erdölreserven über das Waldsterben bis hin zur UNO-Prognose von 2005, binnen fünf Jahren würde es zu 50 Millionen Klimaflüchtlingen kommen.[86]

---

85 Vgl. z. B. „Medienkritik #014: [22.12.2019] Wie der 97%-Klimawandel-Konsens-Schwindel funktioniert !!";
https://www.youtube.com/watch?v=YoxNPl2meCQ;
„Das siebenundneunzig Prozent-Problem: Welcher Konsens?";
https://kaltesonne.de/das-siebenundneunzig-prozent-problem-welcher-konsens/
oder „Die 97-Prozent-Falle";
https://www.spiegel.de/wissenschaft/natur/klimawandel-97-prozent-konsens-bei-klimaforschern-in-der-kritik-a-992213.html

86 „Prognose zu Klimaflüchtlingen bringt Uno in Bedrängnis";
https://www.spiegel.de/wissenschaft/natur/warnung-von-2005-prognose-zu-klimafluechtlingen-bringt-uno-in-bedraengnis-a-757556.html

Das „CO$_2$-Dogma" hat mittlerweile den Status einer Zivilreligion erlangt.[87] Der katholische Berliner Erzbischof Heiner Koch bezeichnete die schulschwänzende schwedische „Klimaaktivistin" Greta Thunberg als Prophetin und verglich die „Fridays for Future"-Demonstrationen mit dem Einzug Jesu in Jerusalem.[88] Wer gegen diese Religion verstößt, hat mit Konsequenzen zu rechnen. Das geht so weit, dass versucht wird, Menschen, die eine andere als die herrschende Meinung zum Klimawandel vertreten, die Redefreiheit zu verwehren. So erging es zum Beispiel im Herbst 2019 dem ehemaligen Hamburger Umweltsenator Professor Fritz Vahrenholt. Der Wissenschaftler sollte bei den Akademietagen in Bietigheim-Bissingen einen Vortrag zum Thema Klimawandel halten. Als die Personalie bekannt wurde, lief eine Initiative aus „Fridays for Future" und anderen Sturm dagegen. Meinungsvielfalt sei für die Aktivisten zwar wichtig, bei der Klimadebatte sei der wissenschaftliche Konsens aber so eindeutig, dass durch „jegliche Ausgleichsbestrebungen, auch Minderheiten-‚Meinungen' eine Plattform zu geben", die öffentliche Wahrnehmung „auf schädlichste Weise verzerrt" würde.[89] Vahrenholt sagte schließlich seine Teilnahme an den Akademietagen aus gesundheitlichen Gründen ab.

Noch wahnwitziger wird es, wenn gefordert wird, Klimaleugner zu „therapieren". In einem Aufsatz für das Psychotherapeutenjournal beklagt ein Psychotherapeut, dass sich „große Teile der Bevölkerung"

---

87   So z. B. Prof. Dr. Wolfgang Leisenberger in: „Herrscht in der Debatte um den Klimawandel Hysterie?";
     https://www.idea.de/gesellschaft/detail/herrscht-in-der-debatte-um-den-klimawandel-hysterie-109424.html
88   „Greta Thunberg steht für eine prophetische Botschaft";
     https://www.welt.de/politik/deutschland/plus192104093/Bischof-Heiner-Koch-Greta-Thunberg-steht-fuer-prophetische-Botschaft.html
89   https://parentsforfuture.de/system/files/2019-10/Offener_Brief_S-VHS_Vahrenholt.pdf

für die drohende Zerstörung der Welt nicht „angemessen interessieren" oder den menschengemachten Klimawandel sogar leugnen würden.[90] Als Antwort versucht er, „konkrete psychotherapeutische Interventionen" zu entwickeln. Er plädiert für eine aktive Beteiligung der Psychotherapeuten an Kampagnen gegen „diese weit verbreitete existenzielle Neurose". So müsse bei den Klimaleugnern ein „Schuldempfinden" aufgebaut werden. Letztlich hätten Psychotherapeuten „als Angehörige eines Heilberufs eine besondere berufsethische Verantwortung, selbst- und fremdgefährdende Menschen zu schützen", so der Autor. Da kann einem schon angst und bange werden. Droht hier die Pathologisierung der falschen Einstellung – eine Praxis, wie wir sie aus totalitären Diktaturen kennen? Wehren wir den Anfängen!

Wir können hier nicht letztgültig klären, ob und inwieweit der Mensch am Klimawandel ursächlich beteiligt ist. Diese Frage bleibt umstritten. Zweifel am wesentlichen Einfluss des auf menschliche Aktivitäten zurückgehenden Kohlendioxidausstoßes auf das „Weltklima" sind unseres Erachtens angebracht, wenn man sich vor Augen führt, dass das Kohlendioxid einen Volumenanteil von 0,04 % an der Luft hat und dass dieser Luftbestandteil zu 95 % natürlichen Ursprungs ist. Deutschlands Anteil am weltweiten CO_2-Ausstoß beträgt 2 %.[91]

Quid est veritas? Was ist die Wahrheit? So wird schon Jesus von Pilatus beim Verhör gefragt (Johannes 18,38). Letztlich können wir Menschen die Ursachen und die Zusammenhänge von Phänomenen

---

90 Chmielewski, Fabian. 2019. Die Verleugnung der Apokalypse – der Umgang mit der Klimakrise aus der Perspektive der Existenziellen Psychotherapie. In *Psychotherapeutenjournal* 18:3, 253-260.

91 Zu den Zweifeln an der CO_2-These vgl. Lüdecke, Horst-Joachim. 2018. *Energie und Klima. Chancen, Risiken, Mythen*. Renningen: expert.

auf Erden oftmals nicht erkennen. Auch Naturwissenschaftler können sich mit ihren Modellen nur ein näherungsweises Bild der Wirklichkeit machen. Gerade bei einem so komplexen System wie dem Klima ist es unangebracht, einen einzelnen Einflussfaktor herauszugreifen.

Bei der Emotionalisierung und Moralisierung des Themas „Klimawandel" – wie auch beim Thema „Flüchtlinge" – in der Öffentlichkeit und in der Politik darf die Rationalität nicht auf der Strecke bleiben. Wer die Idee des anthropogenen Klimawandels ablehnt und insbesondere die Annahme, dass das menschengemachte Kohlendioxid für die drohende Klimakatastrophe verantwortlich ist, anzweifelt, wird nicht selten als außerhalb des politischen oder wissenschaftlichen Diskurses stehend angesehen. Wer bei diesen beiden Themen auf die Frage der Folgen und der Kosten der aktuellen Politik zu sprechen kommt, wird nicht selten wie ein moralisch Aussätziger behandelt. Dabei gehört gerade auch das zu einer verantwortungsvollen Politik.

Im Jahr 2016 beschloss das Bundeskabinett den „Klimaschutzplan 2050", der Grundsätze und Ziele im Hinblick auf die Umsetzung des „Pariser Klima-Übereinkommens" definiert.[92] Um das in Paris beschlossene Ziel der Begrenzung der Erderwärmung auf 1,5 Grad Celsius (ursprünglich waren 2,0 Grad vorgesehen) zu erreichen, sollen die CO_2-Emissionen in Deutschland bis 2050 um 80 % bis 95 % gegenüber 1990 gesenkt werden. Um dieses Ziel zu erreichen, unternimmt Deutschland seit Jahren enorme Anstrengungen. Bereits seit dem Jahr 2000 werden mit dem Erneuerbare-Energien-Gesetz (EEG) Photovoltaik- und Windkraftanlagen und andere Methoden

---

92 Vgl. die Erläuterungen des Bundesministeriums für Umwelt, Naturschutz und nukleare Sicherheit unter
https://www.bmu.de/themen/klima-energie/klimaschutz/nationale-klimapolitik/

der Stromerzeugung gezielt gefördert. Im Jahr 2011 wurde nach dem Reaktorunfall in Fukushima die Abschaltung der letzten Kernreaktoren bis zum Jahr 2022 beschlossen; nun ist ein sukzessiver Ausstieg aus der Kohleverstromung bis 2038 vorgesehen. Mit dem im Dezember 2019 vom Bundestag beschlossenen „Klimapaket" sind weitere konkrete Maßnahmen zur Erreichung des CO_2-Einsparzieles vorgesehen, darunter insbesondere eine CO_2-Abgabe von 25 Euro pro Tonne ab 2021. Bis 2025 soll der Preis auf 55 EUR pro Tonne ansteigen.[93] Die enormen Kosten der deutschen Energiewende bis 2050 werden auf 2,3 Billionen Euro geschätzt.[94] Diese Kosten werden letztlich die privaten Haushalte zahlen müssen – als Konsumenten, Stromkunden, Autofahrer und Wohneigentümer bzw. Mieter.

Welcher Nutzen steht diesen enormen Kosten gegenüber? Selbst wenn man annimmt, dass der CO_2-Ausstoß die Erderwärmung verursacht, so muss man fragen, ob mit den vorgesehenen Maßnahmen das deutsche Einsparziel überhaupt erreicht und die Erderwärmung nennenswert reduziert werden kann. Während Deutschland gemäß dem Pariser Klimaabkommen eine CO_2-Reduzierung bis 2030 um 55 % gegenüber 1990 zugesagt hat, sehen viele Schwellenländer absolute Emissionssteigerungen vor. So beabsichtigt allein China, seine Emissionen von rd. 3 Gigatonnen auf fast 16 Gigatonnen pro Jahr zu steigern.[95] Dagegen fallen die deutschen CO_2-Emissionen von aktuell rd. einer Gigatonne kaum ins Gewicht. Hinzu kommt,

---

93 „Bundestag billigt CO_2-Kompromiss von Bund und Ländern";
    https://www.zeit.de/politik/deutschland/2019-12/klimapaket-bundestag-
    verabschiedung-aenderungen-bundesrat
94 Lt. Studie des Bundesverbandes der Deutschen Industrie. „Klimaschutz
    kostet uns 2.300.000.000.000 Euro";
    https://www.welt.de/wirtschaft/energie/article172622880/BDI-Studie-
    Klimaschutz-kostet-uns-2-300-000-000-000-Euro.html
95 https://climateactiontracker.org/countries/china/

dass die Entwicklungsländer im Zweifel ihre eigene wirtschaftliche Entwicklung in den Vordergrund stellen werden und nicht die CO_2-Reduzierung. Unter dem Strich wäre es für die Reduzierung des weltweiten CO_2-Ausstoßes also z. B. sinnvoller, in moderne Kraftwerke in Afrika zu investieren, als verhältnismäßig sichere und saubere Kern- und Kohlekraftwerke in Deutschland komplett abzuschalten.

Ein weiterer Vergleich veranschaulicht die Wirkungslosigkeit der deutschen Anstrengungen: Während Deutschland seine etwa 150 Kohlekraftwerke bis 2038 abschalten wird, werden weltweit aktuell 1.400 Kohlekraftwerke neu gebaut oder geplant. Dies zeugt von einer nicht geringen Selbstüberschätzung der deutschen Politik. Soll wieder einmal die Welt am deutschen Wesen genesen? Unser Land mit seinen rund 80 Millionen Einwohnern wird die Welt, die jährlich um die Einwohnerzahl Deutschlands wächst, nicht retten können. Die horrenden Kosten, die Deutschland für die Energiewende einsetzen will, werden am Ende keinen messbaren Effekt auf die mittlere Welttemperatur und das Klima haben.

Selbst wenn Deutschland (oder die EU) den menschengemachten CO_2-Ausstoß beendete („Dekarbonisierung"), würde das bei Weitem nicht die Emissionssteigerungen im Rest der Welt kompensieren. Das Argument, dass Deutschland so wenigstens als „gutes Vorbild" fungieren und möglicherweise andere Nationen zum Nachahmen animieren würde, erweist sich bei näherer Hinsicht als Wunschdenken. Nur weil Deutschland beispielsweise ein Atomkraftwerk nach dem anderen vom Netz nimmt, ändert dies nichts an der Haltung Frankreichs, Belgiens oder Tschechiens, weiterhin auf Atomstrom zu setzen.

Die beabsichtigen Ziele werden also verfehlt werden. Die Folgen für die Wirtschaft und damit für die Menschen in Deutschland

werden dagegen gravierend sein. Auch die Sicherheit der Stromver-
sorgung wird nicht mehr gewährleistet sein, wenn die grundlast-
fähigen Kern- und Kohlekraftwerke abgeschaltet werden, weil der
aus den regenerativen Energieträgern gewonnene Strom derzeit nur
schwer gespeichert werden kann. Die Wettbewerbsfähigkeit der
deutschen Wirtschaft leidet. Energieintensive Branchen werden
abwandern. Die Verteufelung des Verbrennungsmotors, verbunden mit der Festsetzung utopischer und mehr oder weniger will-
kürlicher Abgasgrenzwerte und der Anordnung von immer mehr
Fahrverboten für ältere Dieselautos setzen die deutsche Schlüssel-
branche, die Automobilindustrie mit ihren Zulieferern, aufs Spiel.
Selbst wenn es den deutschen Autoherstellern gelänge, kurzfristig vom Verbrennungsmotor auf den Elektroantrieb umzustellen,
würden trotzdem Hunderttausende von Arbeitsplätzen wegfallen,
denn die Wertschöpfung der Herstellung eines Elektromotors ist
deutlich geringer als bei einem Verbrennungsmotor. Schon jetzt
hat der Abbau von Arbeitsplätzen bei den Automobilherstellern
und den Zulieferern eingesetzt.[96]

Doch wem nützen eigentlich die enormen Kosten, wenn die Anstrengungen Deutschlands bei der Energiewende nicht zum gewünschten Erfolg führen werden? Die bereits erwähnten 2,3 Billionen Euro, die die privaten Haushalte bis 2050 letztlich aufbringen
müssen, werden ja nicht einfach „weg" sein. Sie sind nur woanders.
Profitieren werden Investoren, die ihr Kapital in Zeiten von Null-
zinsen in renditeträchtige Anlagen wie Windenergieparks, Fabri-
ken für Elektroantriebe, Batterien und andere Projekte einbringen.

---

96 Vgl. „Schon 50.000 Jobs sind weg: Erstmals wird die Autoindustrie zum
Keim des Abschwungs";
https://www.focus.de/finanzen/boerse/kahlschlag-steht-unmittelbar-bevor-
hiobsbotschaften-mehren-sich-der-markt-der-deutschen-autozulieferer-
kollabiert_id_11268644.html

Die Energiewende ist ein gigantisches Umverteilungsprogramm, welches Kapital zu Lasten der breiten Masse der Bevölkerung an wenige Investoren umleiten wird. Daran werden auch sozialkosmetische Vergünstigungen wie die Pendlerpauschale oder die Auszahlung von Energiegeld nichts ändern.

Dazu sind die Maßnahmen der Energiewende zum Teil sogar ökologisch kontraproduktiv. Die vielen Windkraftanlagen verschandeln nicht nur die Landschaft; ihnen fallen auch große Waldflächen sowie beträchtliche Mengen an Vögeln, Fledermäusen und Insekten zum Opfer. Auch die Auswirkungen des von Windrädern erzeugten Infraschalls auf den Menschen sind nicht zu vernachlässigen. Die Herstellung der Akkus für Elektroautos ist umweltschädlicher als gemeinhin angenommen. Wie eine schwedische Studie herausgefunden hat, belastet die Herstellung eines Lithium-Ionen-Akkus für ein E-Auto die Umwelt so stark mit CO_2, wie wenn man acht Jahre lang mit einem Auto mit Verbrennungsmotor fahren würde.[97] Außerdem schädigt die Gewinnung von Lithium in einer der trockensten Gegenden der Welt, im Dreiländereck zwischen Chile, Argentinien und Bolivien, massiv die Umwelt, indem riesige Mengen an Grundwasser abgepumpt werden und verdunsten. Der Lebensraum der indigenen Bevölkerung wird dadurch zerstört.[98] Die Gewinnung von Kobalt, das ebenfalls für Auto-Akkus benötigt wird, ist genauso fragwürdig: Dieser Rohstoff wird auch von Kindern im Kongo abgebaut. Vor diesem Hintergrund hat die „Klimapolitik" kaum etwas mit Natur- und Umweltschutz zu tun.

---

97 Vgl.„E-Auto-Batterie;
    https://www.welt.de/motor/news/article165544500/E-Auto-Batterie.html
98 Vgl. „Kehrseite der Energiewende;
    https://www.deutschlandfunk.de/lithium-abbau-in-suedamerika-kehrseite-der-energiewende.724.de.html?dram:article_id=447604

Was ist die Wahrheit? Kann es sein, dass etwas anderes dahintersteckt, als es vordergründig den Anschein hat? Einer der wichtigsten Protagonisten der Klimapolitik in Deutschland, Professor Ottmar Edenhofer vom Potsdamer Institut für Klimafolgenforschung, gibt dies unumwunden zu: „Man muss sich von der Illusion freimachen, dass internationale Klimapolitik Umweltpolitik ist. Das hat mit Umweltpolitik, mit Problemen wie Waldsterben oder Ozonloch, fast nichts mehr zu tun."[99] Aber worum geht es dann? Auch darauf gibt Edenhofer eine Antwort: „Wir verteilen durch die Klimapolitik de facto das Weltvermögen um." Laut Edenhofer ist das Ziel eine globale Verteilung von Emissionsrechten. Da die Pro-Kopf-Emissionen in den Entwicklungsländern deutlich geringer als in den Industrieländern sind, wird viel Geld in die Entwicklungsländer fließen. Afrika wird der große Gewinner sein. Es geht also um eine globale Umverteilung vom Norden in den Süden, deutlich über die gegenwärtige Entwicklungspolitik hinaus. Dahinter steht das Ziel, die unterschiedlichen Wohlstandsniveaus auf der Welt anzunähern. Dabei wird der Wohlstand der Industrieländer sinken durch Milliardentransfers und Deindustrialisierung. Ob sich der Wohlstand vieler Entwicklungsländer – insbesondere in Afrika – dagegen nennenswert erhöht, bleibt jedoch fraglich angesichts des anhaltend starken Bevölkerungswachstums, der Despotie, der Korruption und der ethnisch-religiös bedingten Bürgerkriege in vielen Ländern.

Was zunächst wie eine Verschwörungstheorie klingen mag, hat der Wissenschaftliche Beirat der Bundesregierung „Globale Umweltveränderungen" (WBGU) in seinem Gutachten „Welt im Wandel – Gesellschaftsvertrag für eine Große Transformation" (2011) explizit auf den Punkt gebracht. „Klimapolitik" sei eine „Große

---

99 „Klimapolitik verteilt das Weltvermögen neu";
     https://www.nzz.ch/klimapolitik_verteilt_das_weltvermoegen_neu-1.8373227

Transformation", nicht nur der Weltwirtschaft, sondern der Nationen in eine „umwelt- und klimaverträgliche Weltgesellschaft".[100] „Stoßrichtung" sei die Schaffung einer „gerechten neuen Weltordnung", die „die historisch ungekannte Überwindung tradierter Souveränitätsvorstellungen" erfordert.[101] Wie dies geschehen soll, umreißt die Studie wie folgt:

> Das bedeutet konkret akademische Suchprozesse etwa von Global-Governance-Theoretikern, Völkerrechtlern, Kosmopoliten, Transnationalisten und Gerechtigkeitsphilosophen zur Formulierung legitimer und umsetzbarer Normen, Regeln und Verfahren, die insgesamt einen ideellen globalen Gesellschaftsvertrag begründen könnten. Dies käme einem zivilisatorischen Quantensprung gleich, vergleichbar etwa mit dem Übergang von Feudalsystemen zu Rechtsstaat und Demokratie.[102]

Hier sind Sozialingenieure am Werk, die die utopische Umgestaltung der Gesellschaft radikal vorantreiben!

Aktuell wird den Menschen mit einer ungeheuren Vehemenz durch Politik, sogenannte „Nicht-Regierungsorganisationen" und Medien das Schreckensszenario einer globalen Klimakatastrophe vor Augen geführt. Dies soll ihnen Angst und ein schlechtes Gewissen machen, da sie ja durch ihr angeblich „böses" Verhalten Schuld auf sich geladen haben. Diese Schuld können sie verringern, indem sie in einer Art Ablasshandel „freiwillig" folgende Dinge hinnehmen:

---

100 „Welt im Wandel: Gesellschaftsvertrag für eine Große Transformation", 335; https://www.wbgu.de/fileadmin/user_upload/wbgu/publikationen/hauptgutachten/hg2011/pdf/wbgu_jg2011.pdf
101 Ebd., S. 336.
102 Ebd., S. 21.

- Zahlung einer CO_2-Abgabe (aktuell vorgesehen); Erhöhung der Mehrwertsteuer auf „klimaschädliche" Güter wie Fleisch. Dadurch kann der Staat zusätzliche Einnahmen generieren.

- Einschränkungen der Freiheit (insbesondere bei der individuellen Mobilität) und des Eigentums. So gibt es bereits jetzt in immer mehr Städten Fahrverbote für Dieselautos; ein Verbot von Ölheizungen ist geplant; Bundesrat und Grüne fordern ein Verbot des Verbrennungsmotors ab 2030 usw.

- Abkehr von der Marktwirtschaft, hin zu immer mehr Planwirtschaft mit Reglementierungen, „Umverteilungen", staatlichen Subventionen und Verboten

- Einschränkung der nationalen Souveränität zugunsten supranationaler Institutionen wie der EU und der UNO bis hin zu einer Weltregierung

- Zulassen der Einwanderung von sogenannten „Klimaflüchtlingen" nach Europa, insbesondere nach Deutschland

- Einschränkung der Demokratie. Einige Städte in Deutschland haben bereits den „Klimanotstand" ausgerufen. Auch wenn betont wird, dass dies „symbolisch" gemeint sei, so rechtfertigt ein Notstand gemäß den Notstandsartikeln im Grundgesetz unter bestimmten Bedingungen Maßnahmen wie die Aufhebung der Gewaltenteilung, den Einsatz der Bundeswehr im Innern sowie die Einschränkung der Grundrechte.

Der Historiker und Totalitarismusforscher Wolfgang Wippermann warnte nach der Vorstellung des erwähnten „Gesellschaftsvertrages für eine Große Transformation" vor einer „Klimadiktatur". Zwar solle die gesellschaftliche Erneuerung durch „Einsicht" der Bürger erreicht werden. „Und was, wenn jemand nicht einsichtig ist? Gewalt?", fragte Wippermann. „Das ist nicht Demokratie, wie wir sie haben und was wir unter Demokratie verstehen. … Aus der Geschichte kennt man genug Leute, die die Welt verbessern wollten, nachdem sie deren Untergang prophezeiten und undemokratische Systeme zum Zwang in ihre Einsichten schufen."[103]

Auch die Kirchen beteiligen sich an der Erzeugung einer Endzeitstimmung, indem sie vor einer nahenden Klimakatastrophe warnen. Diese könne nur abgewendet werden, wenn sich die Menschen quasi selbst erlösen, indem sie ihr Handeln ändern. Laut dem EKD-Ratsvorsitzenden Heinrich Bedford-Strohm soll sich die Kirche noch stärker als Agent des Wandels an der großen Transformation der Gesellschaft beteiligen.[104] Der Bischof der Evangelischen Kirche Berlin-Brandenburg-schlesische Oberlausitz, Markus Dröge, sieht im Klimaschutz derzeit sogar die Hauptaufgabe der Kirche. „Unsern Planeten zu schützen und zu bewahren, muss in der jetzigen Lage unser dringlichstes Anliegen sein", so Dröge in einem Aufruf zur Teilnahme an der Demonstration „Fridays for Future".[105] Ist das das oberste Anliegen der Kirche? Wie wir im letzten Kapitel gesehen haben, ist es gut und richtig, wenn Christen sich für das Wohl ihrer Mitmenschen engagieren – einschließlich in Politik und Umweltschutz; aber das primäre Ziel von Kirche ist es, Menschen Jesus Christus näher zu bringen und sie in die Gemeinschaft mit Gott zu rufen.

103 „Auf direktem Weg in die Klimadiktatur?";
https://www.focus.de/wissen/klima/klimaprognosen/tid-22565/klimawandel-auf-direktem-weg-in-die-klimadiktatur_aid_634490.html

104 Vgl. „Kirche als Change Agent und Hoffnungsträger?";
https://www.facebook.com/notes/heinrich-bedford-strohm/kirche-als-change-agent-und-hoffnungstr%C3%A4ger-vortrag-in-kassel-am-2892019/2646671808729004/

105 „Bischof Markus Dröge: Unseren Planeten zu bewahren ist oberstes Anliegen";
https://www.ekbo.de/fileadmin/ekbo/mandant/ekbo.de/0._Startseite/Pressemitteilung_Aufruf_Bischof_EKBO.pdf

Wofür steht die AfD?

Umweltschutz ist, wie wir oben gesagt haben, eigentlich ein genuin konservativ-christliches Anliegen. In unserem Grundsatzprogramm schreiben wir: „Wir stehen dafür, dass wir gegenüber nachfolgenden Generationen eine Verantwortung haben. Wir wollen eine intakte und vielfältige Natur erhalten. Eine gesunde Umwelt ist die Lebensgrundlage für alle Menschen und zukünftige Generationen." (S. 168)

Die AfD leugnet auch den Klimawandel nicht (auch wenn dies in den Medien gelegentlich so dargestellt wird). Ja, es wird global immer wärmer. Als Kinder haben wir noch regelmäßig Schneemänner oder -hütten gebaut; das ist bei den heutigen Wintern kaum mehr denkbar. Auch der Meeresspiegel steigt, und extreme Wetterphänomene nehmen offensichtlich zu. Allerdings lehnt die AfD als einzige im Bundestag vertretene Partei die Annahme ab, dass die vom Menschen verursachten CO_2-Emissionen einen wesentlichen Einfluss auf die globale Temperatur haben. Klima hat sich schon immer gewandelt. Aus unserer Sicht wäre es jedoch gut, sich auf die veränderten Bedingungen einzustellen. Hier gäbe es einen enormen Forschungs- und Planungsbedarf. Die von der Bundesregierung und von den etablierten Parteien propagierte „Klimaschutzpolitik" lehnen wir als ökonomisch verheerend, ökologisch kontraproduktiv und sozial ungerecht ab. Stattdessen plädiert die AfD für Vernunft und Augenmaß in der Umwelt- und Energiepolitik. „Die AfD steht für einen Umwelt- und Naturschutz, der den Menschen nicht als Fremdkörper und Störenfried betrachtet, sondern in ein umfassendes Handlungskonzept einbezieht." (S. 170)

Vor allem stemmen wir uns jedoch dagegen, dass grün-linke Ideologen das Klima als Hebel für eine radikale Transformation unserer Gesellschaft, unserer Wirtschaft und unseres politischen Systems missbrauchen. Die Kombination aus Schuld („Die Industrienationen sind schuld an dieser Entwicklung!") und Angst verleiht Herrschenden nahezu unbegrenzte Macht und macht Beherrschte gefügig. Wir als Autoren glauben, dass diese Gefahr weit größer ist als alles, was ein verändertes Klima mit sich bringt.

Flüchtlinge und Migranten

Seit Jahren machen sich Hunderttausende von Menschen insbesondere aus dem Nahen und Mittleren Osten sowie aus Afrika auf den Weg nach Europa und vor allem nach Deutschland. Menschen fliehen vor Verfolgung, Krieg und Bürgerkrieg oder suchen ein besseres Leben in Europa angesichts von Armut und Perspektivlosigkeit in ihrer Heimat. Thilo Sarrazin kommentiert dies so:

> Jeder Einzelne, der an die Türen Deutschlands und Europas klopft und Aufnahme begehrt (und meistens auch seine Angehörigen nachholen will), ist ein Mensch mit Hoffnungen und Bedrängnissen und häufig einem schweren Schicksal. Der Umgang damit macht die Einwanderungsdebatte so emotional, so leisetreterisch und auch so verlogen.[106]

Flüchtlings- und Migrationspolitik ist aber nicht nur ein sehr emotionales und umkämpftes Thema, sondern auch eines, bei dem unterschiedlichste Aspekte wie die Berichterstattung der Medien, ethische und theologische Fragen, die Bedürfnisse der aufnehmenden Bevölkerung, langfristige Entwicklungen und manches andere bedacht werden müssen, um zu einer verantwortungsvollen Politik zu gelangen. Einige dieser Aspekte wollen wir in diesem Abschnitt anreißen.

---

106 Sarrazin, Thilo. 2016. *Wunschdenken: Europa, Währung, Bildung, Einwanderung – warum Politik so häufig scheitert.* München: Deutsche Verlags-Anstalt, 380f.

Flüchtlinge in den Medien

In den Jahren vor der großen Flüchtlingswelle 2015 und auch noch bis zum Ende jenes Jahres (bis zur Silvesternacht 2015/16) war die „Berichterstattung" in den Medien über die Menschen auf dem Weg nach Europa und Deutschland fast durchweg positiv und auf Mitgefühl ausgerichtet. Diese Menschen wurden praktisch durchgängig als schutzbedürftig und Kriegsflüchtlinge portraitiert (das Wort „Migrant" und erst recht „Wirtschaftsmigrant" kam so gut wie nicht vor), die zu etwa gleichen Teilen aus Frauen, Männern und Kindern bestehen, nicht krimineller sind als der durchschnittliche Deutsche und zum großen Teil gut ausgebildete Fachkräften sind, von denen der deutsche Arbeitsmarkt profitieren würde:

> Die „Hamburg Media School" hat eine Studie zur Berichterstattung der Presse über die Flüchtlingskrise angefertigt und dazu 34 000 Pressebeiträge aus den Jahren 2009 bis 2015 ausgewertet. Ergebnis: 82 Prozent der Berichte waren positiv konnotiert, 12 Prozent rein berichtend und nur 6 Prozent problematisierend.[107]

Mittlerweile hat sich die Darstellung der Journalisten etwas mehr der Realität angepasst, aber auch heute noch unterliegt das Thema Flüchtlinge der Zensur der Politischen Korrektheit, insbesondere, wenn es um Kriminalität und Gewalt geht. Eine entscheidende Frage wird jedoch nach wie vor tabuisiert: Wie viele von denjenigen, die zu uns kommen, sind tatsächlich Flüchtlinge, also Menschen, die politisch verfolgt werden, und bei wie vielen handelt es sich um Migranten, die aus anderen Gründen nach Deutschland kommen?

---

107 Kraus, Josef. 2018. *50 Jahre Umerziehung: Die 68er und ihre Hinterlassenschaften.* Lüdinghausen: Manuscriptum, 119.

Im Zeitraum von 2014 bis Ende 2019 wurden in Deutschland rund 1,8 Millionen Anträge auf Asyl (ohne Folgeanträge) gestellt.[108] Nach den bis 2018 vorliegenden Zahlen für die EU hat Deutschland im Zeitraum 2014 bis 2018 40 % aller Asylbewerber aufgenommen.[109] In diesen Zahlen nicht erfasst sind all jene Menschen, die unerlaubt nach Deutschland gekommen sind oder keinen Antrag gestellt haben. Die Einwanderung durch Familiennachzug und Arbeitsmigration aus EU- und Drittstaaten ist demgegenüber geringer, aber immer noch relativ hoch. Insgesamt belief sich die Nettozuwanderung von Ausländern in den Jahren 2014-2018 auf 3,3 Millionen.[110] Dies kann man nicht anders denn als Massenzuwanderung bezeichnen.

Ginge es alleine nach dem deutschen Grundgesetz (Art. 16a), so wäre nur ein Bruchteil von denen, die einen Antrag auf Asyl gestellt haben, tatsächlich asylberechtigt. Hierbei handelt es sich um Menschen, die aufgrund ihrer Religion, ihrer politischen Einstellung oder anderer Merkmale persönlich verfolgt werden und die ohne den Umweg über einen sicheren Drittstaat einreisen. Im Zeitraum von 2015 bis September 2019 belief sich der Anteil der auf dieser Grundlage anerkannten Anträge auf 0,7 %. Darüber hinaus gibt es jene, die aus Drittstaaten einreisen und einen Asylstatus aufgrund der Genfer Flüchtlingskonvention erhalten. Im genannten Zeitraum

---

108 „Anzahl der Asylanträge (Erstanträge) in Deutschland von 1991 bis 2019";
   https://de.statista.com/statistik/daten/studie/154286/umfrage/asylantraege-erstantraege-in-deutschland-seit-1995/
109 Vgl. „Statistiken über Asyl";
   https://ec.europa.eu/eurostat/statistics-explained/index.php?title=Asylum_statistics/de
110 „Wanderungssaldo (Saldo der Zuzüge und Fortzüge) in Deutschland von 1991 bis 2018";
   https://de.statista.com/statistik/daten/studie/150438/umfrage/saldo-der-zuzuege-und-fortzuege-in-deutschland/

wurden 28,8 % der Anträge auf dieser Basis bewilligt, sodass man von einer Bewilligungsrate von insgesamt weniger als einem Drittel ausgehen kann. Weitere 19,2 % der Anträge wurden im Sinne eines „subsidiären Schutzes" entschieden.[111] Das heißt, die betroffenen Personen sind weder im Sinne des Grundgesetzes noch im Sinne der Genfer Flüchtlingskonvention Flüchtlinge; ihnen droht jedoch in ihrem Herkunftsland Gefahr für Leib und Leben, etwa weil dort ein Bürgerkrieg herrscht. In dem Rest der Fälle wurden die Anträge abgelehnt, oder das Bundesamt für Migration und Flüchtlinge sah sich nicht zuständig.

Eine grundlegende Unterscheidung ist also die zwischen dem tatsächlich schutzbedürftigen Flüchtling auf der einen Seite und einem Migranten, der aus anderen Gründen nach Deutschland kommt. In den Medien wird diese Unterscheidung jedoch selten gemacht. Fast immer ist pauschal von „Flüchtlingen" die Rede – außer in den Fällen (wie in der Silvesternacht 2015/16), wo Straftaten vorliegen. Da ersetzen die Medien das Wort „Flüchtling" gerne durch „Migrant" oder völlig neutrale Begriffe („Jugendlicher", „28-Jähriger usw.).

Theologische und ethische Fragen

Wenn kirchliche Kreise die Alternative für Deutschland kritisieren, geschieht das häufig aufgrund der restriktiven Haltung der AfD zu Asyl und Einwanderung. Die ist jedoch aus unserer Sicht ungerechtfertigt. Die Kritik krankt (wie so häufig bei kirchlicher Kritik) an der Vermischung der Aufgaben von Staat und Kirche, an der Beurteilung einer Handlung primär nach der guten Absicht („Gesinnungsethik") und weniger anhand der Folgen („Verantwortungsethik") sowie an

---

111 Zahlen nach Harms, Björn. 2019. Der Blick aufs Wirkliche. In *Junge Freiheit* 42/19.

der Vermischung von Individual- und Sozialethik. Auf diese Aspekte soll im Folgenden eingegangen werden.

Die Trennung von Kirche und Staat ist eine wesentliche Grundlage einer freiheitlichen, säkularen und pluralistischen Gesellschaft. Auch wenn christliche Prinzipien die Werte und Normen unserer Gesellschaft prägen, viele politisch Verantwortliche aus einer christlichen Motivation heraus handeln und sich die Kirchen in Debatten zu wichtigen Grundsatzfragen zu Wort melden, ist klar, dass Politik niemals die direkte Umsetzung von Glaube und Religion in einem Staatsgebilde sein kann. Dies ist das, was wir in Kap. 2 mit der Unterscheidung vom Reich Gottes und dem Reich dieser Welt beschrieben haben.

Die Bibel eignet sich erst recht nicht zur religiösen Legitimation einer zeitgeistkonformen Mainstream-Politik, wie dies leider in den letzten Jahrzehnten immer wieder der Fall war. Vielmehr gehört es zur Freiheit eines Christenmenschen, das biblische Menschenbild und andere Grundüberzeugungen des christlichen Glaubens mit Hilfe der praktischen Vernunft in konkrete Politik zu überführen.

Hilfreich ist in diesem Zusammenhang auch die Unterscheidung zwischen einer Gesinnungs- und einer Verantwortungsethik. Eine Gesinnungsethik stützt sich auf die gute Intention und abstrakte, vom konkreten Problem losgelöste Grundsätze, blendet dabei aber die tatsächlichen Folgen ihres Tuns aus. Solch eine Ethik taugt nicht für die Politik. Wer politisch handeln will, muss es nicht nur gut meinen, sondern unter Berücksichtigung aller Faktoren eines komplexen Geschehens auch gut machen. Viel zu oft schon hatte eine vom biblischen Menschenbild entkoppelte Gesinnungsethik katastrophale Folgen, unter denen aber weniger die für die falschen Entscheidungen Verantwortlichen als vielmehr die einfachen Bürger zu leiden hatten. Nach Karl Popper führt die alleinige Orientierung an der Gesinnung ins Unglück: „Der Versuch, den Himmel auf Erden einzurichten, erzeugt stets die Hölle."[112]

Gerade die Asylkrise hat gezeigt, dass eine ausschließlich oder überwiegend gesinnungsethisch agierende Politik langfristig verheerende Auswirkungen haben kann. Die von der Bundeskanzlerin quasi im Alleingang beschlossene Öffnung der Grenzen für mehr als eine Million tatsächlicher oder vermeintlicher Bürgerkriegsflüchtlinge wird bis heute als angeblich alternativloser Akt christlicher Nächstenliebe gefeiert. Dass bei dieser Entscheidung andere Optionen wie die Unterbringung und Versorgung nahe der Heimat dieser Menschen genauso außer Acht gelassen wurden wie die politischen, sozialen und ökonomischen Konsequenzen einer solchen Masseneinwanderung aus fremden, teilweise archaischen Kulturen, zeigt das vollkommene Fehlen eines verantwortungsethischen Bewusstseins. Hier hat die AfD von Anfang an darauf hingewiesen, dass die Frage nach geeigneten Hilfsmaßnahmen für Menschen in Not nicht allein mit Blick auf eine isolierte, dazu noch emotional aufgeheizte Situation zu ermessen ist, sondern sämtliche Folgen möglicher Entscheidungen und insbesondere auch deren langfristige Auswirkungen zu berücksichtigen sind. Nur so nämlich lässt sich verantwortliche Politik gestalten, die über den Augenblick und das gute, aber vielleicht trügerische Gefühl einer moralisch richtigen Handlung (oder sogar einer moralischen Überlegenheit) hinaus dem Wohl aller Betroffenen dient. Nach Auffassung der AfD sollte der deutsche Staat deswegen helfen, die Ursachen von Flucht und Vertreibung zu bekämpfen, und vorrangig die hilfebedürftigen Menschen in ihrer Heimat unterstützen. Da das Preisniveau in diesen Ländern deutlich niedriger ist, würden wir auf diese Weise

---

112 Popper, Karl. 1992. *Die offene Gesellschaft und ihre Feinde*, Band II: *Falsche Propheten. Hegel, Marx und die Folgen*. Tübingen: J. C. B. Mohr, 277.

sogar noch wesentlich mehr Menschen erreichen als durch Aufnahme in Deutschland.

Eine zentrale verantwortungsethische Frage für die Aufnahmeländer lautet auch: Was hält eine Gesellschaft zusammen? Ein entscheidender Aspekt für unser Gesellschaftsverständnis ist der vielzitierte Satz des Staatsrechtlers Ernst-Wolfgang Böckenförde: „Der freiheitliche, säkularisierte Staat lebt von Voraussetzungen, die er selbst nicht garantieren kann." Danach kann ein freiheitlicher Staat nur bestehen, „wenn sich die Freiheit, die er seinen Bürgern gewährt, von innen her, aus der moralischen Substanz des einzelnen und der Homogenität der Gesellschaft, reguliert."[113] Eine freiheitliche Ordnung braucht also „ein verbindendes Ethos, eine Art ‚Gemeinsinn' bei denen, die in diesem Staat leben". Dieses gemeinsame Ethos speist sich „zunächst von der gelebten Kultur. ... Da sind wir dann ... bei Quellen wie Christentum, Aufklärung und Humanismus."[114]

Fundamental für unsere Kultur und für unsere Rechtsordnung ist das christliche Menschenbild, das mit dem jüdischen identisch ist. Aus dem jüdisch-christlichen Menschenbild resultiert die Menschenwürde, mit der jeder Mensch in gleicher Weise ausgestattet ist (vgl. Kap. 2). Wenn also jeder Mensch als Ebenbild Gottes geschaffen ist, dann stehen auch alle Menschen untereinander auf einer Stufe. Jeder Mensch ist gleich viel wert. Dieses Menschenbild ist nicht in allen Kulturen vorhanden. Dies ist auch der Grund, warum die UN-Menschenrechtserklärung mit ihrem zentralen Begriff der

---

113 Böckenförde, Ernst-Wolfgang. 1967. Die Entstehung des Staates als Vorgang der Säkularisation. In Sergius Buve (Hg.). *Säkularisation und Utopie*. Stuttgart: Kohlhammer, 65-95: 75.

114 „Freiheit ist ansteckend";
https://web.archive.org/web/20101104053317/http://www.fr-online.de/kultur/debatte/-freiheit-ist-ansteckend-/-/1473340/4795176/-/index.html

Menschenwürde auch nicht von allen Staaten anerkannt wird. Islamische Staaten lehnen diese ab; sie haben stattdessen die „Kairoer Erklärung der Menschenrechte im Islam" beschlossen. Diese stellt die Scharia, das islamische Gesetz, unverrückbar und absolut an die erste Stelle. Die Scharia ist jedoch in vielen Punkten unvereinbar mit unserem Verständnis der Menschenwürde.

Die Kultur mit einem gemeinsamen Werteverständnis geht also dem vom Staat gesetzten Recht voraus. Daher ist es illusorisch und geradezu unverantwortlich, wenn Vertreter anderer Parteien behaupten, es reiche aus, wenn man zugewanderten Menschen aus anderen Kulturen nur das Grundgesetz austeilen müsse – gegebenenfalls auch auf Arabisch – und dann wüssten sie, wie man sich in Deutschland zu verhalten habe. Die erlernte kulturelle Prägung ist ohne innere Bereitschaft des Zuwanderers und ohne Vermittlung der neuen Werte, etwa durch staatliche Aufklärungs- und Bildungsmaßnahmen, nicht veränderbar.

Der Versuch, eine Gesellschaft aufzubauen auf der Idee des Multikulturalismus, die importierte Werte, Lebensweisen und andere kulturelle Ausprägungen auf geschichtsblinde Weise der einheimischen Kultur gleichstellt und deren Werte damit relativiert, ist dagegen illusorisch und verantwortungslos. Durch das Zulassen von wachsenden Parallelgesellschaften erodieren der soziale Zusammenhalt, das gegenseitige Vertrauen und die öffentliche Sicherheit als unverzichtbare Elemente eines stabilen Gemeinwesens. Letztlich entsteht eine Art Vielvölkerstaat, der genauso wie die allermeisten vergangenen und gegenwärtigen Vielvölkerstaaten eines Tages entweder kollabiert oder sich an den anhaltenden Spannungen aufreibt. Beispiele gibt es zuhauf: Jugoslawien, Libanon, Irak, die meisten afrikanischen Staaten und viele andere Länder. Es besteht die Gefahr, dass größere soziale, ethnische und religiöse Konflikte ausbrechen werden –

spätestens dann, wenn es auch noch zu schweren und anhaltenden wirtschaftlichen Krisen kommt. Warum sollte Deutschland das schaffen, was andere multiethnische und multikulturelle Staaten nicht geschafft haben – nämlich ein friedliches Nebeneinander von Parallelgesellschaften zu realisieren?

Ein weiteres Defizit der Asyldebatte ist die unzulässige Vermischung von Individual- und Sozialethik. Es ist ein erheblicher Unterschied, ob Bundeskanzlerin Angela Merkel und ihre Minister als Privatpersonen einzelne Flüchtlinge in ihren eigenen Häusern beherbergen, oder ob sie im Namen Deutschlands eine Einladung an alle Migrationswilligen dieser Welt aussprechen. Denn während sie im ersten Fall – wenn sie es wirklich täten – für ihre individuelle Entscheidung auch alleine die Folgen zu tragen hätten, bürden sie im zweiten Fall den Deutschen (und darüber hinaus auch den Europäern) ungefragt eine Last auf, die sie auf Jahrzehnte hinaus beschäftigen wird. Eine für das ganze Land verantwortliche Kanzlerin kann und darf noch lange nicht einfach das tun, was ihr als Bürgerin nicht nur erlaubt, sondern vielleicht sogar aus ihrem Glauben heraus geboten wäre. Was individualethisch gesehen richtig ist, muss eben aus sozialethischer Perspektive keineswegs das Beste für alle Betroffenen sein.

Auch theologisch gesehen richten sich die biblischen Gebote wie das der Nächstenliebe an den einzelnen Menschen. Der Einzelne soll einem Menschen, der ihm quasi „vor die Füße fällt", Nächstenliebe gewähren und ihm (nach seinen Möglichkeiten) helfen. Der Staat aber muss sich an Recht und Gesetz halten. Der frühere SPD-Politiker und evangelische Theologe Richard Schröder hat dies einmal so formuliert: „Die Kirchen können von ihren Mitgliedern mehr Barmherzigkeit verlangen. Von Barmherzigkeit, vom Herz für die Elenden kann es nicht genug geben. Der Staat aber darf nicht barmherzig sein. Der Staat muss gerecht sein. Er hat nach Regeln zu handeln, und er hat die Folgen zu bedenken."[115]

Die AfD hat immer wieder darauf bestanden, dass es die erste Pflicht der Regierenden ist, für das Wohl jener Menschen zu sorgen, für die sie unmittelbar verantwortlich sind. Kanzlerin und Bundesregierung können nicht so handeln, wie es vielleicht ihrer persönlichen Stimmungslage oder ihrer individuellen Perspektive entspricht, sondern müssen bei aller Solidarität mit den Notleidenden dieser Welt zunächst einmal und primär Politik für das eigene Volk machen – getreu ihrem Amtseid, den sie feierlich geschworen haben. Aber auch umgekehrt besteht eine Gefahr für die Gläubigen: dass sie nämlich den persönlichen Auftrag Jesu nicht mehr ernst nehmen, sondern an den Staat oder andere Stellen delegieren.

Perspektivische Fragen

Eine Massenzuwanderung von Menschen aus anderen Kulturkreisen ist auf Dauer für die Aufnahmeländer angesichts der Folgen verantwortungslos. Zu diesen Folgen gehören soziale, ethnische und religiöse Konflikte, die eine Gesellschaft spalten und sogar einen Staat zerstören können. Die politischen Eliten in Europa scheint dies jedoch wenig zu kümmern.

Der Politologe Yasha Mounk sagte im Februar 2018 in den ARD-Tagesthemen vor einem Millionenpublikum, „dass wir hier ein historisch einzigartiges Experiment wagen, und zwar, eine monoethnische, monokulturelle Demokratie in eine multiethnische zu

---

115 „Der Staat darf nicht barmherzig sein – aber gerecht";
https://www.welt.de/print/die_welt/politik/article154744287/Der-Staat-darf-nicht-barmherzig-sein-aber-gerecht.html

verwandeln." Er glaubte zwar, dass das klappen werde, aber „dabei kommt es natürlich auch zu vielen Verwerfungen."[116] Was gibt den Herrschenden das Recht, mit uns, unseren Kindern und zukünftigen Generationen ein solches Experiment durchzuführen? Wenn wir zudem, wie in dem Abschnitt „Volk und Nation" ausgeführt, davon ausgehen, dass Gott es war, der Völker und Nationen eingesetzt hat (siehe z. B. 5. Mose 32,8 und Apostelgeschichte 17,26), und dass diese Institutionen zur Erhaltungsordnung Gottes gehören, wäre es unverantwortlich, einer Egalisierung nationalstaatlicher Ordnung das Wort zu reden.

Unter einer verantwortungsethischen Perspektive – also unter Berücksichtigung der langfristigen Folgen – dürfen wir die Utopie einer multikulturellen Gesellschaft nicht anstreben. Stattdessen sollte das Konzept der Leitkultur, wie es der deutsche Politikwissenschaftler syrischer Herkunft Bassam Tibi entwickelt hat, umgesetzt werden. Nach Tibi basiert die europäische Leitkultur auf Wertevorstellungen, die „der kulturellen Moderne entspringen, und sie heißen: Demokratie, Laizismus [Trennung von Kirche und Staat], Aufklärung, Menschenrechte und Zivilgesellschaft."[117] Die Wertevorstellungen der christlich-abendländischen Leitkultur sind das einigende Band, das die Gesellschaft – einschließlich der eingewanderten Menschen – zusammenhält. Ein reiner „Verfassungspatriotismus" reicht dafür nicht aus.

Das deutsche Volk, das Staatsvolk im Sinne des Grundgesetzes, ist nicht biologisch oder rassisch definiert. Auch jemand mit Migrationshintergrund kann Deutscher im Sinne des Grundgesetzes

---

116 „tagesthemen 22:15 Uhr, 20.02.2018";
   https://www.youtube.com/watch?v=y9rVVYU-cS0. Ab 26:25.
117 Tibi, Bassam. 2000. *Europa ohne Identität? Die Krise der multikulturellen Gesellschaft*. München: Siedler, 154.

werden und soll dies auch können, wenn er sich rechtmäßig in Deutschland aufhält, gesetzestreu verhalten hat und die Deutschland prägende Kultur sowie die Rechtsordnung vorbehaltlos akzeptiert. Auch im Volk Israel gab es, wie wir im Abschnitt „Volk und Nation" gesehen haben, eine derartige Integration. Diese Menschen mussten das jüdische Religionsgesetz annehmen, sich beschneiden lassen und andere Vorschriften beachten. Und natürlich ist ein Land oder eine Nation auch keine abgeschottete Insel. Es hat in der Vergangenheit Wanderungsbewegungen gegeben, und es wird auch zukünftig eine gewisse Migration geben. Aber wie so oft kommt es auf das Ausmaß an.

Deutschland hat, wie wir oben gesehen haben, seit 2014 rund 1,8 Millionen Menschen als Asylbewerber aufgenommen. Dies ist jedoch erst ein Anfang. Angesichts einer Bevölkerungsexplosion in Afrika und Asien, kriegerischer Konflikte zwischen Staaten, ethnisch und religiös bedingter Bürgerkriege sowie Armut und Elend in vielen Ländern der Welt machen sich Menschen in bisher unvorstellbaren Wanderungsbewegungen auf den Weg in andere Länder. Insbesondere Europa steht hier vor der Herausforderung, einer Völkerwanderung historischen Ausmaßes zu begegnen. So sehr wir auch Verständnis für arme Menschen haben und möglichst vielen Menschen helfen wollen – eine Politik der offenen Grenzen wäre die falsche Antwort. Sie wäre auch nicht gerecht, weil gerade die Ärmsten und Bedürftigsten aus jenen Ländern nicht die Mittel haben, um nach Europa zu kommen. Gerade *weil* in Zukunft mit noch mehr Flüchtlingsbewegungen zu rechnen ist, war die Entscheidung der Kanzlerin 2015 und ist die aktuelle Politik der Bundesregierung so verantwortungslos. Jedes Land und auch jeder Kontinent ist nun einmal nur begrenzt aufnahmefähig. Wenn jetzt eine große Zahl von Migranten ins Land gelassen wird, bei denen keine Fluchtgründe vorliegen, wird sowohl die Aufnahmekapazität als auch die Bereitschaft der Bevölkerung, weitere Flüchtlinge aufzunehmen, bald erschöpft sein. Auf der Strecke bleiben dann unter Umständen jene Menschen, die erst in Zukunft von Verfolgung betroffen sein werden.

Das Konzept der Alternative für Deutschland

Was fordert die AfD vor diesem Hintergrund? In ihrem Grundsatzprogramm hat die Partei ihre umfassenden Vorstellungen formuliert. Auch die AfD will echte Flüchtlinge aufnehmen und schützen. Im Grundsatzprogramm heißt es hierzu:

> Es ist ... notwendig, zwischen politisch Verfolgten und (Kriegs-) Flüchtlingen, die unmittelbar vor ihrer Einreise echten, kriegsbedingten Gefahren ausgesetzt waren, einerseits und irregulären Migranten andererseits zu unterscheiden. Echte Flüchtlinge will auch die AfD schützen, solange die Fluchtursache im Heimatland andauert. (S. 116)

Dabei sollen in den Herkunftsgebieten von Flüchtlingsbewegungen in sicheren Staaten Schutz- und Asylzentren eingerichtet werden. Anträge auf Schutz sollen danach auch nur noch dort gestellt und entschieden werden. Damit würde der lange, strapaziöse und gefährliche Weg, den Flüchtlinge auf sich nehmen, entfallen. Auch das Schlepperwesen würde an Attraktivität verlieren. Asylbewerber ohne anerkannten Fluchtgrund sollen auch keinen Flüchtlingsschutz erhalten. Solange eine Kontrolle der EU-Außengrenzen nicht gewährleistet ist, sollen zudem die deutschen Grenzen gesichert werden.

Ein weiteres Problem ist, dass nur ein Bruchteil der abgelehnten Asylbewerber wieder in ihre Heimatländer zurückkehrt, sei es freiwillig oder im Zuge einer Abschiebung. „De facto ist das deutsche Asylrecht zu einem Einfallstor für ungeregelte Einwanderung geworden."[118] Rückführungen in die Herkunftsländer werden auf mannigfache Weise sabotiert. Daran beteiligt sind die Ausreisepflichtigen, inländische Flüchtlingshelfer[119] und teilweise auch die Herkunftsländer. Kampagnen der Einwanderungslobby und Medien zielen auf immer neue Bleiberechte. Landesregierungen halten sich häufig nicht an das Bundes-Abschieberecht, verschleppen seine Durchsetzung und setzen es vielfach praktisch außer Kraft. Die AfD will diese Missachtung des Rechtsstaats beenden. Sie fordert, das Abschieberecht zu vereinfachen und es konsequent anzuwenden; wo dies nicht geschieht, muss die Rechts- und Fachaufsicht des Bundes eingreifen. Rechtskräftig abgelehnte Asylbewerber müssen das Land verlassen.

Die langfristig beste Antwort auf den Wanderungsdruck ist jedoch mitzuhelfen, die Ursachen für Migration zu bekämpfen. Es liegt sowohl im deutschen als auch im Interesse der Menschen in den Entwicklungsländern, wenn Letztere eine Perspektive für ein menschenwürdiges Leben in ihrer Heimat erhalten. Entwicklungshilfe sollte stets „Hilfe zur Selbsthilfe" sein. Ziel muss es sein, dass die Menschen in den Entwicklungsländern ihren Wohlstand selbst erarbeiten. Der deutsche Staat kann dabei Anreize für deutsche Unternehmen schaffen, sich durch den Aufbau von Produktionsstätten in den Entwicklungsländern zu engagieren. Angesichts des riesigen Bedarfs an Unterstützung der Entwicklungsländer einerseits und der Begrenztheit der Mittel andererseits ist es allerdings sinnvoll, die Maßnahmen zu konzentrieren. Nicht die Höhe der

---

118 Sarrazin, Thilo. 2016. Das Einfallstor schließen. In *FAZ* vom 22.08.2016, 10.
119 S. z. B. „Swedish Student Stops Deportation Of Asylum Seeker On Plane";
    https://www.youtube.com/watch?v=VnTgW0I8_ls

Entwicklungshilfe allein ist ausschlaggebend, sondern die Wirksamkeit der entwicklungspolitischen Maßnahmen.

Das von der AfD vorgeschlagene Maßnahmenbündel wäre nach unserer Ansicht ein verantwortungs- und wirkungsvoller Ansatz, der sich den Nöten von wahrhaft Schutzbedürftigen nicht verschließt und zugleich das Sicherheitsinteresse des eigenen Landes und die langfristigen Folgen der Politik im Auge behält. Eine solche (restriktive) Flüchtlings- und Migrationspolitik würde unserer Auffassung nach

- das Vertrauen der Bevölkerung in die Politik wieder stärken (weil ein großer Teil der Bevölkerung schon jetzt mit der aktuellen Migrationspolitik nicht einverstanden ist, aber nicht gefragt wird)

- das Wohlwollen der Bevölkerung gegenüber den Flüchtlingen selbst stärken (weil sie dann davon ausgehen kann, dass es sich bei diesen Menschen tatsächlich um Schutzbedürftige handelt, die nach Ende ihrer Schutzbedürftigkeit auch ggf. wieder in ihre Heimatländer zurückgehen)

- so auch langfristig sowohl die Bereitschaft der Bevölkerung als auch die Fähigkeit des Landes sichern, weitere Flüchtlinge aufzunehmen.

Islam und Islamisierung

Der ehemalige Bundespräsident Christian Wulff hatte im Jahr 2010 mit seiner Aussage „Der Islam gehört zu Deutschland" eine Debatte angestoßen, die seitdem die Gemüter erhitzt. Wer der Aussage des Bundespräsidenten nicht zustimmt, wer auf problematische Aspekte des Islam hinweist, wer bezweifelt, dass der Islam mit unseren Werten kompatibel ist, wer gar vor einer Islamisierung Deutschlands warnt, wird nicht selten hart kritisiert und der „Islamphobie" bezichtigt.

Mit der Redewendung „gehört zu" wird gewöhnlich ausgedrückt, dass etwas wesentlicher Bestandteil ist oder das Wesen einer Sache, einer Idee oder eines Phänomens ausdrückt. Die Schwebebahn gehört zu Wuppertal, Wettbewerb zur freien Marktwirtschaft und die Ablehnung der Religion zum Marxismus. Die Formulierung „gehört zu" ist in Bezug auf den Islam und Deutschland jedoch nicht angemessen. Es käme ja auch niemand auf die Idee zu sagen, dass der Hinduismus zu Deutschland gehört, nur weil er hierzulande vorhanden ist. Das Christentum hingegen gehört sehr wohl zu Deutschland, weil es seit vielen Jahrhunderten hier beheimatet ist und auch jetzt noch in seiner säkularen Form einen tiefgreifenden Einfluss auf die Kultur und Rechtsprechung unseres Landes ausübt. Während das Christentum also die Werte, die Sitten und Gebräuche sowie nicht zuletzt die Rechtsordnung unseres Landes maßgeblich geprägt hat, trifft dies auf den Islam nicht zu. Im Gegenteil: Der Islam ist in einigen Punkten konträr zur vorherrschenden Kultur, zu unseren Werten, Sitten und Gebräuchen sowie zur Rechtsordnung. Eine Unterscheidung ist hier jedoch wichtig: Während der Islam nicht zu Deutschland gehört, gehören die hier lebenden Staatsbürger islamischen Glaubens sehr wohl zu unserem Land.

Was macht den Islam jedoch so problematisch? Worin unterscheidet er sich fundamental vom Christentum? Der wesentliche Unterschied liegt in den unterschiedlichen Gottes- und Menschenbildern der beiden Religionen. Wie wir bereits gesagt haben, schuf Gott nach jüdisch-christlichem Verständnis den Menschen als sein Ebenbild (1. Mose 1,27). Der Mensch kann eine Beziehung mit Gott aufnehmen, und alle Menschen untereinander stehen auf einer Stufe. Jeder Mensch ist gleich viel wert. Aus diesem christlichen

Menschenbild hat sich das Prinzip der Menschenwürde entwickelt, die sich – in säkularer Form – in Deutschland in Art. 1 des Grundgesetzes niederschlägt.

Der Islam hat ein anderes Gottes- und Menschenbild. „Islam" bedeutet „Unterwerfung", und zwar Unterwerfung unter die Gebote Allahs. Der Mensch ist hier ein Unterwürfiger, kein Ebenbild. Auch die Menschen untereinander stehen im Islam nicht auf einer Ebene, sie haben nicht alle denselben Wert. „Ungläubige" stehen auf der untersten Stufe.[120] Juden und Christen sind vergleichbar mit Affen und Schweinen.[121] Männer stehen über den Frauen; Erstere sollen Letztere schlagen, wenn der Mann eine Widerspenstigkeit auch nur befürchtet.[122] Konsequenterweise hat die islamische Welt die Allgemeine Erklärung der Menschenrechte mit ihrem zentralen Begriff der Menschenwürde nicht anerkannt. Stattdessen haben die islamischen Staaten die „Kairoer Erklärung der Menschenrechte im Islam" beschlossen. Diese stellt die Scharia, das islamische Gesetz, an die erste Stelle.

Hinzu kommt, dass die Trennung von Kirche und Staat, wie wir sie im Christentum haben (s. Kap. 2), dem Islam fremd ist. Der Journalist Peter Hahne erklärt: „Während die Bibel den geistlichen und den weltlichen Standort des Christen eindeutig abgrenzt, sieht der Islam Staat und Religion als Einheit. Die Benachteiligung bzw. Verfolgung von Nicht-Muslimen ist dann zwangsläufig."[123]

---

120 Sure 95,5-6: Wir haben den Menschen ja in schönster Gestaltung erschaffen, hierauf haben Wir ihn zu den Niedrigsten der Niedrigen werden lassen, außer denjenigen, die glauben und rechtschaffene Werke tun. Zitiert nach: http://islam.de/13827.php?sura=95.

121 Sure 5,59f.

122 Sure 4,34.

123 Hahne, Peter. 2008. *Suchet der Stadt Bestes: Werte wagen – für Politik und Gesellschaft*. Lahr: Johannis, 41.

Besonders problematisch sind die mehr als 200 Gewalt- und Diskriminierungsaufrufe im Koran gegen diejenigen, die Allahs Geboten nicht gehorchen.[124] Weithin bekannt unter den Gewaltversen ist der sogenannte „Schwertvers", der als Begründung für den Dschihad (den heiligen Krieg) gilt: „Und wenn nun die heiligen Monate abgelaufen sind, dann tötet die Heiden, wo immer ihr sie findet, greift sie, umzingelt sie und lauert ihnen überall auf!" (Sure 9,5) Mohammed selbst hat seinen neuen Glauben mit Gewalt ausgebreitet und zahlreiche Kriege geführt. Selbst Freundschaften zu Juden und Christen sind Muslimen nach Sure 5,51 verboten.

Nun wird von Muslimen und von gutgläubigen „Islamverstehern" eingewandt, dass es auch Friedensverse gibt, die das Töten verbieten. Hierzu wird oft Sure 5,32 zitiert: „Wer einen Menschen tötet, tötet die ganze Menschheit." Wenn nur dieser Satz zitiert wird, hört sich das gut an. Das Problem ist: So steht der Vers gar nicht im Koran. Vielmehr heißt es: „Deshalb haben Wir den Kindern Israels verordnet, dass, wenn jemand einen Menschen tötet, ohne dass dieser einen Mord begangen hätte, oder ohne dass ein Unheil im Lande geschehen wäre, es so sein soll, als hätte er die ganze Menschheit getötet."[125] Der deutsch-ägyptische Politologe Hamed Abdel-Samad kommentiert dies so: „Der Anfang wird weggelassen, um den Eindruck zu erwecken, es handele sich hier um ein islamisches Gebot. Tatsächlich ist es ein Zitat aus dem Talmud, welches das jüdische Tötungsverbot ,Du sollst nicht töten' untermauert."[126] Also: Es sind die „Kinder Israel", die angehalten werden, sich an das Tötungsverbot zu halten. Schon der nächste Vers spricht eine ganz andere

124 Vgl. Morgner, Christoph. 2016. *Passt der Islam zu Deutschland? Ein Zwischenruf.* Wesel: mediaKern, 64ff.
125 http://islam.de/1410.php
126 Abdel-Samat, Hamed. 2016. *Der Koran: Botschaft der Liebe, Botschaft des Hasses.* München: Droemer, 101.

Sprache. Sure 5,33 lautet: „Der Lohn derer, die gegen Allah und Seinen Gesandten Krieg führen und Verderben im Lande zu erregen trachten, soll sein, dass sie getötet oder gekreuzigt werden oder dass ihnen Hände und Füße wechselweise abgeschlagen werden oder dass sie aus dem Lande vertrieben werden."[127]

Generell muss man wissen, dass bei widersprüchlichen Versen jeweils der jüngste der letztgültige ist. Diese Regelung bezeichnet man als „Abrogation" (Aufhebung). Die Abrogationslehre ist ein Teilbereich der islamischen Rechtstheorie. Die älteren Verse stammen dabei aus der Zeit Mohammeds in Mekka. Dort war er mit seinen Anhängern in der Minderheit. Die Verse aus dieser Zeit sind die eher friedfertigen. Später in Medina errichtete Mohammed dann eine autokratische Herrschaft. Aus dieser Zeit stammen die Gewaltverse.

Wie aber stellen sich in Deutschland lebende Muslime zu den Geboten des Korans und zur Gewalt? Eine der bislang umfassendsten Befragungen türkischstämmiger Einwanderer zu Fragen der Religiosität und Integration der Universität Münster aus den Jahren 2015/2016 zeichnet ein eher düsteres Bild: 47 % der Befragten stimmen der Aussage zu, „Die Befolgung der Gebote meiner Religion ist für mich wichtiger als die Gesetze des Staates, in dem ich lebe". Selbst einer Aussage wie „Die Bedrohung des Islam durch die westliche Welt rechtfertigt, dass Muslime sich mit Gewalt verteidigen" stimmten noch 20 % der Befragten zu. Es ist anzunehmen, dass seit der Massenzuwanderung 2015 diese Einstellungen heute noch häufiger anzutreffen sind. Diese Haltungen sind ein Problem für das gedeihliche Zusammenleben, denn Widersprüche zwischen der Scharia und der freiheitlich-demokratischen Grundordnung lassen sich nun einmal nicht leugnen.

---

127 http://islam.de/1410.php

Wann immer es zu einem Anschlag von islamischen Fanatikern kommt, reagieren Politiker und Medienvertreter reflexartig mit der Erklärung: „Das hat nichts mit dem Islam zu tun." Diese Behauptung ist, wie wir gesehen haben, verharmlosend und kaum begründbar, denn die vielen Gewaltverse im Koran und die überlieferte Biographie Mohammeds machen es den Fundamentalisten leicht, sich auf den Islam zu berufen. Der an der Berliner Humboldt-Universität lehrende Soziologe und Migrationsforscher Ruud Koopmans stellt dazu fest:

> Allgemein gesprochen gilt, dass es keine andere Weltregion gibt, wo der Hass auf Andersdenkende und religiöse Minderheiten und ihre Entrechtung so tief verwurzelt sind wie in der muslimischen Welt. ... Angesichts der weitverbreiteten Unterdrückung von sexuellen und religiösen Minderheiten in der islamischen Welt kann unmöglich behauptet werden, dass der Hass auf Anderslebende und Andersgläubige „nichts mit dem Islam zu tun" habe, oder dass „der" Islam „eine Religion des Friedens" sei. Es zeugt außerdem von einem mangelhaften Unrechtsbewusstsein, die Trommel der „Islamophobie" zu rühren, aber zu schweigen über die viel schlimmere Phobie der muslimischen Welt gegen alles Unislamische.[128]

Eines ist wichtig zu betonen: Die große Mehrheit der Muslime in Deutschland sind keine gewalttätigen oder demokratiefeindlichen Islamisten. Aber ebenso gilt: Diese Mehrheit muss klar Farbe bekennen und deutlich sagen, dass sie jegliche Gewalttaten im Namen des Islam verurteilen. Außerdem dürfen sie die Islamisten in ihren Moscheegemeinden nicht dulden.

---

128 „Der Terror hat sehr viel mit dem Islam zu tun";
   https://www.faz.net/aktuell/feuilleton/debatten/hass-im-islam-terror-hat-mit-der-religion-zu-tun-14317475.html?printPagedArticle=true#pageIndex_2

Auch der Staat ist gefordert. Er muss dafür Sorge tragen, dass ein weiteres Anwachsen von muslimischen Parallelgesellschaften in Deutschland durch einen unbegrenzten Zuzug von Muslimen über das „Asyl" nicht weiter befördert wird, denn durch eine Zunahme der Zahl der Muslime und den wachsenden Einfluss des Islams werden viele Anstrengungen von Menschen muslimischer Herkunft zunichte gemacht, sich der Kultur und den Werten dieses Landes anzupassen. Damit wird das friedliche Zusammenleben in Deutschland aufs Spiel gesetzt.

Es sind nicht nur die AfD und „rechte" Kreise, die vor einer Islamisierung warnen. Viele Publizisten und Theologen versuchen, die Menschen in Europa über den Islam aufzuklären und sie wachzurütteln. Zu ihnen gehören Sabatina James, Hamed-Abdel Samad, Thilo Sarrazin, Douglas Murray und Laila Mirzo. Insbesondere hier lebende Menschen mit muslimischem Hintergrund warnen vor einem wachsenden Einfluss des Islam. Bereits im Jahr 2002 schrieb der emeritierte Göttinger Soziologieprofessor Bassam Tibi:

> Wer sich in der Islam-Diaspora Europas auskennt, weiß, dass nicht nur die Islamisten von einem islamischen, von der Scharia beherrschten Europa träumen; auch orthodoxe Moslems tun dies und rechnen Europa durch demographische Islamisierung durch Migration zum Dar al-Islam/Haus des Islam.[129]

Das Problem ist also nicht so sehr, dass es an Aufklärern mangelt, sondern vielmehr, dass die Problematik der Islamisierung von Politik und Medien entweder verschwiegen oder verharmlost wird, und dass Warner als „islamophob", „Hetzer", „Spalter", „Brandstifter"

---

129 „Europa droht eine Islamisierung";
https://www.welt.de/print-welt/article391253/Europa-droht-eine-Islamisierung.html

oder „Angstmacher" diffamiert werden, um sie zum Schweigen zu bringen. Nach Mirzo ist die Islamisierung Europas jedoch „keine Frage des Ob, sondern eine Frage des Wann".[130] Worin zeigt sich aktuell die Islamisierung in Deutschland?

Grundzüge der Islamisierung

Gab es noch Mitte des 20. Jahrhunderts kaum einen nennenswerten Bevölkerungsanteil von Muslimen in Deutschland, ist dieser in der zweiten Hälfte des 20. Jahrhunderts durch Zuwanderung ständig gewachsen. 2015 wurde die Anzahl der muslimischen Menschen auf 4,4 bis 4,7 Millionen geschätzt, das entsprach einem Anteil von 5,4 bis 5,7 % der Bevölkerung.[131] In der Zwischenzeit dürfte sich durch die Zuwanderung nach der Öffnung der Grenzen in 2015 der Bevölkerungsanteil stark erhöht haben. Eine Studie des Pew Research Center geht für den Fall, dass die Zuwanderung im Ausmaß der Jahre 2014 bis 2016 weiterhin erhalten bleibt, davon aus, dass der muslimische Bevölkerungsanteil in Deutschland sich bis 2050 auf knapp 20 Prozent erhöhen wird. Selbst bei einer „mittleren Zuwanderung" würde sich der Anteil in etwa verdoppeln.[132] Dafür ist nicht nur die Zuwanderung selbst verantwortlich. Auch ohne weitere Zuwanderung würde der muslimische Bevölkerungsanteil weiter

---

130 „Islamisierung ist keine Frage des Ob, sondern eine Frage des Wann"; https://www.cicero.de/kultur/islam-kritik-islamisierung-laila-mirzo-scharia-dschihad-thilo-sarrazin-metoo-erdogan-tuerkei
131 „Wie viele Muslime leben in Deutschland?"; https://www.bamf.de/SharedDocs/Anlagen/DE/Forschung/WorkingPapers/wp71-zahl-muslime-deutschland.html?nn=283560
132 „In einem Szenario verdoppelt sich die Zahl der Muslime bis 2050"; https://www.welt.de/politik/deutschland/article171103437/In-einem-Szenario-verdoppelt-sich-die-Zahl-der-Muslime-bis-2050.html

steigen, weil die bisher zugewanderten Muslime im Durchschnitt deutlich jünger sind als die einheimische Bevölkerung und eine höhere Geburtenrate aufweisen.

Betrachtet man die regionale Verteilung des muslimischen Bevölkerungsanteils in Deutschland, so stellt man fest, dass es Schwerpunkte muslimischer Zuwanderung insbesondere in Westdeutschland gibt. Muslime wohnen vorzugsweise in Städten und unter ihresgleichen. Die Ghettoisierung begünstigt die Entstehung von Parallelgesellschaften, die nach eigenen Regeln funktionieren. Besonders in den Schwerpunkten muslimischer Zuwanderung in der Rhein-Ruhr-Region, im Rhein-Main-Gebiet oder im Württembergischen Kernraum ist der Anteil von Kindern mit Migrationshintergrund in Schulen bereits jetzt so hoch, dass in vielen Klassen Schüler ohne Migrationshintergrund in der Minderheit sind.[133]

Die quantitative Stärke in bestimmten Ballungsgebieten und Städten führt auch zu einer qualitativen Veränderung. Ab einem bestimmten Bevölkerungsanteil ist das verstärkte Streben nach Präsenz in der Öffentlichkeit festzustellen: Fastenbrechen und Gebete im öffentlichen Raum, das Tragen des Kopftuches bei immer jüngeren Mädchen, das Streben nach Errichtung repräsentativer Moscheen, die dann auch über Minarette verfügen sollen. Diese Minarette sind Herrschaftssymbole, und der angestrebte Muezzinruf verkündet mit dem „Allahu akbar" den Herrschaftsanspruch: Allah ist am größten. Der Bau von Moscheen wird häufig durch finanzielle Unterstützung aus dem muslimischen Ausland gefördert. Saudi-Arabien erklärte sich zum Bau von 200 Moscheen in Deutschland bereit, verweigerte

---

133 Vgl. „Anteil der Schülerinnen und Schüler mit Zuwanderungsgeschichte in NRW auf 36,9 Prozent gestiegen";
https://www.it.nrw/anteil-der-schuelerinnen-und-schueler-mit-zuwanderungsgeschichte-nrw-auf-369-prozent-gestiegen-97016

aber die Aufnahme von syrischen Glaubens- und Stammesbrüdern, die vor dem Krieg in ihrem Heimatland flohen.[134] Die Zielsetzung dieser Politik ist offensichtlich: Die Ausbreitung des Islam im christlich geprägten Abendland. Die angestrebte Ausdehnung des muslimischen Einflusses in der Gesellschaft wird unterstützt von dem Versuch von Interessensverbänden, politisch Einfluss zu nehmen, häufig gefördert von Organisationen aus den Herkunftsländern wie beispielsweise der DITIB. Diese ist mittlerweile zum verlängerten Arm des türkischen Machthabers Erdogan geworden, der sich nicht einmal mehr bemüht, seine islamistische Gesinnung zu verbergen.[135]

Ein weiteres Mittel der Islamisierung ist die Einforderung von Gleichbehandlung für den Islam oder die islamische Lebensweise mit dem Christentum. So wird etwa versucht, Forderungen nach islamischem Religionsunterricht oder nach der Anerkennung als Religionsgemeinschaft zu untermauern, frei nach dem Motto „Wir wollen so behandelt werden wie das Christentum". Begründet wird diese Forderung oft mit dem Hinweis auf das Recht der Religionsfreiheit im Grundgesetz. In unserer Gesellschaft, die kaum mehr in der Lage ist, zwischen Minderheitenrechten, Gleichberechtigung, Gleichstellung und Gleichheit zu unterscheiden, treffen diese Forderungen kaum mehr auf die Fähigkeit, diese Anspruchshaltung überhaupt zu überprüfen. Haben Muslime (oder Buddhisten oder

---

134 „Die arabische Halbinsel schottet sich ab";
   https://www.faz.net/aktuell/politik/fluechtlingskrise/die-golfstaaten-schotten-sich-gegenueber-fluechtlingen-ab-13789932.html
135 Bekannt ist sein Ausspruch (nach einem Gedicht von Ziya Gökalp): „Die Demokratie ist nur der Zug, auf den wir aufspringen, bis wir am Ziel sind. Die Moscheen sind unsere Kasernen, die Minarette unsere Bajonette, die Moscheekuppeln unsere Helme und die Gläubigen unsere Soldaten.". Vgl. „Recep Tayyip Erdogan: Der Islamist als Modernisierer";
   https://www.welt.de/debatte/kommentare/article6068757/Recep-Tayyip-Erdogan-Der-Islamist-als-Modernisierer.html

Sikhs) in Deutschland einen Anspruch auf Gleichbehandlung mit dem Christentum? Was sagt das Grundgesetz wirklich dazu? Artikel 4 GG regelt die Religionsausübung folgendermaßen:

(1) Die Freiheit des Glaubens, des Gewissens und die Freiheit des religiösen und weltanschaulichen Bekenntnisses sind unverletzlich.

(2) Die ungestörte Religionsausübung wird gewährleistet.

Jeder Mensch darf also glauben, was er will, und seine Religion ungestört ausüben. Ein Anspruch auf Gleichbehandlung aller Religionen findet sich im Grundgesetz jedoch nicht. Für jedes Recht gilt ferner, dass es in den Rechten anderer seine Grenze findet. Artikel 4 GG ist also keineswegs ein „Supergrundrecht", das über anderen steht. Es kann mit anderen Rechten im Konflikt stehen, was dann eine Abwägung erfordert.

Oft sind es jedoch noch nicht einmal Muslime selbst, die die Islamisierung vorantreiben. Ein gutes Beispiel hierfür ist die Glaubensregel im Islam, kein Schweinefleisch essen zu dürfen. Manchen reicht es dann nicht aus, dass Gerichte mit Schweinefleisch klar gekennzeichnet werden und darüber hinaus in Kindergärten und Schulen eine schweinefleischfreie Alternative angeboten wird. Vielmehr wird gefordert, dass Schweinefleisch aus der Kindertagesstätte oder der Schulmensa komplett verbannt wird. Gerade hier ist jedoch sehr gut beobachtbar, dass die Entwicklung nicht deswegen so rasant voranschreitet, weil Muslime ihre Forderungen so unnachgiebig vertreten würden. Oft ist es die Mehrheitsgesellschaft selbst, die aus eigenem Antrieb, in vorauseilendem Gehorsam, sich dem nicht geäußerten, aber erwarteten Wunsch unterwirft. Besonders eklatant ist es, wenn in Schulen, Gerichten, Verwaltungsgebäuden und sogar in kirchlichen Räumen Kreuze entfernt werden, weil sich Muslime daran stören könnten.[136] Wenn diese Selbstbeschneidung auf Kritik stößt, wird oft westlich-moralisch argumentiert: Man müsse doch Rücksicht auf die Gefühle der Muslime nehmen und sensibel mit kultureller Divergenz umgehen (was allerdings nur in einer Richtung gefordert wird). Dieses Verhalten wird in der muslimischen Kultur häufig als Schwäche ausgelegt und führt seinerseits zu neuen Forderungen nach Anpassung und Veränderung.

Worin liegt dieses devote Verhalten weiter Teile der Mehrheitsgesellschaft begründet? Die Verachtung des Eigenen, solange es stark ist, ist tief im linken Denken verwurzelt. Auf dieser Basis können Vertreter des Multikulturalismus und des Islam jegliche kritische Haltung zum Islam tabuisieren. Wer dennoch kritisiert oder auch nur die Aufgabe der eigenen Position verweigert, muss mit Ausgrenzung oder Schlimmerem rechnen. Faktisch gehen linke Multikulturalisten hier oft sogar rabiater vor als nach Ausbreitung des Islam trachtende Muslime.

Hinzu kommt in weiten Teilen der Bevölkerung eine latente Angst vor Moslems. Das Wissen um die radikalen Reaktionen auf islamkritische Werke (und seien es nur Karikaturen) haben ihre Spuren hinterlassen. Nehmen wir noch einmal ein Beispiel aus Großbritannien. Nachdem der englisch Schriftsteller Salman Rushdie 1988 seine „Satanischen Verse" veröffentlicht hatte, erließ kurze Zeit später der damalige iranische Staatschef Chomeini eine Fatwa (ein islamisches Rechtsurteil), in der er Rushdie zum Tode verurteilte. Gleichzeitig wurde ein Kopfgeld von einer Million Dollar ausgelobt. Dieses wurde seitdem schrittweise auf vier Millionen Dollar erhöht. Rushdie musste untertauchen und an wechselnden Orten

---

136 „König David tanzte auch";
   https://www.stuttgarter-zeitung.de/inhalt.interview-zum-hospitalhof-in-stuttgart-man-weiss-auch-ohne-kreuz-wo-man-ist-page1.9cfd41e4-0152-4f8c-8ba4-cd716a61d6a1.html

unter Polizeischutz leben. Auf Verlage, die seine Bücher publizieren, wurden Anschläge verübt; einer seiner Übersetzer wurde ermordet. Rushdie hat bis heute überlebt, doch die Wirkung dieses Falls ist tiefer. Der Publizist Douglas Murray beschreibt dies so: „Dank der Schutzmaßnahmen der britischen Regierung hat Rushdie überlebt, aber ... das Verlagswesen und die Gesellschaft als Ganzes internalisierten die Fatwa."[137] Auch in Deutschland reicht die Angst bis hinein in die Komiker- und Kabarettszene, wenn auch nur wenige (wie der Komiker Jürgen von der Lippe) sich trauen, dies zuzugeben.[138]

Neben diesen großen Linien (mit den Stichworten quantitative Ausbreitung, Anspruchshaltung, vorauseilender Gehorsam der Mehrheitsgesellschaft, linke Verachtung des Eigenen und Angst der Nicht-Muslime vor Muslimen) findet Islamisierung in vielen kleinen Schritten statt.[139] Dies beginnt bei der Abschaffung bzw. Umbenennung von Sankt-Martins-Umzügen in Kindergärten und Schulen, der Einrichtung einer „islamkonformen Schwimmmöglichkeit" in Schwimmbädern[140] (oder gleich der Idee, ein Schwimmbad nur für Muslime zu bauen)[141], der Forderung, während des Ramadan keine Prüfungen in Schulen abzuhalten, und der Relativierung von

---

137 Murray, Douglas. 2018. *Der Selbstmord Europas: Immigration, Identität, Islam.* München: Finanzbuch-Verlag, 143.
138 „Das würde ich mich wohl nicht trauen";
https://www.spiegel.de/panorama/leute/juergen-von-der-lippe-macht-keine-witze-ueber-den-islam-nicht-genug-eingelesen-a-1246620.html
139 Vgl. z. B. Kraus, Josef. 2016. *50 Jahre Umerziehung: Die 68er und ihre Hinterlassenschaften.* Lüdinghausen: Manuskriptum, 151-159.
140 „'Schwimmen ist Teilhabe'";
https://www.zeit.de/gesellschaft/zeitgeschehen/2018-05/islam-debatte-was-serlandbad-toleranz-kritik-bonn
141 „'Ist eine Marktlücke': Frankfurter will Schwimmbad nur für Muslime bauen";
https://www.focus.de/panorama/welt/stadt-sieht-keine-notwendigkeit-ist-eine-marktluecke-frankfurter-will-schwimmbad-nur-fuer-muslime-bauen_id_11367369.html

islamischem Antisemitismus seitens der Politik und der Medien und reicht bis zu „kultursensiblen" Gerichtsurteilen[142].

Die Haltung der AfD

Wie ist nun die Haltung der AfD zum Islam vor diesem Hintergrund? Gemäß unserem Grundsatzprogramm bekennen wir uns uneingeschränkt zur Glaubens-, Gewissens- und Bekenntnisfreiheit (S. 95-99). Wir fordern jedoch, der Religionsausübung durch die staatlichen Gesetze, die Menschenrechte und unsere Werte Schranken zu setzen. Einer islamischen Glaubenspraxis, die sich gegen die freiheitlich-demokratische Grundordnung, unsere Gesetze und gegen die jüdisch-christlichen und humanistischen Grundlagen unserer Kultur richtet, tritt die AfD klar entgegen.

Die AfD fordert, verfassungsfeindlichen Vereinen den Bau und Betrieb von Moscheen zu untersagen wegen der Gefahr, dass die dort verbreitete Lehre zu politisch-religiöser Radikalisierung führt. Die Finanzierung des Baus und Betriebs von Moscheen durch islamische Staaten oder ausländische Geldgeber bzw. ihre Mittelsmänner soll unterbunden werden. Die wachsende Einflussnahme des islamischen Auslands ist mit dem freiheitlichen Verfassungsstaat und der Integration von hier lebenden Muslimen nicht vereinbar. Das Minarett lehnt die AfD als islamisches Herrschaftssymbol ebenso ab wie den Muezzinruf. Beide stehen im Widerspruch zu einem toleranten Nebeneinander der Religionen, wie es die christlichen Kirchen in der Moderne praktizieren.

---

142 Siehe z. B. „Cottbus: Bestialischer Ehrenmord – Richter gibt Milde-Urteil wegen ‚muslimischem Glauben'";
https://www.epochtimes.de/politik/deutschland/cottbus-mann-toetete-ehefrau-bestialisch-gericht-spricht-milde-urteil-wegen-muslimischem-glauben-taeter-berief-sich-auf-koran-a2141218.html

Die AfD fordert ein allgemeines Verbot der Vollverschleierung in der Öffentlichkeit und im öffentlichen Dienst. Burka oder Niqab errichten eine Barriere zwischen der Trägerin und ihrer Umwelt und erschweren damit die kulturelle Integration und das Zusammenleben in der Gesellschaft. Nach einem Urteil des Europäischen Gerichtshofs ist solch ein Verbot rechtmäßig. Im öffentlichen Dienst soll in Anlehnung an das französische Modell kein Kopftuch getragen werden, in Bildungseinrichtungen weder von Lehrerinnen noch Schülerinnen. Das Kopftuch als religiös-politisches Zeichen der Unterordnung von muslimischen Frauen unter den Mann widerspricht der Gleichberechtigung von Frauen und Mädchen sowie der freien Entfaltung der Persönlichkeit und behindert die Integration. Generell gilt: Einwanderer, seien sie Muslime oder nicht, müssen sich den Werten des Aufnahmelandes anpassen und nicht umgekehrt. Integration ist nach unserer festen Überzeugung eine Bringschuld.

Christenverfolgung

Die Anhänger keiner anderen Weltreligion leiden so stark unter Verfolgung wie die Christen. Mittlerweile werden etwa 250 Millionen christliche Männer, Frauen und Kinder verfolgt.[143] Drei von vier um des Glaubens willen Verfolgte sind Christen. Ein hilfreiches Werkzeug für eine erste Näherung an das Phänomen der Christenverfolgung ist der Weltverfolgungsindex der Organisation Open Doors. Er klassifiziert die Art und den Grad der Christenverfolgung weltweit.[144]

---

143 Vgl. „Christenverfolgung weltweit";
     https://www.opendoors.de/christenverfolgung oder „Budapest: Orban eröffnete KonferenzüberChristenverfolgung";https://www.tagesstimme.com/2019/11/27/
     budapest-orban-eroeffnete-konferenz-ueber-christenverfolgung/
144 http://www.opendoors.ch/index

Ungarns Staatssekretär für die Hilfe für verfolgte Christen, Tristan Azbej, sagte bei seiner Rede zum Auftakt der dreitägigen „Internationalen Konferenz zur Christenverfolgung" im November 2019 in Budapest: „Wir haben 245 Millionen Gründe, uns hier zu versammeln: So viele Menschen werden wegen ihres christlichen Glaubens täglich verfolgt". Christenverfolgung sei die „am meisten vernachlässigte menschenrechtliche und zivilisatorische Krise unserer Zeit".[145] In der Tat ist Christenverfolgung außerhalb (und oft sogar innerhalb) der Kirchentüren ein Nicht-Thema.

Oft denken wir beim Stichwort „Christenverfolgung" hauptsächlich an Christen in muslimischen oder kommunistischen Ländern. Doch auch in vielen Teilen Europas wächst die Diskriminierung von Christen rasant. Dies wird jedoch oft von der vermeintlichen zahlenmäßigen Mehrheit der Christen in der Gesamtbevölkerung verdeckt. Viele Zeitgenossen meinen, nur numerische Minderheiten könnten Diskriminierung erleiden. Dem ist nicht so. Der ehemalige Sekretär und nunmehr Kurienerzbischof Georg Gänswein schreibt:

> Tatsächlich sind ... praktizierende Christen, die ihren Glauben ernst nehmen und ihn zum Beispiel durch regelmäßigen Gottesdienstbesuch bekennen, eine kleine und eine immer kleiner werdende Gruppe. Gleichzeitig herrscht bei vielen Christen ... die Meinung vor, man müsse aus Toleranz, vielleicht sogar Nächstenliebe, Blasphemie und Spott aushalten. So richtig es ist, dass Christen bei ihrem Protest gegen die Verhöhnung des Glaubens nicht Gewalt androhen und nicht Gewalt anwenden, so falsch scheint es doch, grundsätzlich zu schweigen und einfach wegzuschauen.[146]

---

145 https://www.tagesstimme.com/2019/11/27/budapest-orban-eroeffnete-konferenz-ueber-christenverfolgung/
146 Gänswein, Georg. 2017. „Wehret den Anfängen!": Christen in Bedrängnis. In Thomas Schirrmacher und Max Klingberg (Hg.). *Jahrbuch Verfolgung und*

Wenn „ein Jesusbild im Theater mit Kot beschmiert oder, wie auf dem Titelblatt eines französischen Heftes geschehen, die Personen der göttlichen Dreifaltigkeit in einem homosexuellen Akt dargestellt werden"[147], bleibt die öffentliche und laute Kritik – auch von Christen – meistens aus.

Die in Wien ansässige Dokumentationsstelle *Observatory on Intolerance and Discrimination against Christians in Europe*[148] hat bis zum Jahr 2017 bereits „41 Gesetze dokumentiert, welche die christliche Religionsfreiheit einschränken" – in Europa.[149] Auch dies wird von den vielen vermeintlich christlich orientierten Politikern und Personen des öffentlichen Lebens oft stillschweigend hingenommen. Ein Schlag gegen das christliche Menschen- und Familienbild war z. B. das vom Gerichtshof der Europäischen Union erlassene Urteil vom 5. Juni 2018: Auch jene EU-Mitgliedstaaten, die die Ehe als exklusive Vereinigung zwischen einem Mann und einer Frau definieren, müssen in einem anderen EU-Staat geschlossene „gleichgeschlechtliche Partnerschaften und Ehen" auf ihrem eigenen Staatsgebiet anerkennen. So muss beispielsweise Kroatien eine in der Bundesrepublik Deutschland geschlossene „gleichgeschlechtliche Ehe" anerkennen, obwohl die kroatischen Bürger in einer Volksabstimmung 2013 die Ehe als „Verbindung zwischen einer Frau und einem Mann" definiert und verfassungsgesetzlich verankert haben.[150]

Diskriminierung von Christen 2017. Bonn: Verlag für Kultur und Wissenschaft, 33-41: 36.

147 Ebd., Seite 34.

148 Vgl. intoleranceagainstchristians.eu/

149 Gänswein, Georg. 2017. „Wehret den Anfängen!": Christen in Bedrängnis. In Thomas Schirrmacher und Max Klingberg (Hg.). *Jahrbuch Verfolgung und Diskriminierung von Christen 2017.* Bonn: Verlag für Kultur und Wissenschaft, 33-41: 36.

150 Vgl. „Die Ehe ist wichtig für das kroatische Volk"; https://www.freiewelt.net/interview/die-ehe-ist-wichtig-fuer-das-kroatische-volk-10018325/

Übergriffe auf Kirchen in Deutschland

Anzeichen für ungemütlichere Zeiten für bekennende Christen gibt es auch in der Bundesrepublik Deutschland genügend – Brandstiftung, Graffiti, Beschmierungen und andere Sachbeschädigungen an Kirchen und Kapellen sind mittlerweile verbreitete Phänomene. Im Folgenden listen wir eine kleine Auswahl von Fällen auf, die bei dem *Observatory on Intolerance and discrimination against Christians in Europe* für nur einen Monat (April 2019) gemeldet wurden. Die Auswahl zeigt, dass es häufig nicht um einfachen Diebstahl (z. B. von Spendengeldern) geht, sondern dass Kirchen für das, wofür sie stehen, angegriffen werden. Die Dunkelziffer nicht gemeldeter Fälle dürfte die Zahl der gemeldeten Fälle noch um ein Vielfaches übersteigen.

- 5. April 2019: Ein weiterer von mehreren gemeldeten Vandalismusfällen in und um die Sankt-Johannes-Kirche in Bösensell (Kreis Coesfeld bei Münster): Eine Fensterscheibe wurde zerschlagen, Wachs auf den Altar gegossen, Blitzableiter wurden von der Fassade der Kirche gerissen, mit Werkzeugen wurden Opferstöcke und Behälter für Gebetsanliegen aufgebrochen, Broschüren, Gebetsbücher und Teelichter wurden in der Kirche verteilt, auch im Weihwasserbecken. Glasflaschen mit Weihwasser wurden zertrümmert.[151]

- In der Nacht vom 6. auf den 7. April verunstalteten unbekannte Vandalen die Eingangstüre der Kirche zum Heiligen Josef/Kinderhaus bei Münster.[152]

---

151 „Nicht nur fremdes Eigentum, auch der Glaube wird verletzt";
  https://www.wn.de/Muensterland/Kreis-Coesfeld/Senden/3727453-Vandalismus-an-St.-Johannes-Kirche-Nicht-nur-fremdes-Eigentum-auch-der-Glaube-wird-verletzt
152 „Sprayer verunstalten Kirchen-Tür - Zeugen gesucht";
  https://www.presseportal.de/blaulicht/pm/11187/4239882

- 10.04.2019: Die Toilette vom Pfarrsaal der Pfarrgemeinde Sankt Leodegar in Oberschopfheim wurde vollkommen zerstört. Unbekannte hatten sich Zutritt verschafft und dort gewütet. Der Schaden beträgt mehrere Tausend Euro.[153]

- 11.04.2019: Unbekannte zündeten in der Kirche in Nienborg (Münsterland) eine ausliegende Publikation an und beschädigten ein Altartuch mit Kerzenwachs.[154]

- 14.04.2019: Durch Einschlagen einer Scheibe zur Nebensakristei der Kirche in Herne-Baukau gelangten Kriminelle ins Innere der Kirche. Gewaltsam rissen sie einen Kollekte-Behälter von der Wand; einen weiteren zerstörten die Täter und entnahmen das darin befindliche Geld. Darüber hinaus wurden auch mehrere Schränke aufgebrochen.[155]

- 14.04.2019 Unbekannte verwüsteten die Herz-Jesu-Kirche in Dillenburg. Sie beschädigten eine Weihwasserschale und Kerzen und verstreuten Blätter auf dem Boden.[156]

- 20.04.2019: Unbekannte Täter drangen durch Einschlagen einer Fensterscheibe in den Gemeinderaum der Herz-Jesu-Kirchengemeinde in Ennepetal ein. Nach bisherigen Erkenntnissen wurde nichts entwendet.[157]

---

153 „Vandalen wüten im Gemeindehaus";
https://www.lahrer-zeitung.de/inhalt.friesenheim-vandalen-wueten-im-gemeindehaus.271a2bd6-5850-4838-8b77-3a05c772ef2c.html
154 „In Kirche Heft angezündet";
https://www.presseportal.de/blaulicht/pm/24843/4243126
155 „Unbekannte brechen in Kirche ein - Zeugen gesucht!";
https://www.presseportal.de/blaulicht/pm/11530/4247155
156 „Vandalen in der Kirche";
https://www.presseportal.de/blaulicht/pm/56920/4246571
157 „Ennepetal – Einbruch in Kirche";
https://www.presseportal.de/blaulicht/pm/12726/4252025

- 21.04.2019: Irgendwann zwischen dem 21. und 24. April schlugen unbekannte Täter neun Fenster einer Kirche in Wilhelmshaven ein und stahlen den Spendenerlös aus dem Inneren der Kirche.[158]

- 24.04.2019: Die Polizei evakuierte die Lutherkirche im Stuttgarter Stadtteil Bad Cannstatt, kurz bevor um 19 Uhr ein Gedenkgottesdienst zum Jahrestag des Völkermords an den Armeniern stattfinden sollte. Der Pastor der armenischen christlichen Gemeinde berichtete, dass er von der Polizei aufgrund einer anonymen Bombendrohung die Aufforderung erhalten habe, die Kirche zu räumen. Die Polizei riegelte ein größeres Gebiet um die Kirche ab und beschäftigte bis spät in die Nacht Spezialeinheiten. Sprengstoffspürhunde wurden eingesetzt. Ein Polizeisprecher sprach von einer „Bedrohungssituation".[159]

- 29.04.2019: Unbekannte Diebe brachen in eine Kirche am Luisenring in Mannheim ein. Nach Angaben der Polizei erhielten die Täter durch ein Fenster Zugang zur Kirche. Sie durchsuchten die Kirche und die Sakristei. Türen und Behältnisse wurden mit roher Gewalt aufgebrochen, was zu Sachschäden von rund 10.000 Euro im gesamten Gebäude führte.[160]

---

158 „Windows Damaged and Donations Stolen from Lower Saxony Chruch";
https://www.intoleranceagainstchristians.eu/index.php?id=12&case=2852
159 „Bombendrohung bei Völkermord-Gedenken";
https://www.zvw.de/inhalt.bad-cannstatt-bombendrohung-bei-armenier-gedenken.226eaacc-318b-4e44-844e-efe5058f4411.html
und „Gedenkveranstaltung an den Genozid an Armeniern konnte aufgrund einer Bombendrohung nicht stattfinden";
https://ostkirchen.info/gedenkveranstaltung-an-den-genozid-an-armeniern-konnte-aufgrund-einer-bombendrohung-nicht-stattfinden/
160 „Einbrecher suchen Kirche heim";
https://www.rnz.de/nachrichten/mannheim_artikel,-mannheim-einbrecher-suchen-kirche-heim-_arid,437167.html

Übergriffe auf christliche Asylbewerber

Ein weiteres aktuelles Problem stellt die Verfolgung christlicher Flüchtlinge und Einwanderer in Asylbewerberunterkünften dar. Wie OpenDoors Deutschland, die Aktion für verfolgte Christen und Notleidende, die Europäische Missionsgemeinschaft sowie der Zentralrat Orientalischer Christen in Deutschland bei einer gemeinsamen Erhebung feststellten, ist „die Vielzahl neu erfasster Übergriffe ... ein bundesweites Problem", bei dem die von ihnen erfassten 743 Asylbewerber nur die Spitze des Eisbergs sind:

> Von 743 Betroffenen berichten 617 (83 Prozent) von mehrfachen Übergriffen, 314 (42 %) von Todesdrohungen, 416 (56 %) von Körperverletzungen, 44 (6 %) von sexuellen Übergriffen. Die Übergriffe gingen zu 91 % (674) von muslimischen Mitflüchtlingen aus, zu 28 % (205) von muslimischem Wachpersonal und zu 34 % (254) von anderen Personen. Bei den Übergriffen waren oft auch mehrere Personen beteiligt. Mangelnde Hilfe seitens Wachdienste, Heimleitung sowie Behörden verschärfte nicht selten die Situation der Betroffenen.[161]

Diskriminierung von Christen wegen „Intoleranz" und „Hassrede"

Hass auf Christen zeigt sich aber nicht nur in Gewalttaten gegen Gebäude oder Personen, sondern auch in einer subtileren Form. Marco Gallina, ein italienischer Blogger und Kommentator, schreibt:

---

161 „Übergriffe in Asylunterkünften – 743 religiös motivierte Übergriffe auf christliche Flüchtlinge";
https://www.opendoors.ch/news/ubergriffe-asylunterkunften-743-religios-motivierte-ubergriffe-auf-christliche-fluchtlinge

Sie [die subtilere Form des Christenhasses] spricht von Hate-speech und wendet diese selbst gegen ihre Opfer an. Sie beklagt die Intoleranz der Christen, wenn diese die LGBT-Lobby kritisieren. Sie isoliert christliche Studenten und Abtreibungsgegner. Sie setzt christliche Kandidaten von der Liste ab, weil sie sich nicht auf den Zeitgeist, sondern auf das Evangelium berufen. ... Der säkulare Staat führt einen Krieg gegen Elternrechte. Er engt den Korridor christlicher Meinungen ein, wenn diese Minderheitenrechte verletzt. Die Erben der Französischen Revolution dulden das Christentum nur als zahnlosen Chihuahua.[162]

Derartige Beschneidungen von Meinungs- und Redefreiheit auf der Basis von „Hassrede- und Antidiskriminierungsgesetzen" nehmen in vielen europäischen Staaten stark zu. Ein jüngeres Beispiel ist Päivi Räsänen, Abgeordnete im finnischen Parlament. Um gegen die Ankündigung der Lutherischen Kirche Finnlands, offizieller Partner des LGBTI-Events „Helsinki Pride" zu werden, zu protestieren, postete sie am 17. Juni 2019 ein Foto auf Twitter mit den Versen 24-27 aus dem ersten Kapitel des Römerbriefes, in denen gleichgeschlechtliche Beziehungen als „schamlos" bezeichnet werden. Darunter schrieb sie: „Wie passt es mit der Grundlage der Kirche, der Bibel, zusammen, Schande und Sünde zum Stolz zu erheben?"[163] Die finnische Polizei nahm die Ermittlungen gegen Räsänen auf. Die Politikerin erklärte, dass sie nicht glaube, dass der Fall zur Staatsanwaltschaft gehen würde. „Ich bin jedoch besorgt, wenn Bibelzitate auch nur für ‚einigermaßen' illegal gehalten

---

162 „Kommentar: Christen im Fadenkreuz";
    https://www.die-tagespost.de/kirche-aktuell/aktuell/Kommentar-Christen-im-Fadenkreuz;art4874,203182
163 „Finnische Politikerin: Polizei ermittelt wegen Bibelzitat";
    https://www.pro-medienmagazin.de/politik/finnische-politikerin-polizei-ermittelt-wegen-bibelzitat/

werden. Ich hoffe, dass dies nicht zur Selbstzensur unter Christen führen wird."

Wie aber sollen Christen mit der Einschränkung des Meinungskorridors umgehen? Der Theologe Dr. Martin Mayerhofer hält fest, dass Christen den „Zensurversuchen, die mit Begriffen wie ‚Fake News' und ‚Hassrede' Deutungshoheit über das Zulassen oder Verbot bestimmter Meinungen strafrechtlich durchzusetzen versuchen, nachdrücklich widersprechen" müssen.[164] Dass in der Umdeutung von persönlichen Meinungen und Einstellungen in eine Hassrede eine massive Einschränkung der Meinungsfreiheit liegt, ist offensichtlich. Gegen diese besonders perfide Form der Politischen Korrektheit wendet sich die AfD als freiheitliche Partei mit aller Deutlichkeit.

Das Paradoxon der Christenverfolgung

Wie kann es sein, dass Christen als Gläubige einer Religion, in der Frieden, Nächstenliebe und Vergebung einen so hohen Stellenwert einnehmen, weltweit dermaßen unter Druck sind? Jesus selbst gibt die Antwort: „Denkt an das, was ich euch gesagt habe: ‚Ein Diener ist nicht größer als sein Herr.' Wenn sie mich verfolgt haben, werden sie auch euch verfolgen. Wenn sie auf mein Wort gehört haben, werden sie auch auf das eure hören." (Johannes 15,20) An vielen weiteren Stellen in der Bibel wird auf die Möglichkeit oder sogar Unausweichlichkeit von Verfolgung hingewiesen.[165] Gläubige Christen sind Nachfolger (oder „Jünger") Jesu. Jünger müssen mit Widerstand, ja Feindschaft rechnen.

Die Bibel belegt also klar, wie Verfolgung bis zu einem gewissen Grad zum Christsein dazugehört. Die Nachfolge Christi erforderte

---

164 https://www.khg.wien/news/wahlleitfaden
165 Z. B. Lukas 21, 12-19; 2. Timotheus 3,12; Hebräer 10,34.

schon immer einen hohen Preis (vgl. Lukas 14,25-33). Märtyrer, die Blutzeugen der Kirche Jesu Christi, gab es zu jeder Zeit. Schon der Kirchenvater Tertullian sagte: „Das Blut der Märtyrer ist der Same der Kirche." Dieses Bewusstsein, dass zur Christusnachfolge immer auch Leiden gehören, schreckte die Gläubigen aber nicht von der Nachfolge ab. Verfolgte Christen stärkten sich stets durch das Vorbild der Märtyrer und trösteten sich durch die vielen Verheißungen der Heiligen Schrift. So wurden die Leiden zum Unterpfand, zum Vorzeichen für die künftige Herrlichkeit. Alles Leid ist eine vorübergehende Last, die sich später in ewiger Herrlichkeit beim Herrn entfaltet. „Denn ich bin überzeugt, dass dieser Zeit Leiden nicht ins Gewicht fallen gegenüber der Herrlichkeit, die an uns offenbart werden soll", schreibt Paulus (Römer 8,18).

Die Unausweichlichkeit von Leiden im persönlichen Leben rechtfertigt diese aber nicht auf einer staatlichen Ebene. Wie wir im letzten Kapitel schon gesehen haben, berufen sich sowohl Jesus als auch Paulus auf das Recht, als ihnen Unrecht geschieht (Johannes 18,23; Apostelgeschichte 16, 35-39; Apostelgeschichte 22,22-30), und wir sollten uns für Gerechtigkeit auch in diesem Bereich einsetzen – sei es in fernen Ländern oder bei uns vor der Haustür.

Wir glauben, dass es wichtig ist, verfolgte und diskriminierte Christen im Kleinen wie im Großen zu unterstützen. Gebet, Informationsarbeit, Spenden und die politische Arbeit jedes Einzelnen – sei es durch Aktionen in der Gemeinde für verfolgte und diskriminierte Christen, das persönliche Wahlverhalten oder gesellschaftspolitische Arbeit auf höherer Ebene – sind notwendig, um den verfolgten und diskriminierten Christen zu helfen, seien sie in fernen Ländern oder hier in Europa. Nichtchristen müssen aufgefordert werden, Religionsfreiheit für alle Menschen zu gewährleisten, so wie dies in sämtlichen christlich geprägten Staaten der Fall sein sollte.

Die AfD im Bundestag und EU-Parlament zum Thema Christenverfolgung

Neben Reden und Anfragen im Bundestag und im Parlament der Europäischen Union – unter anderen von den AfD-Abgeordneten Jürgen Braun[166], Volker Münz[167] und Beatrix von Storch[168] – hat die AfD bereits mehrfach Anträge gegen Christenverfolgung eingebracht. In dem Antrag „Christenverfolgung stoppen und sanktionieren"[169] der AfD-Fraktion im Deutschen Bundestag hat die AfD die anderen Parteien im Bundestag und die Bundesregierung aufgefordert, alljährlich einen Bericht zur weltweiten Lage der Religions- und Weltanschauungsfreiheit zu erstellen, der insbesondere auf die Lage der christlichen Minderheiten eingeht. Ferner wurde die Bundesregierung in Bezug auf Staaten, in denen Christen diskriminiert und verfolgt werden, unter anderem aufgefordert,

- die Entwicklungshilfeleistungen zu kürzen,

- Finanztransaktionen einzuschränken,

- bestehende Handelsprivilegien, soweit vorhanden, abzuschaffen,

- die Ausstellung von Visa einzuschränken oder zu kontingentieren,

- politische Eliten zu sanktionieren, indem beispielsweise Einreiseverbote verhängt oder Konten eingefroren werden,

---

166 „Christenverfolgung bekämpfen - Jürgen Braun - AfD-Fraktion im Bundestag"; https://www.youtube.com/watch?v=Q5wXIYgT890

167 „AKTUELL : REDE VOLKER MÜNZ (AFD) AM 19.APRIL IM DEUTSCHEN BUNDESTAG IN BERLIN." https://www.youtube.com/watch?v=9RJvok3qr8E

168 „Beatrix von Storch (AfD): Das Thema Christenverfolgung muss nach ganz oben auf die Agenda"; https://www.youtube.com/watch?v=WiUz1rcRP9Q

169 Deutscher Bundestag, Drucksache 19/1698 vom 17.04.2018; dip21.bundestag.de/dip21/btd/19/016/1901698.pdf

- in der Entwicklungszusammenarbeit verstärkt die Lage von Christen zu berücksichtigen,

- Hilfsorganisationen, Kirchen und Missionswerken vor Ort die Unterstützung zu gewähren, die sie benötigen, und

- darauf zu achten, dass alle Länder den Zivilpakt der Vereinten Nationen nicht nur formal ratifizieren, sondern auch in die Praxis umsetzen.

Dieser Antrag der AfD-Fraktion wurde von allen anderen Fraktionen abgelehnt – auch von der CDU/CSU.

Erhaltung des Bargeldes

Bargeld ist Freiheit. Diese Erkenntnis geht zurück auf den großen russischen Schriftsteller Fjodor Dostojewski.[170] In seinen 1862 erschienenen „Aufzeichnungen aus einem Totenhaus" schildert er anhand eigener Erfahrungen während der Zeit seiner Verbannung von 1849 bis 1853 das Leben in einem sibirischen Gefangenenlager. Während Dostojewski die Bedeutung des Bargeldes für die Freiheit klar vor Augen stand, scheint dieses Bewusstsein heute weltweit im Schwinden zu sein. Bargeld und Freiheit sind heute in Gefahr.

In immer mehr Ländern kommt Bargeld aus der Mode. Schweden ist weltweit führend beim bargeldlosen Zahlungsverkehr. Nur noch 19 % aller Zahlungsvorgänge werden in bar abgewickelt.[171]

---

170 Eigentlich: „Geld ist geprägte Freiheit". Vgl. „Bargeld ist Freiheit"; https://www.faz.net/aktuell/wirtschaft/kommentar-bargeld-ist-frei-heit-14052753.html#void

171 „Wenn das WC-Geld nur noch per App bezahlt wird"; https://www.spiegel.de/wirtschaft/soziales/schweden-das-land-in-dem-das-bargeld-zunehmend-abgeschafft-wird-a-1231216.html

In Deutschland ist die Vorliebe für das Bargeld noch vergleichsweise groß, doch auch hier schwindet sie. Laut der letzten Erhebung der Deutschen Bundesbank zum Zahlungsverhalten der Deutschen ist Bargeld nach wie vor das am häufigsten genutzte Zahlungsinstrument, jedoch rückläufig: 2017 wurden 74 % der Transaktionen mit Banknoten und Münzen getätigt. Das entspricht einem Rückgang um fünf Prozentpunkte gegenüber der letzten Erhebung von 2014. Was den Umsatz angeht, ist der Bargeldanteil erstmals seit dem Beginn der Erhebungen auf unter 50 % gefallen. Der ermittelte Wert von knapp 48 % bedeutet im Vergleich zu 2014 einen Rückgang von sechs Prozentpunkten.[172]

Die Stimmen, die für eine vollständige Abschaffung des Bargeldes eintreten, mehren sich. Peter Bofinger, Ökonom und ehemaliges Mitglied im Sachverständigenrat zur Begutachtung der gesamtwirtschaftlichen Entwicklung, ist eine von ihnen. Bei den heutigen technischen Möglichkeiten, so Bofinger, würde das Bargeld einen „Anachronismus" darstellen. Mit der Abschaffung könnten die „Märkte für Schwarzarbeit und Drogen ausgetrocknet werden". Außerdem müsse verhindert werden, dass die Leitzinsen von Notenbanken weniger Durchschlagskraft haben, wenn Banken oder Verbraucher statt Guthaben Bargeld horten.[173] Auch Larry Summers, ehemaliger Chefökonom der Weltbank und US-Finanzminister im Kabinett Clinton, hält die Bargeldabschaffung für notwendig, weil trotz niedriger Zinsen mehr Geld gespart wird, als die Banken als

---

172 Deutsche Bundesbank: Zahlungsverhalten in Deutschland 2017 – Vierte Studie über die Verwendung von Bargeld und unbaren Zahlungsinstrumenten, 9; https://www.bundesbank.de/de/publikationen/berichte/studien/zahlungsverhalten-in-deutschland-2017-634056

173 „Wirtschaftsweiser Bofinger fordert Ende des Bargelds"; https://www.spiegel.de/wirtschaft/soziales/bargeld-peter-bofinger-will-muenzen-und-scheine-abschaffen-a-1033905.html

Kredite vergeben. Ausgleichen würden sich Angebot und Nachfrage nur bei einem Zinssatz von minus vier bis fünf Prozent. Erst dann würden die riesigen Ersparnisse der Bürger von den Konten weg in private und staatliche Investitionen gelenkt.[174]

Die deutsche Bundesregierung dementiert zwar, die Abschaffung des Bargelds als gesetzliches Zahlungsmittel anzustreben, wie aus der Antwort der Bundesregierung auf eine Große Anfrage der AfD-Bundestagsfraktion hervorgeht.[175] Die politisch-regulatorische Praxis spricht jedoch seit langem eine ganz andere Sprache. Auf EU-Ebene werden seit Jahren (auch mit deutscher Zustimmung) Einschränkungen des Zahlungsverkehrs mit Bargeld vorbereitet und verfügt. Zu nennen sind hier insbesondere der im Jahr 2016 gefasste Beschluss des Rates der Europäischen Zentralbank (EZB), die 500-Euro-Note abzuschaffen (inzwischen umgesetzt), sowie 2017 die Verschärfung der Ausweispflicht bei Barzahlungen per EU-Richtlinie. Außerdem fordern namhafte deutsche Politiker eine Obergrenze für Bargeschäfte. So plädierte Norbert Walter-Borjans, ehemaliger Finanzminister von Nordrhein-Westfalen und derzeitiger SPD-Vorsitzender, im Jahr 2015 für eine Bargeldbeschränkung auf 2.000 bis 3.000 Euro pro Geschäft.[176] Wolfgang Schäuble forderte als Bundesfinanzminister im Jahr 2016 eine Obergrenze von

---

174 „Ökonomen: Bargeld abschaffen!";
   https://www.deutschlandfunk.de/muenzen-und-scheine-in-der-kritik-oekonomen-bargeld.724.de.html?dram:article_id=335066
175 Deutscher Bundestag: Antwort der Bundesregierung auf eine Große Anfrage der AfD-Bundestagsfraktion, Drucksache 19/10144 vom 13.05.2019; http://dip21.bundestag.de/dip21/btd/19/101/1910144.pdf
176 „Walter-Borjans wird zum Bargeld-Schreck";
   https://www.handelsblatt.com/finanzen/vorsorge/altersvorsorge-sparen/nrw-finanzminister-walter-borjans-wird-zum-bargeld-schreck/12007440.html

5.000 EUR.[177] Bereits jetzt gibt es in zwölf EU-Mitgliedstaaten eine feste Bargeldobergrenze bei Transaktionen; in Italien und Frankreich sind Bargeldzahlungen über 1.000 EUR verboten.

Für Befürworter von Bargeldbeschränkungen ist der Kampf gegen Geldwäsche und Terrorfinanzierung ein Standardargument. Der am 4. Mai 2016 gefasste Beschluss des EZB-Rats zur Einstellung der Ausgabe von 500-Euro-Banknoten zum Ende des Jahres 2018 wird explizit damit begründet, dass die 500-Euro-Banknote „illegale Aktivitäten" erleichtern würde. Diese Begründung ist jedoch nicht überzeugend. Geldwäsche wird nicht dadurch bekämpft, dass man Geldscheine abschafft. Kriminelle werden weiterhin problemlos andere Mittel und Wege für ihre Finanzierungsaktivitäten finden. Tatsächlich geht es im internationalen Drogenhandel und auch bei der Terrorfinanzierung um Beträge im Millionen- und Milliardenbereich. Der Bargeldkoffer stellt damit die Ausnahme dar; digitale Zahlungswege, Tausch oder unregulierte Zahlungen dagegen den Normalfall. Interessant ist in diesem Zusammenhang, dass die Schweizerische Nationalbank sich gegen den Trend klar zum 1000-Franken-Schein bekennt und diesen sogar neu auflegt.

Derweil betreibt die EZB unbeirrt eine Negativzinspolitik. Die Zinssätze in Europa haben aufgrund der permanenten Eingriffe der Zentralbanken inzwischen historische Tiefststände erreicht. Im April 2019 erreichte die zehnjährige Bundesanleihe den negativen Renditebereich, im August 2019 erstmals sogar die 30-jährige Anleihe. Auch private Spar- und Giroguthaben werden zunehmend negativ verzinst, was in der Geld-, Zins- und Wirtschaftsgeschichte bis vor Kurzem noch undenkbar war. Mittlerweile scheint es aber so, als ob

---

177 „Schäuble beharrt auf Bargeld-Obergrenze";
    https://www.welt.de/wirtschaft/article152042791/Schaeuble-beharrt-auf-
    Bargeld-Obergrenze.html

dieses Verhalten der Banken den Bürgern in seiner Widersinnigkeit gar nicht mehr auffällt: Man leiht den Banken Geld, diese können mit dem Geld arbeiten, und der Einzahler soll dafür noch bezahlen (Leistungen wie Überweisungen usw. werden ja durch Kontoführungsgebühren beglichen).

Naturgemäß verfolgt die EZB das Ziel, die von ihr betriebene Geldpolitik, die faktisch eine Finanzierung insolventer Staaten darstellt, durch entsprechend wirksame Maßnahmen zu unterstützen. Bei einer Negativverzinsung wird es für den Bürger (wie auch für Unternehmen) sinnvoll, Guthaben nicht mehr auf dem Bankkonto, sondern in Alternativen wie Bargeld oder Gold zu sichern. Vor diesem Hintergrund ist also absehbar, dass der Druck seitens der EZB und auch der EU auf die nationalen Gesetzgeber zunehmen wird, den Bargeldgebrauch und das Halten von Bargeld einzuschränken, damit Bürger und Unternehmen sich der Geldpolitik der EZB nicht entziehen können.

Man kann also leicht nachvollziehen, dass die EZB ein Interesse daran hat, den Gebrauch des Bargeldes zu beschränken oder das Bargeld ganz abzuschaffen. Aufgrund der permanenten „Krise", in der sich die Staatshaushalte des Euro-Währungsraumes befinden, müssen wir damit rechnen, dass die derzeitige EZB-Politik fortgesetzt wird und sich so als eine Art „Standardzustand" etabliert. Früher waren Staatsanleihen mit „risikolosem Zins" der Normalfall – heute muss man bei EU-Südland-Anleihen eher von „zinslosem Risiko" sprechen. Am meisten verlieren bei diesem unnatürlichen Vorgehen die sogenannten kleinen Leute, die aus ihren kaum noch verzinsten Riester-Renten, Lebensversicherungen und ihren Sparbüchern mit negativer Verzinsung nicht in andere, riskantere Anlageklassen fliehen können oder wollen.

Warum Bargeld so wichtig ist

Von verschiedenen Interessengruppen wird behauptet, dass der heutige Stand der Digitalisierung des Lebens die Existenzberechtigung des Bargeldes entfallen lässt, zumal die Verwendung von Bargeld teuer sei und sich so auch auf die Kosten von Waren und Dienstleistungen auswirke. Und tatsächlich kann die Nutzung des elektronischen Zahlungsverkehrs sowohl Transaktionskosten als auch Zeit sparen, jedoch rechtfertigen sowohl die Wertaufbewahrungsfunktion als auch die die Anonymität gewährende Tausch- und Zahlungsmittelfunktion des Bargeldes dessen Erhalt.

1. Die Wertaufbewahrungsfunktion war lange Zeit bei Buchgeld und Bargeld gleichermaßen gegeben. Bürger und Unternehmen konnten ihr liquides Vermögen in der Regel kostenlos auf ihrem Bankkonto lagern und bekamen hierfür zumindest kleine Zinszahlungen gutgeschrieben. Diese Lage ist durch die Geldpolitik der Europäischen Zentralbank in den letzten Jahren sukzessive verändert worden. Die Kontoführung ist nun in der Regel gebührenpflichtig, eine Verzinsung des Guthabens findet kaum statt, in Einzelfällen müssen Bürger und Unternehmen bereits Zinsen für Kontoguthaben („Negativzinsen") entrichten. Das Halten von Vermögen in Form von Bargeld unterliegt diesen Nachteilen nicht, sodass es allein deshalb schutzwürdig ist.

Bargeld schützt also dieses oberste Freiheitsrecht „Eigentum" und ist derzeit noch eine sichere Möglichkeit, um Negativzinsen zu entgehen. Die zeitweise von der EU ins Spiel gebrachte Verbotsschwelle von 5.000 Euro wird absehbar wieder auf die Tagesordnung kommen und schrittweise immer weiter gesenkt werden – bis man zuletzt nur noch kleinste Einkäufe bar tätigen kann. Freiheit verliert man in Scheibchen. In den USA ist die Debatte um die Abschaffung aller Scheine bis hinunter zum 20-Dollar-Schein schon sehr real.

Sollte es tatsächlich gelingen, in Deutschland und der Euro-Zone die Bargeldnutzung durch exzessive Regulierung und ohne angemessenen juristischen Schutz der Bargeld-nutzenden Mehrheit weitgehend abzuschaffen, würde dies die Gesellschaft tiefgreifend zum Nachteil der Bürger verändern. Der Ökonom Hans-Werner Sinn geht davon aus, dass die EZB die Kosten der Bargeldhaltung erhöhen will, um so die Umgehung von Negativzinsen, zunächst vor allem durch große Unternehmen, zu erschweren.[178] Ein Bargeldverbot ermöglicht es der Politik und den Zentralbanken, einen auf natürlichem Marktwege niemals entstehenden Negativzins als Strafsteuer für Sparer unmittelbar durchzusetzen bzw. per Zwangsabbuchung von Konten direkt umzusetzen. Dies ist ein Angriff auf die Eigentumsrechte der Bürger.[179] Dieser Entwicklung hin zur automatisierten Enteignung über Negativzinsen kann in Deutschland nur eine grundgesetzlich verankerte Festschreibung wenigstens des heutigen Status einen wirksamen Riegel vorschieben.

Staat und EZB zwingen zudem die Bürger in ein Kontrahentenrisiko: Ohne Möglichkeit der Bargeldhaltung werden Menschen gezwungen, ihre Geldguthaben bei Banken liegen zu lassen und über Negativzinsen schrumpfen zu sehen – ohne dass sie selbst als Kreditnehmer von Negativzinsen profitieren könnten. Buchgeld bei einer Bank ist zudem durch die Regeln des Finanz-

---

178 „Europa ist falsch gestrickt ...";
http://www.hanswernersinn.de/de/Interview_ForschungundLehre_01042016
179 „Negativzins? ,Das wird so von unserer Rechtsordnung nicht akzeptiert'";
https://www.welt.de/wirtschaft/plus201270196/Negativzins-Von-unserer-Rechtsordnung-nicht-akzeptiert.html

systems weit weniger geschützt als Bargeld. Banken sind Privatunternehmen, und die können insolvent werden. Privateinlagen sind nur bis zu einer gewissen Höhe abgesichert, und selbst diese Höhe kann kurzfristig gesetzgeberisch geändert werden.

2. Auch als Tausch- und Zahlungsmittel erfüllt Bargeld eine wichtige Funktion: Es gewährt den an einer Transaktion Beteiligten Anonymität. So führt beispielsweise die Verwendung einer Debit- oder Kreditkarte für die Bezahlung eines Einkaufs dazu, dass zumindest die involvierten Banken darüber Kenntnis erlangen, welche Person zu welcher Uhrzeit an welchem Ort eine Zahlung tätigt. Welches Produkt bzw. welche Leistung bezahlt wurde, ist zwar aus diesem Datensatz angeblich bzw. noch nicht ersichtlich, jedoch kann man den Zweck der Transaktion durch die Kenntnis des Transaktionspartners (Supermarkt, Tankstelle, Einzelhandelsgeschäft usw.) zumindest erahnen. Zwar ist es richtig, dass die Verwendung der Daten rechtlich beschränkt ist, und auch eine gesetzliche Löschpflicht gibt es; dies alles ist aber zum einen wenig effektiv und zum anderen hoch risikobehaftet.

   a. Was passiert, wenn sich einzelne Institutionen oder Individuen über diese Regelungen hinwegsetzen, so wie dies bei allen Regelungen der Fall ist? Ein illegaler Zugriff auf die Daten, insbesondere durch staatliche Institutionen (z. B. Behörden, Geheimdienste oder Polizei) und durch internationale Big-Data-Konzerne wie Google, Apple, Facebook oder Amazon würde den neuen „Besitzern" ungeahnte Möglichkeiten einräumen, angefangen von einer kommerziellen Nutzung bis hin zur Erpressung und Identifizierung von systemkritischen Menschen.

   b. Mittelfristig ist aber auch eine legale Aufweichung der 2018 in Kraft getretenen „Datenschutz-Grundverordnung"

(EU-Verordnung 2016/679) zu Lasten des Datenschutzes und zu Gunsten der kommerziellen Datennutzung denkbar; schließlich sind nun wichtige Regelungsbereiche des Datenschutzrechts dem nationalen Gesetzgeber entzogen. Der Datenschutz bei Geldtransfers ist jetzt in der „Geldtransfer-Verordnung" (EU-Verordnung 2015/847) geregelt, sodass sich eine Aufweichung des Datenschutzes hier ebenfalls ohne Einfluss des nationalen Gesetzgebers vollziehen könnte. Bargeld wäre in diesem Zusammenhang also besonders schutzwürdig, um das Recht der Bürger auf informationelle Selbstbestimmung zu erhalten.

Die freiheitsberaubende Dimension des Problems ist evident: Alle Zahlungen mit Giralgeld sind nachverfolgbar; ein Bankgeheimnis, das den Namen verdient, gibt es längst nicht mehr. Ohne Bargeld ist die finanzielle Privatsphäre der Bürger verloren. Der Staat kann ausnahmslos alle Käufe und Geldtransaktionen seiner Bürger überwachen. Nichts bleibt ihm verborgen. Eine Gesellschaft, in der jede Zahlung nur noch in digitaler Form stattfindet, kommt dem totalen Überwachungsstaat erschreckend nahe: Wo die Überwachung der Telekommunikation und des Internets noch kleine Lücken aufweisen, werden diese mit dem Bargeldverbot endgültig geschlossen. Wenn der Staat solch eine Macht über seine Bürger hat, kann er mit ein paar Mausklicks die wirtschaftliche Existenz von unbescholtenen, aber andersdenkenden Bürgern vernichten.

c. Die Behauptung, die Zahlungsdaten würden innerhalb kurzer Zeit gelöscht, seien von einem „Bankgeheimnis" wirkungsvoll geschützt oder nur auf richterliche Anordnung heranziehbar, wird schon heute durch die tägliche

Datenweitergabe-Realität und die Auswertungs-Praxis der Banken, Behörden und privaten Internet-Shops von Amazon bis Google widerlegt. Sind wir es „selbst schuld", wenn wir auf jeder neu besuchten Seite im Internet bedenkenlos „OK" klicken, wenn wir darauf hingewiesen werden, dass unsere Daten gespeichert, abgeglichen und wir „getrackt" werden? Die Lebensrealität der allermeisten Menschen ist doch die, dass sie mit einem differenzierten Umgang mit diesen „Abfragen" hoffnungslos überfordert wären.

Ein Blick in die Zukunft

Angesichts der besorgniserregenden Entwicklung fühlt man sich an Orwells „Big Brother"-Dystopie erinnert. Manche Menschen lassen sich heute schon einen sogenannten „RFID-Chip"[180] unter die Haut einpflanzen. RFID-Chips sind winzige Sender-Empfänger-Systeme, die Informationen speichern und wiedergeben können. Diese Chips werden bereits vielfach eingesetzt, so beispielsweise als Implantate bei Haus- und Nutztieren. Seit 2005 sind sie in allen deutschen Reisepässen und seit 2010 in Personalausweisen zu finden, außerdem werden sie zur Diebstahlsicherung in verschiedenen Gegenständen oder bei Fahrzeugen zur Mauterfassung verwendet. Beim Menschen kann dieser reiskorngroße Chip unter die Haut zwischen Daumen und Zeigefinger eingepflanzt werden. Sobald die Hand in die Nähe eines geeigneten Lesegerätes kommt, kann der Träger identifiziert werden. Dieser kann dann beispielsweise eine Tür öffnen oder bargeldlos bezahlen. Fernsehsender und Zeitungen berichteten bereits über die wachsende Zahl von Menschen, die sich diese

---

180 RFID: Englisch für *Radio Frequency Identification*.

Chips implantieren lassen.[181] In Schweden gehen vor allem junge Menschen auf „Chipping Partys", um sich einen solchen Chip öffentlich einsetzen zu lassen.[182] In Deutschland wurde der Chip im Jahr 2016 im öffentlich-rechtlichen Fernsehsender „KIKA" schon den Kleinsten (also der nächsten Generation) als „cooles" Implantat zur Identifizierung von Menschen schmackhaft gemacht.[183]

Christen, die sich in der Bibel auskennen, haben eine Ahnung von dem, was sich hier anbahnt. Es scheint sich hier die Prophetie aus der Offenbarung, dem letzten Buch der Bibel, zu erfüllen, wo es von dem „Tier aus der Erde" heißt (Offbarung 13, 16-17):

> Und es macht, dass sie allesamt, die Kleinen und Großen, die Reichen und Armen, die Freien und Sklaven, sich ein Zeichen machen an ihre rechte Hand oder an ihre Stirn und dass niemand kaufen oder verkaufen kann, wenn er nicht das Zeichen hat, nämlich den Namen des Tieres oder die Zahl seines Namens.

Zweitausend Jahre lang konnten sich die Menschen nicht vorstellen, wie das vonstattengehen soll, dass man mit einem Zeichen an der Hand zum Kauf oder Verkauf zugelassen oder davon ausgeschlossen werden kann. Jetzt ist die Technologie vorhanden, und sie wird eingesetzt. Es ist zu befürchten, dass dies nicht nur zum Guten geschehen wird.

---

181 So z. B. „Schwedische Arbeitnehmer lassen sich Chip implantieren – freiwillig"; https://www.faz.net/aktuell/karriere-hochschule/buero-co/rfid-chip-bueroan-gestellte-schweden-13438675.html oder
„Neun Implantate, die wir bald im Körper tragen";
https://www.bild.de/ratgeber/gesundheit/medizin/9-implantate-die-wir-bald-im-koerper-tragen-38222252.bild.html
182 "Why human microchipping is so popular in Sweden | ITV News";
https://www.youtube.com/watch?v=qWVQR99bXt8
183 „Cyborg halb Mensch halb Maschine Erde an Zukunft";
https://www.youtube.com/watch?v=gUsLvlftNjQ, ab ca. 4:05.

Die Haltung der AfD

Für die AfD ist die Möglichkeit zur Bargeldnutzung unaufgebbar. Bereits in unserem Grundsatzprogramm haben wir Folgendes festgehalten (S. 151):

> Bargeldnutzung ist ein bürgerliches Freiheitsrecht. Wir treten dafür ein, das Bargeld uneingeschränkt als gesetzliches Zahlungsmittel zu erhalten – auch entgegen anders gerichteter Bestrebungen der Bundesregierung, des Internationalen Währungsfonds (IWF), der Europäischen Zentralbank (EZB) und einiger EU-Mitgliedsstaaten.

Mit einem liberalen, freiheitlichen Rechtsstaat sind die mit einem rein „digitalen" Geld verbundenen Kontrollmöglichkeiten des Staates nicht vereinbar. Bisher ist der Status von auf Euro lautenden Banknoten als gesetzliches Zahlungsmittel lediglich in einem „einfachen" Gesetz – nämlich im Bundesbankgesetz (§ 14 Abs. 1) – festgeschrieben. Diese Eigenschaft von Bargeld könnte also auch durch ein einfaches Gesetz eingeschränkt oder wieder abgeschafft werden. Die AfD schlägt daher vor, das Recht zur uneingeschränkten Nutzung von Bargeld im Grundgesetz zu verankern. Nach dem Willen der AfD soll in Artikel 14 (Eigentumsgrundrecht) des Grundgesetzes ein zusätzlicher Absatz angefügt werden, der die von der Notenbank herausgegebenen Banknoten als das einzige unbeschränkte gesetzliche Zahlungsmittel festschreibt. Außerdem soll die Abschaffung oder Verknappung der physischen Zahlungsmittel sowie die Einschränkung ihrer Nutzung für unzulässig erklärt werden. Nur das grundgesetzlich abgesicherte freie Nutzungsrecht und die Annahmeverpflichtung von Bargeld können den Albtraum des finanziell gläsernen und dem Staat ausgelieferten Bürgers verhindern.

Von Mücken und Kamelen

Wenn wir mit Menschen reden, die nicht der AfD anhängen, und nach den Gründen für ihre ablehnende Haltung fragen, werden wir häufig mit Argumenten konfrontiert, die wenig bis gar nichts mit der programmatischen Ausrichtung der Partei zu tun haben. Da heißt es dann: „Der AfD-Politiker X hat das und das gesagt!"; „Ich mag den Y nicht!"; oder, positiv auf andere Parteien gemünzt: „Ich habe noch nie ein böses Wort von Frau Merkel gehört!"

Solche Argumentationen auf Basis von wenig relevanten, aber überschaubaren Faktoren sind menschlich gesehen verständlich. Wir wenden sie immer dann an, wenn uns ein Gegenstandsbereich in seiner Komplexität überfordert, wir aber trotzdem angehalten sind, eine Entscheidung zu treffen. Das trifft schon bei so etwas Banalem wie einem Autokauf zu. Kaum jemand vergleicht alle Kennzahlen wie Drehmoment, Elastizität, Normverbrauch und erwarteten Wiederverkaufswert. Am Ende entscheiden in der Regel einige wenige Werte – und das Bauchgefühl.

Während diese verkürzte Entscheidungsfindung im Alltag meist harmlos und kaum zu vermeiden ist, ist sie in Angelegenheiten, in denen es um grundlegende Fragen geht, fatal. Leider gibt es auch unter uns Christen solche, die ihr Christsein (und unter Umständen sogar das Christsein von anderen) an *einem* bestimmten Themenbereich festmachen, sei es der Haltung zu Israel, dem Lebensschutz oder der Sonntagsheiligung. Nun ist, wohlgemerkt, prinzipiell nichts gegen eine Unterstützung Israels einzuwenden, ebenso wenig wie gegen den Einsatz für Lebensschutz oder Sonntagsruhe; der Punkt ist jedoch, dass keines dieser Anliegen das Grundlegende des Glaubens, die Erlösung, ersetzen kann.

Dieses Ausweichen auf Ersatzfelder gab es auch schon zu Zeiten Jesu. Der Sohn Gottes warf einmal den Schriftgelehrten und Pharisäern vor, sie würden den zehnten Teil von ihrem Einkommen für den geistlichen Dienst abführen und dabei sogar kleinste Küchenkräuter mit einbeziehen, jedoch das Eigentliche – die Grundlagen des gottgefälligen Lebens, die Substanz ihrer Religion – außer Acht lassen, nämlich „das Recht, die Barmherzigkeit und den Glauben" (Matthäus 23,23-24). Jesus nannte das „Mücken aussieben und Kamele verschlucken". Dies scheint uns ein gutes Bild für die Art und Weise zu sein, wie viele Menschen mit der AfD umgehen. In ihrer Ablehnung der AfD beziehen Sie sich auf Einzeläußerungen oder einzelne Personen der Partei – während die *Grundlagen* unserer Gesellschaft durch die Politik anderer Parteien zerstört werden.

Da wird die Erhaltungsordnung Gottes (und damit der Zusammenhalt unserer Gesellschaft) untergraben durch die Stigmatisierung des Volksgedankens, kulturfremde Zuwanderung und die Erosion der nationalen Souveränität durch EU, UNO und den Migrationspakt, und man könnte etwas dagegen tun, indem man AfD wählt – aber „Gauland hat ‚jagen' gesagt". Da wird unsere Demokratie zunehmend ausgehöhlt durch eine einseitige Presse und durch immer stärkere Repressionen Andersdenkender, und wir wissen sehr wohl, dass eine vereinheitlichte veröffentlichte Meinung und die Sanktionierung abweichender Meinungen wichtige Schritte sind auf dem Weg in eine Diktatur – aber die AfD unterstützen, die sich einer solchen Entwicklung entgegenstellt, will man nicht, denn schließlich gehören zur AfD ja neben zehntausenden anderen aktiven Menschen auch Politiker X und Y. Es ist offensichtlich, dass die schleichende Abschaffung des Bargeldes, wie sie im Moment geschieht, Voraussetzung ist für die Einführung einer schrecklichen Alternative (Offenbarung 13,17), aber immerhin hat man von der Kanzlerin „noch nie ein böses Wort gehört". Kurz: Eine Auseinandersetzung mit den brennenden Themen unserer Zeit findet nicht statt und weicht der Reproduktion einiger auf Abruf gespeicherter

Ersatz-Argumente. Oder, man könnte auch sagen: Die Konzentration auf die Mücken verstellt den Blick auf die Kamele.

Nun mag es durchaus sein, dass für das eine oder andere Problem innerhalb der Alternative das Bild der Mücke auch zu klein ist. Eines muss jedoch klar sein: Egal, welche Partei Sie unterstützen, es wird immer Menschen und Positionen geben, mit denen Sie nicht auf einer Linie liegen. Es wird immer Aussagen von Parteimitgliedern oder -funktionären geben, die Sie nicht mittragen können oder sogar ablehnen, genauso, wie wir nicht erwarten können, dass alle AfDler unsere in diesem Buch getätigten Aussagen in Gänze mittrügen. Dies liegt in der Natur einer menschlichen Gemeinschaft. Wichtig ist, dass man in weiten Teilen hinter der Programmatik einer Partei steht – dann kann man sich auch den Details zuwenden.

Ja, es gibt Mücken, vielleicht sogar ganze Schwärme – auch in der AfD. Mücken sind lästig, im schlimmsten Fall sogar gefährlich. Was ein bestimmter Politiker gesagt hat, mag kritikwürdig sein (wenn es sich nicht wieder um eine Verzerrung durch die Medien handelt). Und auch der Habitus des Personals ist nicht unwichtig. Aber es sind Mücken im Vergleich zu dem Unheil, das von der derzeitigen Politik gesät wird. Die größten Kröten – um eine letzte Tiermetapher zu bemühen – müssen nach unserer Überzeugung jene Christen schlucken, die *nicht* die AfD unterstützen.

Was Sie tun können

Am Ende dieses Kapitels möchten wir Sie einladen, sich selbst intensiver mit den Themen, die Sie besonders interessieren, auseinanderzusetzen.

Politische Korrektheit

Mittlerweile gibt es eine ganze Reihe von kritischen Auseinandersetzungen mit der Politischen Korrektheit. Aus der Fülle würden wir hier gerne drei Publikationen herausgreifen.

- Einen kurzen, aber sehenswerten Impuls zur Erosion der Meinungsfreiheit liefert Maximilian Krah auf Youtube unter dem Titel „Hier kräht der Krah – Folge 41 – Die Feinde der Meinungsfreiheit".

- Ebenso auf Youtube findet sich ein kritischer Vortrag des Medienwissenschaftlers Norbert Bolz zum Thema Politische Korrektheit unter der Überschrift: „Norbert Bolz | „Der späte Sieg der DDR""

- *Es war doch gut gemeint: Wie Political Correctness unsere freiheitliche Gesellschaft zerstört* von Daniel Ullrich und Sarah Diefenbach ist ein ebenso kompetentes wie mutiges Buch.

Eine praktische Anregung: Wenn Sie das nächste Mal die Nachrichten schauen, achten Sie einmal bei den politischen und gesellschaftlichen Themen auf Auswahl und Bewertung der Beiträge. Finden Sie die Aussage bestätigt, dass es zumindest einen Beitrag mit erzieherischer Funktion gibt?

Volk und Nation

Eine theologische Aufarbeitung des Volksbegriffs liefert Walter Künneth im Abschnitt „Volk und Völkerwelt" (S. 192-212) seines Grundlagenwerkes *Politik zwischen Dämon und Gott: Eine christliche Ethik des Politischen* von 1954. Das Opus steht in zahlreichen Hochschulbibliotheken ein und kann auch per Fernleihe geordert werden. Künneth beginnt seine Abhandlung mit der Aussage: „An

Stelle der Überschätzung des Volkes und der Glorifizierung seiner Werte in der jüngsten Vergangenheit ist heute im Pendelausschlag der Geschichte eine betonte Indifferenz und eine grundsätzliche Skepsis getreten." (192) Wieviel mehr gilt diese Aussage heute!

Nation, Europa, Christenheit: Der Glaube zwischen Tradition, Säkularismus und Populismus von Felix Dirsch, Volker Münz und Thomas Wawerka (Hrsg.) ist ein Sammelband, der sich mit verschiedenen Themen konservativer Christen auseinandersetzt.

Gender

Einen guten ersten Überblick über Gender Mainstreaming aus christlicher Sicht bietet ein Interview mit der ehemaligen Leiterin des Deutschen Instituts für Jugend und Gesellschaft (DIJG), Christl Vonholdt, unter dem Titel *Gender Mainstreaming: Ein Programm zur Gestaltung von Zukunftslosigkeit?*, zu finden unter https://www.dijg.de/gender-mainstreaming/begriff-definition/.

Mittlerweile gibt es etliche kritische Bücher zum Thema Gender; beispielsweise *GenderGaga* von Birgit Kelle (humorvoll-populär) oder verschiedene Werke von Gabriele Kuby (umfassend-fundiert).

Zur Unterschiedlichkeit der Geschlechter möchten wir Ihnen folgende Quellen empfehlen: Wissenschaftlich ausgerichtet ist das Buch *Von Natur aus anders: Die Psychologie der Geschlechtsunterschiede* von Doris Bischof-Köhler; ein populärwissenschaftliches Video findet sich auf Youtube unter dem Titel *Warum Gender-Mainstreaming Männer kastriert und Frauen frustriert. // Paartherapie (Raphael Bonelli).*

Wenn Sie die Geschichte von Bruce (alias David) Reimer nachlesen wollen, besorgen Sie sich *Der Junge, der als Mädchen aufwuchs* von John Colapinto.

Der Bereich, in dem die Beschäftigungspolitik des Gender Main-streamings seine einschneidendsten Folgen hinterlassen hat, dürf-te der öffentliche Dienst sein. Wenn Sie jemanden kennen, der im öffentlichen Dienst arbeitet, fragen Sie ihn, was er selbst in dieser Richtung erlebt hat. Viele Betroffene oder Zeugen von GM werden sich im aktuellen Meinungsklima jedoch erst dann trauen, offen von ihren Erfahrungen zu erzählen, wenn sie sicher sind, dass sie von ihrem Gegenüber nicht dafür verurteilt werden.

Familie

Das Bündnis *Demo für alle* ist ein Zusammenschluss verschiede-ner, häufig christlich motivierter Familienorganisationen und Ini-tiativen. Unter *demofueralle.blog* finden Sie einen wahren Schatz an Informationen und Möglichkeiten, selbst aktiv zu werden.

Die Gemeinde Berndorf bei Salzburg und andere österreichische Gemeinden haben das in unserem Beitrag kurz angerissene Modell der Kleinkinderbetreuung umgesetzt. Mehr Informationen gibt es unter *berndorfer-modell.at*.

Umfangreiches Infomaterial zum Thema Kinderrechte finden Sie auf *demofueralle.blog/kinderrechte*.

Lebensschutz

Zwei Videos auf Youtube, die wir empfehlen möchten, sind „Was ist 1000plus? HILFE statt Abtreibung." und „Stephanie Gray: "Abor-tion: From Controversy to Civility" | Talks at Google". Ersteres ist ein kurzes Imagevideo der Aktion 1000plus der Frauenhilfsorgani-sation Pro Femina; Letzteres ein Vortrag der kanadischen Lebens-schutz-Aktivistin Stephanie Gray bei Talks at Google.

Frauenfeindlich: Wie Frauen zur Ungeborenentötung gedrängt werden von Martina Kempf ist ein Buch, das Frauen hinreichend Informationen an die Hand geben soll, um sich für ihr Kind zu entscheiden.

Umweltschutz

Wenn Sie sich über die umweltpolitischen Positionen der AfD informieren wollen, besuchen Sie *afd.de/umwelt*. Eine Abrechnung mit der aktuellen „Klimapolitik" liefert die Biologin, Medizinerin und EU-Parlamentarierin Dr. Syliva Limmer mit ihrem Aufsatz „Deutschland, quo vadis? Die gefährlichen Basta-Konzepte der Klimastreber", zu finden in dem Buch *Europa: Zukunft sichern* (Hg. Prof. Dr. Jörg Meuthen und Dr. Rainer Rothfuß).

Flüchtlinge und Migranten

Der Philosoph Julian Nida-Rümelin beschäftigt sich in seinem Buch *Über Grenzen denken* aus einer säkularen Perspektive mit den ethischen Fragen von Migration und Grenzen; ähnlich ist auch das Büchlein *Zuwanderung und Moral* des Philosophen Konrad Ott ausgerichtet. Eine biblisch-theologische Einordnung wagt der Riedlinger Pastor Jakob Tscharntke mit dem Buch *Einordnung der Zuwanderung aus biblischer Sicht.*

Islam und Islamisierung

Mittlerweile gibt es etliche Autoren, die sich kritisch mit dem Islam und der Islamisierung in Europa auseinandersetzen. Hier haben Sie die Wahl zwischen zeugnishaft-biographischen Berichten (z. B. von Sabatina James) sowie aufklärerischen (z. B. Laila Mirzo oder

Hamed Abdel-Samad) oder eher analytischen Abhandlungen (z. B. Thilo Sarrazin, Douglas Murray).

Christenverfolgung

Wenn Sie sich über verfolgte Christen informieren oder diese unterstützen wollen, finden Sie hier eine Auswahl von Organisationen, die sich um verfolgte Christen kümmern: Open Doors (opendoors. de), Christen in Not (christeninnot.com), Kirche in Not (kirche-in-not.de), Hilfsaktion Märtyrerkirche (verfolgte-christen.org), Aktion für verfolgte Christen und Notleidende (avc-de.org), Schwester Hatune Dogan (hatunefoundation.de).

Politisch orientiert ist das *International Panel of Parliamentarians for Freedom of Religion or Belief* (ippforb.com). Den „Bericht der Bundesregierung zur weltweiten Lage der Religions- und Weltanschauungsfreiheit 2016" finden Sie im Internet.

In Europa ist uns Großbritannien in Sachen Gesinnungsstaat bereits ein paar Stufen auf der Rolltreppe abwärts voraus. Auch Christen haben darunter schon mehr als nur privat zu leiden. Wenn Sie einige von ihren Zeugnissen lesen wollen, besuchen Sie die Webseite von *Christian Concern* (christianconcern.com), und klicken Sie auf „Cases".

Bargelderhaltung

Eine Möglichkeit, sich für den Erhalt des Bargeldes einzusetzen, ist ganz einfach: Nutzen Sie es! Viele Transaktionen (wie Lohn- und Gehaltszahlungen oder Mieten) sind kaum oder gar nicht mehr bar zu bewerkstelligen, aber in vielen anderen Fällen haben wir (zumindest in Deutschland) durchaus noch die Wahl. Weigern Sie sich, der Bequemlichkeit nachzugeben und alles mit der Karte zu bezahlen, und bezahlen Sie stattdessen so häufig wie möglich bar.

Norbert Häring ist Volkswirt, Wirtschaftsjournalist und unermüdlicher Bargeldverfechter. In *Die Abschaffung des Bargelds und die Folgen: Der Weg in die totale Kontrolle* (2016) umreißt er die großen Entwicklungslinien auf dem Weg in eine bargeldlose – und totalitäre – Zeit. In dem Nachfolgeband *Schönes neues Geld: PayPal, WeChat, Amazon Go - Uns droht eine totalitäre Weltwährung* (2018) geht er auf die neuesten Entwicklungen ein. Auf Youtube finden sich auch zahlreiche Vorträge von und Interviews mit Häring.

Der Preis: Was es kostet, gegen den Mainstream zu schwimmen

4

Der politische Einsatz in der Alternative für Deutschland fordert von vielen Sympathisanten, Parteimitgliedern und Politikern nicht nur Zeit und Kraft, sondern oftmals auch einen hohen persönlichen Preis. Ausgrenzung im sozialen Umfeld durch Kollegen, Bekannte, Verwandte, Freunde oder in der Gemeinde, Nachteile bei Arbeits- und Wohnungssuche, Sachbeschädigung, Verlust des Arbeitsplatzes, aber auch Körperverletzungen, versuchte Erpressung und Morddrohungen können die Folge des politischen Einsatzes sein.

Um es gleich ganz klar zu sagen: Politiker *aller* Parteien werden Opfer von Pöbeleien bis hin zu Gewalttaten, und auch Immobilien oder sonstige Sachwerte unterschiedlichster politischer Richtungen werden verunstaltet oder gar zerstört. Jede einzelne dieser Taten verurteilen wir. Die Alternative für Deutschland richtet sich gegen *jede* Ausgrenzung von Politikern und gegen *jede* politisch motivierte Gewalt, sei sie gegen Personen oder gegen Objekte. Der Punkt ist jedoch, dass Politiker und Sachwerte keiner anderen Partei in Deutschland so oft Opfer politischer Gewalt werden wie die der AfD.

Wie aus einer Antwort der Bundesregierung auf eine Anfrage der AfD hervorgeht, waren Einrichtungen unserer Partei im zweiten Quartal 2019 häufiger Ziel von Attacken als bei allen anderen Parteien zusammen. Demnach wurden beim Kriminalpolizeilichen Meldedienst in Sachen politisch motivierter Kriminalität beim Bundeskriminalamt exakt 100 Straftaten gegen Parteieinrichtungen und Gebäude gezählt. Davon betrafen 53 die AfD, 12 die Linke,

11 die SPD, 6 die Grünen, 3 die FDP und 1 die CDU/CSU. 14 Straftaten entfielen auf sonstige Parteien.

Ein ähnliches Bild ergibt sich, wenn man die Angriffe auf Personen betrachtet. Im zweiten Quartal 2019 wurden bundesweit 372 Straftaten gemeldet, die sich gegen Mandats- und Amtsträger sowie Parteimitglieder richteten. Auch hier wird die Negativliste mit überdeutlichem Abstand von der AfD angeführt: Das BKA verzeichnete 181 Angriffe auf Funktionäre der AfD. Bei der CDU/CSU waren 60 Funktionäre betroffen, bei der SPD 45, bei den Grünen 32, bei der Linkspartei 20, bei der FDP 11 und bei den sonstigen Parteien 23. Sowohl bei den Straftaten gegen Menschen als auch bei jenen gegen Sachen war laut BKA ein Großteil politisch links motiviert.[1]

Im Folgenden führen wir einige Fälle an, die stellvertretend für viele, viele andere stehen. Wir beginnen mit einigen Vorfällen, die sich in einem mehr oder weniger öffentlichen Umfeld ereignet haben, und wenden uns dann der Frage zu, welche Folgen ein Bekenntnis zur AfD in einem privateren Rahmen haben kann.

Ausgrenzung

Seitdem die AfD in den Parlamenten vertreten ist, wird sie permanent politisch ausgegrenzt. Anträge werden in aller Regel allein deshalb abgelehnt, weil sie von der AfD kommen; oft werden später inhaltlich ähnliche Alternativanträge von anderen Parteien eingebracht, die dann angenommen werden. Obwohl jeder Fraktion im Bundestag das Amt eines Vizepräsidenten zusteht, wurde bislang keiner der von der Partei aufgestellten Kandidaten gewählt. Als der politische Gegner keine personengebundenen Argumente mehr

---

1   „Angriffe auf Politiker, Parteibüros und Wahlplakate im zweiten Quartal 2019"; http://dipbt.bundestag.de/dip21/btd/19/126/1912638.pdf

vorbringen konnte, wurde argumentiert, man wolle keine „Normalisierung" der Partei betreiben.[2]

Aber auch außerhalb der Parlamente erfahren AfDler immer wieder Ausgrenzungen. Wurde 2017 die damalige Sprecherin der „Christen in der AfD" (ChrAfD) noch als Diskutantin auf den evangelischen Kirchentag eingeladen, wurden AfD-Vertreter nach einem Beschluss des Kirchentages 2019 nicht mehr zugelassen. Der Katholikentag ging den umgekehrten Weg. Waren hier 2016 AfD-Vertreter ausgeschlossen, durfte ich (VM) 2018 an einer Diskussion aller im Bundestag vertretenen Parteien teilnehmen.[3]

Der Präsident von „Eintracht" Frankfurt, Peter Fischer, hatte im Dezember 2017 in einem Interview die AfD als „braune Brut" und „Nazis" bezeichnet und gesagt, wer AfD wähle, könne kein Mitglied des Vereins sein. Einen Monat später forderte er andere Fußballvereine dazu auf, sich ebenfalls gegen die AfD zu positionieren.[4]

Das Berliner Restaurant Bocca di Bacco verweigerte im Mai 2019 Parteichef Jörg Meuthen, Partei- und Fraktionschef Alexander Gauland, Co-Fraktionschefin Alice Weidel und dem parlamentarischen Geschäftsführer Bernd Baumann schlicht und ergreifend die Bewirtung, nachdem es bereits im Jahr zuvor einmal eine Reservierung verweigert hatte.[5]

---

2   „Ein Skandal oder nicht?";
    https://www.t-online.de/nachrichten/deutschland/id_85529722/harder-
    kuehnel-faellt-als-bundestagvize-durch-ein-skandal-oder-nicht-.html
3   „Evangelischer Kirchentag will keine AfD-Politiker";
    https://www.evangelisch.de/inhalte/152474/26-09-2018/evangelischer-
    kirchentag-will-keine-afd-politiker
4   „Frankfurts Präsident Fischer legt gegen AfD nach";
    https://jungefreiheit.de/politik/deutschland/2018/frankfurts-praesident-
    fischer-legt-gegen-afd-nach/
5   „Berliner Restaurant verweigert Bewirtung von AfD-Spitze um Gauland und
    Weidel";

Eine besonders perfide Art der Ausgrenzung ist das Outing. Hier werden Mitglieder oder Funktionäre der Alternative an einen neuzeitlichen Pranger gestellt. Beispielsweise stahlen Linksextremisten 2016 eine Liste mit 2000 Namen, Anschriften, Telefonnummern und E-Mail-Adressen der Besucher des AfD-Parteitags in Stuttgart und veröffentlichten sie auf einer ihrer Internetseiten. In der Folge wurden Teilnehmer in E-Mails beschimpft, oder sie erhielten nächtliche Drohanrufe. In mindestens einem Fall wurde der Wohnort eines Mitglieds mit Kreide „markiert".[6]

Private und berufliche Nachteile

Zu viel „gelikt"

2016 war Sascha Ott, Jurist und CDU-Mitglied, von der CDU Mecklenburg-Vorpommern für den Posten des Justizministers vorgeschlagen worden. Einen Tag vor dem Landesparteitag wurde Ott von seiner eigenen Partei fallen gelassen. Sein Vergehen? Er hatte auf Facebook Beiträge der AfD mit „Gefällt mir" markiert.

Amtskirchenobere sprechen AfD-Anhänger das Christlich-Sein ab

Christen, insbesondere innerhalb der Amtskirchen, erleben gelegentlich eine besondere Art von Ächtung: Ihnen wird gesagt, sie seien keine Christen, weil sie ungeregelter Einwanderung begegnen wollen

---

https://www.focus.de/politik/deutschland/bereits-zum-zweiten-mal-berliner-restaurant-verweigert-bewirtung-von-afd-spitze-um-gauland-und-weidel_id_10675211.html

6   „Wenn es gegen rechts geht, gelten andere Maßstäbe";
https://www.faz.net/aktuell/politik/gewalt-gegen-afd-mitglieder-mit-zweierlei-mass-14233720-p3.html

und Genderismus in Frage stellen. Von der Kirchenführung und vielen kirchlichen Medien werden derartige Vorgehensweisen stark mitgeprägt und verstärkt. So wurde beispielsweise Dr. Andreas Weidling (Böblingen) aus der Synode verdrängt, weil er sich zur AfD bekannte.[7]

Wegen Bekenntnis zur AfD: Laienprediger darf nicht mehr auf die Kanzel

Das 72-jährige AfD-Mitglied Joachim Lauk aus Herrenberg musste sein Ehrenamt als Prädikant der Evangelischen Landeskirche in Württemberg nach 41 Jahren aufgeben. Offizieller Grund hierfür war laut seinem Vorgesetzten nicht seine AfD-Mitgliedschaft, sondern die Wortwahl in den Leserbriefen, die Lauk geschrieben hatte.[8]

Der AfD-Bundestagsabgeordnete Markus Frohnmaier erklärt hierzu:

> Herr Lauk hat sich in seinem Ehrenamt nie etwas zu Schulden kommen lassen. Die Inhalte der Predigten werden einem Prädikanten zudem stets vorgegeben. Wie die regionale Kirchenleitung der evangelischen Landeskirche mit ihrem seit 41 Jahren ehrenamtlich engagierten Mitglied Joachim Lauk verfährt, ist daher ein Skandal. Statt endlich wieder den unverkürzten christlichen Glauben zu verkünden und der dramatischen Entchristlichung unseres Landes entgegenzuwirken, betreibt die evangelische Amtskirche lieber Gesinnungsschnüffelei und

---

7   „Warum Christen AfD wählen. Wahre Christen oder böse Hetzer?"; https://www.stuttgarter-zeitung.de/inhalt.boeblingen-afd-mitglied-scheitert-in-synode.9b1da1ab-3aed-4b81-b4a7-693e5b764038.html

8   „AfD-Mitglied nicht erneut als Laienprediger beauftragt"; https://www.idea.de/frei-kirchen/detail/kirche-verweigert-afd-mitglied-beauftragung-als-laienprediger-111002.html

grenzt ihre treuesten und engagiertesten Kirchenmitglieder aus. Die oft beschworene christliche Nächstenliebe und Toleranz gilt offenbar nicht für die eigenen Glaubensgeschwister, wenn diese nicht bereit sind, ebenfalls ihre Fahne in den Wind des links-grünen Zeitgeistes zu hängen.

Am Sonntag, den 27. Oktober 2019, hielt Lauk im Herrenberger Ortsteil Oberjesingen seine letzte Predigt.

Sippenhaftung

Waldorfschule schließt Kinder aufgrund Gesinnung der Eltern aus

In Berlin wollte ein Paar, das sich für die AfD einsetzt, sein Kind in einer Waldorfschule anmelden, nachdem es bereits in einem Waldorf-kindergarten gewesen war. Doch weil der Vater Politiker der Alter-native ist, mussten die Eltern nach einer kontrovers verlaufenen El-ternversammlung auch noch vor einem Gremium von zwei Dutzend Lehrern antreten, um sich nach ihren Ansichten befragen zu lassen. Schließlich wurde dem Kind die Aufnahme in die Schule verweigert.[9]

Frau von AfD-Politiker wird vom Deutschen Roten Kreuz gekündigt

Die Frau eines AfD-Fraktionsvorsitzenden im Gemeinderat bekam die Kündigung, obwohl sie einen festen Vertrag beim Deutschen Roten Kreuz hatte und dort seit Jahren mit großem Einsatz ihren Dienst versah. Es ist anzunehmen, dass die politische ehrenamtliche

---

9   „Linksgrüne Sippenhaft an der Waldorfschule";
     https://jungefreiheit.de/debatte/kommentar/2018/linksgruene-sippenhaft-
     an-der-waldorfschule/

Tätigkeit des von den Bürgern gewählten Ehemannes den Ausschlag für die Entscheidung des Deutschen Roten Kreuzes gegeben hat.

Morddrohungen gegen Politikersohn

Ebenfalls in Berlin erhielt der 16-jährige Sohn des AfD-Abgeordneten Gunnar Lindemann wiederholt Todesdrohungen über die sozialen Medien. In Verdacht stehen drei Mitschüler des Jungen im Alter von 15, 16 und 18 Jahren.[10]

Sachbeschädigung

Linksextremisten beschmieren Gasthäuser

Immer wieder werden Gastwirte und Hoteliers unter Druck gesetzt, AfDlern keine Räume zur Verfügung zu stellen. Aus den zahllosen Fällen sei hier nur das Beispiel eines Wirtes aus dem niederbayerischen Landkreis Deggendorf erwähnt. Weil er seine Räumlichkeiten der AfD zur Verfügung stellte, beschmierten Linksextremisten das Gasthaus von Thomas Engel mit der Parole: „Hier fühlen sich Rassisten wohl. Danke, Thomas Engel". Der Wirt hatte zuvor seine Entscheidung, die AfD zu beherbergen, in einem Interview öffentlich gemacht, in dem er sagte, die AfD sei „eine legale Partei und wir haben ein freies Land. Ich bewirte ja auch die CSU und sage nicht, die SPD darf nicht rein."[11]

---

10 „Kind eines Berliner AfD-Politikers mit dem Tod bedroht";
https://www.tagesspiegel.de/berlin/mitschueler-schickten-drohungen-kind-eines-berliner-afd-politikers-mit-dem-tod-bedroht/25209276.html
11 „Farbattacke auf Gastwirt nach AfD-Veranstaltung";
https://jungefreiheit.de/politik/deutschland/2017/farbattacke-auf-gastwirt-nach-afd-veranstaltung/

Beschädigung von Wahlplakaten

Im Rahmen der Werbephase für die EU-Wahl 2019 wurden in Berlin bis kurz vor dem Wahltermin am 26. Mai insgesamt 1.006 Wahlplakate beschädigt oder entwendet. Von diesen Wahlplakaten gehörten 862 der AfD. Damit war die Partei ungefähr sechsmal so oft betroffen wie ihre Mitbewerber – zusammen.[12]

Beatrix von Storchs Privatauto niedergebrannt

Beatrix von Storch musste bereits über ein Dutzend Anschläge auf ihr Haus ertragen. Im Oktober 2015 wurde der Privat-PKW der Abgeordneten nachts in Brand gesteckt. Technisches Versagen konnte ausgeschlossen werden. Sie reagiert mit einem Post auf Facebook: „Heute Nacht wurde mein Auto abgefackelt. Wer die Hetze gegen die AfD mitgemacht hat und sich jetzt nicht davon scharf distanziert, der ist mit schuld."

Linksextreme attackieren AfD-Büros - auch mit Sprengstoff

Abgeordneten- oder Bürgerbüros der AfD sind immer wieder Ziel von Linksextremisten. Einen besonders traurigen Rekord hält dabei das Büro des sächsischen Abgeordneten Carsten Hütter in Chemnitz. Innerhalb von etwa zwei Jahren wurde es nicht weniger als dreißig Mal Opfer von Vandalen – von Farbattacken bis hin zu einem Anschlag mit Sprengstoff, bei dem auch die Scheibe des Büros beschädigt wurde. Bisher wurde keiner der Täter gefasst.[13] Der bisher schlimmste

---

12 Vollradt, Christian. 2019. Parolen und Prügel. In *Junge Freiheit* 22/19, 5.
13 „Nach 30. Anschlag auf Bürgerbüro – AfD-Politiker ‚beantragt' Eintrag ins Buch der Rekorde";

Fall in diesem Kontext ereignete sich jedoch im Januar 2019 in Döbeln (Landkreis Mittelsachsen). Ein in einer Mülltonne vor dem AfD-Büro platzierter Sprengsatz detonierte und beschädigte nicht nur das Büro, sondern auch das Nebengebäude sowie zwei in der Nähe geparkte Transporter. Nicht auszudenken, was passiert wäre, wenn zum Zeitpunkt der Detonation Menschen in der Nähe gewesen wären.[14]

Gewalt gegen Personen

Morddrohungen

AfD-Politiker müssen immer wieder mit der Tatsache klarkommen, dass sie mit dem Tode bedroht werden.[15] Ein Fall, der eine gewisse Medienaufmerksamkeit erregte, war der der baden-württembergischen Landtagsabgeordneten und Zahnärztin Christina Baum. Im Dezember 2019 stellten Unbekannte vor ihrer Praxis ein Holzkreuz mit der Aufschrift „Nazihure Baum, nach dir kräht bald kein Hahn mehr, gestorben am 31.12.2019" auf. Baum dazu: „Der Hass unserer politischen Gegner trägt Früchte."[16]

---

https://afdkompakt.de/2018/03/07/nach-30-anschlag-auf-buergerbuero-afd-politiker-beantragt-eintrag-ins-buch-der-rekorde/

14 „Anklage wegen Anschlag auf AfD-Büro in Döbeln";
https://www.mdr.de/sachsen/chemnitz/doebeln-rochlitz/anklage-anschlag-auf-afd-buero-doebeln-100.html

15 Vgl. „Björn Höcke (AfD Thüringen) im Interview beim AfD-Parteitag am 30.11.19", ca. 5:15-5:48;
https://www.youtube.com/watch?v=UTN3iXag8u4

16 „AfD-Abgeordnete Baum: Kreuz mit Morddrohung gefunden";
https://www.swr.de/swraktuell/baden-wuerttemberg/heilbronn/Kreuz-vor-Zahnarztpraxis-in-Lauda-Koenigshofen-Bekam-AfD-Abgeordnete-Baum-Morddrohung,afd-kreuz-102.html

AfD-Plakatierer beschossen

Im Januar 2016 wurde in der Karlsruher Rembrandtstraße ein Plakatierer, der für eine Werbeagentur arbeitet und noch nicht einmal Mitglied der AfD ist, zunächst von einem Vermummten auf das Übelste beschimpft. Als er danach mit dem Auto flüchten wollte, zückte der Unbekannte eine Pistole und schoss durch die Beifahrerscheibe des Wagens. Der Plakatierer blieb Gott sei Dank unverletzt.[17]

AfD-Jungpolitiker durch Angriff am Kopf verletzt

Der Jungpolitiker Florian Kohlweg (Kreis Kassel) wurde im November 2016 auf einer Abiturfeier von einem weiteren Gast unangekündigt mit zwei „Kopfnüssen" bedacht. Kohlweg erlitt eine Platzwunde und wurde mit Verdacht auf Gehirnerschütterung ins Krankenhaus eingeliefert.[18]

Gewaltattacke gegen Mitarbeiter von AfD-Landtagsabgeordnetem

Ein Wahlkreismitarbeiter des innenpolitischen Sprechers der AfD-Fraktion in Sachsen-Anhalt, Hagen Kohl, wurde am Rande eines Polizeifestes von mutmaßlich Linksextremen angegriffen und schwer verletzt. Der Wahlkreismitarbeiter war in der Nähe eines Polizeifestes, als er von einer Gruppe Jugendlicher grundlos beschimpft

---

17 „Und plötzlich fällt ein Schuss";
   https://www.zeit.de/2016/05/afd-plakate-angriff-baden-wuerttemberg
18 „Mutmaßlicher Linksextremist prügelt AfD-Politiker ins Krankenhaus";
   https://jungefreiheit.de/politik/deutschland/2016/mutmasslicher-links-extremist-pruegelt-afd-politiker-ins-krankenhaus/

und attackiert wurde. Der junge Mann erlitt Verletzungen im Gesichtsbereich, die in der Notaufnahme des Universitätsklinikums Magdeburg behandelt werden mussten. Kohl zeigte sich entsetzt über diesen Überfall:

> Dass mein Mitarbeiter offenbar nur aufgrund seiner Tätigkeit als AfD-Wahlkreismitarbeiter zusammengeschlagen worden ist, bestürzt mich sehr. Er wurde nicht nur schwer verletzt, sondern von etwa einem Dutzend Linksextremisten verfolgt und auf das Übelste als ‚Nazi‘, ‚Faschistenschwein‘ und ‚Rassistenspinner‘ beleidigt. Diese jungen Männer, die wohl auch Teilnehmer der Gegendemo waren, sind anscheinend gezielt in der Veranstaltungsumgebung auf der Suche nach geeigneten Opfern gewesen.[19]

Gartenlaube mit schlafendem AfD-Politiker angezündet

Im Juli 2019 versuchte ein Unbekannter, die Gartenlaube eines 32-jährigen AfD-Politikers aus Sachsen-Anhalt anzuzünden, während dieser mit einer 27 Jahre alten Frau darin übernachtete. Die Polizei fand einen Brandbeschleuniger und ermittelt wegen versuchten Mordes.[20]

Angriff im Regierungsviertel von Mainz, Auto angezündet

Vier unbekannte Männer attackierten im August 2016 den AfD-Politiker Uwe Junge im Regierungsviertel von Mainz. Sein Jochbein

---

19 „AfD-Mitarbeiter in Magdeburg verprügelt“; https://www.volksstimme.de/lokal/magdeburg/attacke-afd-mitarbeiter-in-magdeburg-verpruegelt

20 „Polizei ermittelt wegen versuchten Mordes an AfD-Politiker“; https://www.focus.de/politik/deutschland/in-sachsen-anhalt-polizei-ermittelt-wegen-versuchten-mordes-an-afd-politiker_id_10971369.html

wurde zertrümmert, sodass er sich einer Operation unterziehen musste. Ferner erlitt er unter anderem Blutergüsse am Auge und am Bein. Auch seine Frau war schon indirekt Opfer von Gewalt. Ihr Auto wurde in der Einfahrt ihres Hauses angezündet. Dank der Nachbarn wurde der Brand früh genug entdeckt, bevor die Flammen auf eines der Gebäude übergreifen konnten.[21]

Rechtfertigung von Gewalt

Gewalt gegen die Mitglieder der AfD ist nicht nur eine Sache von ein paar durchgeknallten Jugendlichen; sie wird teilweise von Politik und Medien legitimiert und sogar gefordert. Ralf Stegner, stellvertretender Parteivorsitzender der SPD, nannte es beispielsweise in einem Tweet eine Verpflichtung, Politiker der AfD zu attackieren: „Fakt bleibt, man muss Positionen und Personal der Rechtspopulisten attackieren, weil sie gestrig, intolerant, rechtsaußen und gefährlich sind!"[22] Armin Laschet, Ministerpräsident Nordrhein-Westfalens und CDU-Mitglied, will die AfD „bis aufs Messer bekämpfen".[23] Und auch die Äußerung „Wenn die AfD kurz vor der Machtergreifung stünde oder diese bereits erfolgte, wäre auch körperliche Gewalt gegen ihre Vertreter legitim", stammt nicht etwa von einem Angehörigen einer linksextremen Partei, sondern von Christian Säfken, einem Juristen (!) und langjährigen Mitglied der CDU, der

---

21 „Mainzer AfD-Fraktionschef muss nach Angriff operiert werden";
    https://www.focus.de/politik/deutschland/uwe-junge-mainzer-afd-fraktions-
    chef-muss-nach-angriff-operiert-werden_id_5928586.html
22 https://twitter.com/ralf_stegner/status/729212590874841088?lang=de
23 „Laschet warnt vor rot-rot-grüner Koalition";
    https://www.welt.de/regionales/nrw/article201793576/Laschet-warnt-vor-
    rot-rot-gruener-Koalition.html

diese Äußerung am 04.01.2019 auf Twitter absetzte.[24] Schließlich durfte der Pianist Igor Levit im November 2019 seine These, AfDler hätten ihr „Menschsein verwirkt" ausgerechnet in einer Talkshow zum Thema Hassrede vertreten, ein Ausspruch, der in der Tat an die Diktion der Nazis erinnert. Die Moderatorin ließ diesen Ausfall unkommentiert stehen.

Auch in diesen Fällen offenbart eine Umkehrprobe wieder einmal die Doppelmoral, die unsere Gesellschaft so vergiftet: Was wäre, wenn solche Gewaltphantasien von Mitgliedern der Alternative verbreitet worden wären?

Gewalt als Folge von Hetze

Diese Hetze aus dem Bereich der Politik und Medien (und leider auch aus Teilen der Amtskirchen) führt zu Gewalt. Indoktrinierte, oft jugendliche Täter greifen AfD-Politiker an, und die öffentliche Hand fördert linke Organisationen wie Antifa, Sozialistische Jugend, Linksjugend, Die Falken usw. sogar noch direkt oder indirekt mit Steuermillionen. Uwe Junge, AfD-Landtagsabgeordneter von Rheinland-Pfalz und selbst schon Opfer von politischer Gewalt, kommentiert dies in einem Facebook-Post so:

> Die Gesellschaft, vor allem aber die Politik und die Medien dürfen nicht wegschauen, nur weil es scheinbar opportun ist, wenn Gewalt im Namen des ‚Antifaschismus', ‚Antikapitalismus' oder ‚Antirassismus' begangen wird. Insbesondere die SPD und die Grünen versuchen immer wieder, linksextreme Organisationen, wie die Falken, Attac, SDAJ oder gar

---

24 Die Äußerung wurde von Twitter gesperrt, findet sich aber noch an etlichen Stellen im Netz. Inzwischen ist Säfken aus der CDU ausgetreten.

die Antifa zu verharmlosen, und stehen bei Demonstrationen gegen die AfD oft Seite an Seite mit diesen Extremisten, um gegen ihren politischen Gegner gemeinsam zu mobilisieren. Besonders verwerflich ist dieser Versuch, wenn der Innenminister und ‚Polizeichef' die Anwesenheit der Antifa beklatscht, während gleichzeitig ‚seine' Polizisten mit Sprengsätzen angegriffen und verletzt werden [gemeint ist der Innenminister von Rheinland-Pfalz Roger Lewentz].[25]

Parallelen zur DDR und anderen totalitären Systemen lassen sich nicht mehr leugnen: Linke Parteien, die „Hauptstrommedien", diverse Experten und Wissenschaftler bauen eine öffentliche Einheitsfront gegen die auf, die es wagen, Regierungsparteien in Bund und Ländern in Frage zu stellen und Alternativen aufzuzeigen. Ihr Mittel: Der Versuch, der AfD ein radikales Image zu verpassen und sie in ein national-sozialistisches Eck zu rücken.

Dabei geht es Parteien, Mainstream-Medien und Teilen der Amtskirchen darum, ihr wankendes Konstrukt, ihr Zerrbild dessen, was Gott in der Schöpfungs- und Erhaltungsordnung für diese Welt vorsieht, in ihre „schöne neue Welt" hinüberzuretten. Sie versuchen, ihre Meinung als die einzig zulässige zu etablieren. Stattdessen werden die, die Mut zur Wahrheit haben und die Missstände öffentlich benennen, ihrerseits der Menschenfeindlichkeit bezichtigt.

Dagegen stehen die Mitstreiter der Alternative für Deutschland auf. Wir sind konservativ, weil wir ewige Werte wie die Komplementarität der Geschlechter, das Lebensrecht auch für Ungeborene, das Existenzrecht der Völker und manches andere verteidigen. Wir sind liberal, weil wir die Freiheitsrechte des einzelnen Menschen weder einem Kommunismus im neuen Gewand noch den Dogmen eines

---

25 https://www.facebook.com/afdrheinlandpfalz/posts/1191412534344668

254

importierten Islam opfern wollen. Und man könnte sogar argumentieren, dass wir links sind, weil wir anprangern, dass die gewöhnlichen Bürger für das bezahlen müssen, was die realitätsvergessenen Eliten auf ihrem Weg anrichten.[26] Vor allem aber sind wir schlicht und ergreifend realitätsorientiert.

Woher kommen diese Angriffe? Eine kurze historische Herleitung

Stellen wir uns einmal die Frage, wo diese Gewaltakte ihre Ursprünge finden. Gewiss spielen auch psychologische und soziologische Phänomene wie Gruppendynamik und den Frust der Linken bei der Erfahrung des eigenen Unvermögens eine Rolle. Es ist aber bemerkenswert, dass die Gewalt gegen die AfD nicht nur durch Ausschreitungen bei Protestaktionen und großen Kundgebungen zum Vorschein kommt. Aus den aufgeführten Beispielen geht hervor, dass es sich hierbei oft um gezielte Aktionen handelt. Unsere Gegner möchten sich nicht auf eine Diskussion und einen zivilisierten Dialog mit uns einlassen, um die politische Auseinandersetzung mit Hilfe von Argumenten und Fakten zu führen. Viele setzen von Anfang an auf Gewalt, um ihre letzten Endes menschenverachtende Ideologie durchzusetzen. Diese Haltung hat in der linken Bewegung eine lange Vorgeschichte, und es lohnt sich, ihren geschichtlich-philosophischen Wurzeln einmal auf den Grund zu gehen.

Ausgehend von den Anfängen der Französischen Revolution im Jahre 1789 wurde das „revolutionäre Gedankengut" in den darauffolgenden Jahrzehnten und Jahrhunderten über ganz Europa verbreitet. Hierfür gab es viele Gründe, vor allem aber eine wachsende

---

26 Vergleiche „Die AfD, die Biopolitik und der Extremismus der anderen";
https://jungefreiheit.de/debatte/kommentar/2019/die-afd-die-biopolitik-und-der-extremismus-der-anderen/

Unzufriedenheit im Volk über jene Gruppen, die von den herrschenden Umständen am meisten profitierten. Diese Unzufriedenheit entzündete sich an den Ausschweifungen und Vergehen vieler Amtsträger in Staat und Kirche. Sie hatte aber auch etwas bisher nicht Dagewesenes an sich: Die Unzufriedenen griffen das gesellschaftliche System *an sich* an. Aus Sicht der Revolutionäre war der Grund für die Misere nicht der *Missbrauch* von Macht durch Könige, Bischöfe und andere Menschen aus dem Establishment, sondern das *Wesen* von Macht an sich. Hierarchien wurden als Erfindungen der herrschenden Klasse angesehen, mit deren Hilfe diese ihre persönliche Macht über die Menschen sichern und ausüben konnte. Die Lösung bestand also nicht in der moralischen Besserung des Adels, der Würdenträger und der herrschenden Elite, sondern in der Auslöschung der hierarchischen Strukturen. Damit eine Einebnung aller gesellschaftlichen Stände möglich war, brauchte es, so die Vorstellung, eine kurze und vorübergehende Phase, die dem aktuellen Zustand entgegengesetzt war, und zwar in Form einer gewaltsamen Revolution und einer absoluten Diktatur des Volkes unter dem wachsamen Auge der „Verschwörung der Gleichen". In dieser Phase sollte die Bestrafung der herrschenden Elite für ihre Unterdrückung erfolgen. Nach dieser kurzen Periode würde – so meinten frühsozialistische Theoretiker – der allgemeine Friede einkehren. Dann würde es keine Kämpfe zwischen gesellschaftlichen Gruppen mehr geben, denn alle wären „citoyens" in einem Staat der Gleichheit, Freiheit und Brüderlichkeit.

Zu Beginn des 19. Jahrhunderts wurde dann der Berliner Philosoph Georg Wilhelm Friedrich Hegel der große Theoretiker dieses Gedankens. Nach seiner Vorstellung entwickelte sich die Geschichte ständig durch das Durchlaufen dreier Phasen: Einem unvollkommenen Zustand (These), eine diesem Zustand entgegengesetzte Antwort (Antithese) und eine neue und vollkommenere, aus der Dialektik von These und Antithese hervorgehende Situation (Synthese). Wie einfach und banal dieser Gedanke aus heutiger Sicht auch scheint, er war für die damalige Zeit im tiefsten Sinn des Wortes revolutionär. Das Gute und Richtige war nicht mehr etwas Gegebenes; es stand nicht mehr am Anfang, als eine Vorgabe, ein Ideal, das in jeder konkreten Situation angestrebt und verwirklicht werden konnte. Auch Fortschritt war nach dieser Idee nicht mehr die langsame Entwicklung des vorhandenen Guten und die Befreiung von dem, was der Entfaltung guter Potentiale und schlummernder konstruktiver Fähigkeiten entgegenstand. Das Ideal stand jetzt am Ende als ein nicht vorhandener Zustand, der nur dann zu Tage treten würde, wenn das Momentane bis in die Wurzel vernichtet würde. Die Lösung eines Problems bestand fortan nicht mehr darin, Ordnung zu schaffen, sondern Chaos und Widerspruch, damit aus Asche und Ruinen etwas Neues und vermeintlich Besseres entstehen könne. Eine zivilisierte Diskussion mit einer vernunftbasierten Unterscheidung dessen, was in einer Sache der Wahrheit entspricht und dem, was ihr widerspricht, musste dem gewaltsamen, undifferenzierten und totalitären Widerspruch weichen. Endziel war die Gleichheit der Menschen. Der sozialistische Vordenker Étienne Cabet schrieb bereits 1840 in seinem Buch „Reise nach Ikarien": „Kommen wird die Zeit, wo die Gleichheit nicht mehr unterzugehen braucht in Feuer und Blut, wo sie immerdar den Erdball umleuchtet und umwärmt: Dann ist der Phönix erlöst. Dies wird geschehen, wenn die Gütergemeinschaft [der Kommunismus] überall wirklich geworden ist."

Was Hegel auf einer theoretischen Ebene formulierte, setzte Karl Marx gemäß der Maxime „Die Philosophen haben die Welt nur verschieden interpretiert; es kommt darauf an, sie zu verändern" in die Tat um. Er erkannte zu Recht die Problematik, die die Industrialisierung und der Kapitalismus des 19. Jahrhunderts mit sich brachten. Seine Lösung bestand aber nicht in konkreten Maßnahmen gegenüber Kapitalstarken und Machthabern, um ihren angehäuften Besitz, ihr Wissen und ihre Produktionsfähigkeit – beispielsweise durch angemessene Steuern – dem Gemeinwohl zugutekommen zu lassen. Der angestrebte Lösungsweg von Marx war die Vernichtung der Kapitalstarken und Machthaber sowie die Abschaffung des Kapitalismus, dessen einziges Ziel, so Marx, es sei, die Arbeiter zu unterdrücken und die Macht Weniger zu sichern. Was er wollte, war eine neue Synthese, eine friedliche, klassenlose Gesellschaft, die nur aus dem Kampf zwischen dem aktuellen System (These) und einer leider notwendigen gewaltsamen Antithese, der Revolution und der Diktatur des Proletariats, entstehen konnte. Die gewaltsame Revolution wurde so zum Kern der marxistischen Methode.

Im Lauf der darauffolgenden Jahrhunderte haben viele politische Bewegungen linker, marxistischer und sozialistischer Art versucht, diese Methode anzuwenden. Obwohl ihre politischen Programme im Detail oft verschieden und in manchen Punkten sogar gegensätzlich waren, verband sie doch der gemeinsame Revolutionsgedanke. Der Versuch, durch eine revolutionäre Antithese und schließlich aus den Trümmern der Revolution eine strukturlose, angeblich friedliche und klassenlose Gesellschaft der „Gleichen" zu schaffen, hat sich in den verschiedensten Kulturen und unter den verschiedensten Umständen als eine blutrünstige, zum Scheitern verurteilte Utopie erwiesen.

Die Revolution, die von den Frühsozialisten nur als vorübergehende Stufe gedacht war, wurde in allen Fällen zum Dauerzustand. Einerseits, weil die Versuchung zum Machtmissbrauch nicht nur Sache der etablierten Mächtigen, sondern eines jeden Menschen ist, sobald er über Macht verfügt. Andererseits, weil die Strukturen, die die Revolution auszulöschen versuchte, oft nicht nur menschliche Gebilde, sondern auch natürliche Wirklichkeiten waren. Obwohl sich durch die Natur vorgegebene oder notwendige Umstände, wie beispielsweise Hierarchien oder die gegenseitige Ergänzung von

Mann und Frau, grundsätzlich nicht vernichten lassen, bestanden viele Revolutionäre darauf, die Revolutionen noch ein bisschen länger dauern zu lassen. Oft war der Grund des „noch nicht erreichten Zustandes der Gleichheit" Vorwand für weitere Enteignungen von erarbeitetem Eigentum oder das Abschlachten von noch mehr Menschen, die dem System im Wege standen.

Die gewaltsame Revolution ist aber oft nicht nur gefährlich für jene, gegen die sie sich direkt richtet, sondern letzten Endes auch für jene, denen sie zu helfen vorgibt. Weil im Mittelpunkt ihrer Lösung nicht die Verbesserung und Reinigung eines aktuellen Zustandes, sondern die Vernichtung der kompletten Struktur steht, verschwindet der positive und konstruktive Aspekt oft aus dem Blickfeld. Der englische Schriftsteller George Orwell (1903-1950), der in jüngeren Jahren dem Sozialismus nahestand, wurde im Laufe seines Lebens dieser Ideologie gegenüber immer kritischer, weil er erkannte, dass die eigentliche Motivation der Revolution nicht in der Sorge um die Unterdrückten bestand, sondern in der Ablehnung herrschender Schichten und der leidenschaftlichen Durchsetzung einer Theorie. Sein Roman „1984", die Warnung vor einem totalen Überwachungsstaat mit einer aus politischen Motiven künstlich modifizierten Sprache namens „Neusprech" und dem Konzept von „Gedankenverbrechen", weist unübersehbar Bezüge zur heutigen Zeit auf.

Sozialistische Gedankenkonstrukte sind immer noch sehr lebendig. Bei vielen Linken herrscht der tief verwurzelte Verdacht, bisherige Strukturen seien nur zum Machtmissbrauch geschaffen worden. Ebenso hegen manche eingestanden oder uneingestanden die Vorstellung, die Gesellschaft könne nur durch die Zerstörung derselben und die Erneuerung in einer Synthese wiederhergestellt werden. Linke Ideologen kämpfen beispielsweise im Bereich der Zuwanderung aus anderen Kulturkreisen gegen eine vermeintliche Verschwörung der teilweise wohlhabenden, mehrheitlich arbeitsamen Menschen in Deutschland, die durch ihre Bemühungen und ihren Fleiß Ungleichheit gegenüber anderen Kulturen verfestigten. Auch hier ist Orwells Skepsis berechtigt: Warum kämpfen diese „revolutionären Sozialisten" im Gewand linker Politik heute? Weil sie die Frauen, Männer und Kinder in Deutschland, die kulturfernen Zuwanderer und die neuen Kulturen und Religionen wirklich lieben? Oder weil sie die deutsche Identität, das bibelfundierte Christentum, ihre eigene Herkunft und das Erbe ihrer Kultur und ihrer Heimat aus tiefstem Herzen hassen?

Gegenstrategien: Was können Betroffene tun?

Politisch Gewalttätige erzeugen Angst und Druck, um an ihr Ziel zu kommen. Das Grundschema ist dabei meist ähnlich: Zuerst werden Zielpersonen bedroht, danach erfolgen Diffamierungen im Umfeld des Opfers. In weiterer Folge werden beispielsweise Hausfassaden mit Graffiti wie „Fuck AfD" beschmiert, und schließlich kann es zu körperlicher Gewalt kommen.

Eine erste wirksame Strategie ist die Publikation der Vorfälle. Eine Veröffentlichung kann einzelne Mitläufer und Nachahmer erfahrungsgemäß abschrecken. Linke Aktivisten bis hin zur „Antifa" scheuen den öffentlichen Pranger. Es gibt auch AfD-nahe Plattformen und Archive wie „Blick nach links" (blicknachlinks.org) und die „Alternative Hilfe e.V. – Hilfe für Opfer politisch motivierter Straftaten" (alternative-hilfe.de), die man informieren kann.

Die fotografische und schriftliche Dokumentation des politisch motivierten Gewaltaktes ist Voraussetzung, dass angemessen über einen Fall berichtet werden kann. Auch eine Anzeige bei der Polizei sollte unverzüglich erstattet werden, um Fahndungen und Ermittlungen zeitnah einzuleiten. Dokumentation und Anzeigen sind gleichzeitig Akte der Prävention, weil dingfest gemachte Täter zur Verantwortung gezogen und potentielle Mitläufer abgeschreckt werden. Umgekehrt gilt, je weniger mit den politisch motivierten Straftaten an die Öffentlichkeit gegangen wird, je öfter Opfer politischer Gewalt sich in Schweigen hüllen, desto mehr fühlen sich Kriminelle in ihrem Handeln bestätigt und desto dreister werden sie.

Persönlich

Die Saat der ausgrenzenden Politik und der verleumderischen Presse geht auch im Kleinen auf. In diesem Abschnitt werden wir einmal auf einige Aspekte eingehen, von denen das „politische Fußvolk" betroffen sein kann, angefangen vom einfachen engagierten Mitglied bis hinunter zum bekennenden Wähler oder Sympathisanten. Dabei ist es uns wichtig, eines zu betonen: All das, was wir hier beschreiben, *kann* passieren und *ist* vermutlich auch schon vielen AfD-Anhängern passiert. Das heißt aber nicht, dass es *Ihnen* passieren wird. Besonders dann, wenn Sie zu den eher furchtsamen Zeitgenossen gehören, lassen Sie sich durch diesen Abschnitt nicht noch mehr verängstigen. Auf der anderen Seite ist es gut, sich mit den möglichen Konsequenzen auseinanderzusetzen.

Seele

In weiten Teilen unseres Volkes herrscht ein Klima der Angst. Nach einer repräsentativen Umfrage des Instituts für Demoskopie Allensbach empfinden 78% der Deutschen, also ein Anteil, der weit über die aktuelle Wählerklientel der AfD hinaus bis ins linke Lager reicht, dass man seine Meinung nicht mehr frei im öffentlichen

Raum äußern kann.[27] Dies gilt besonders für Menschen, die der AfD nahe stehen, und kann Folgen haben wie diese:

- In Gesprächen im Bekanntenkreis macht sich Unsicherheit im Hinterkopf breit: Kann ich das jetzt sagen?

- Auf der Arbeitsstelle hält man lieber den „Ball flach", während links orientierte Kollegen in der Regel eher keine Probleme haben, ihre Positionen offensiv zu vertreten.

- Besuche von konservativen oder patriotischen Veranstaltungen, seien es Demonstrationen, Stammtische, Informationsveranstaltungen oder was auch immer, werden zur Mutprobe.

- Wenn neue Bekannte oder Freunde zu Besuch kommen, fragt man sich, ob die eigene politische Position in der Wohnung irgendwo sichtbar wird. Sind meine beiden AfD-Kugelschreiber in der Schublade? Was für Bücher stehen offen in meinem Bücherschrank?

- Leserbriefe schreibt man lieber unter einem Pseudonym.

- Bei dem Erwerb einer konservativen Zeitung oder eines nicht mit dem politischen Mainstream kompatiblen Magazins überkommt einen ein mulmiges Gefühl. Gelesen wird das Erzeugnis lieber nicht öffentlich im Café um die Ecke, sondern zu Hause.

- Selbst bei der Nutzung des Internets wird man vorsichtiger: Wie gefährlich ist es, diese Seite aufzurufen, jenes Video anzuschauen oder einen Beitrag zu liken? Schließlich kann alles nachvollzogen werden.

---

27 Köcher, Renate. 2019. Grenzen der Freiheit. In: *Frankfurter Allgemeine Zeitung* vom 23.05.2019, 12. Zusammenfassung unter „Mehrheit der Deutschen äußert sich in der Öffentlichkeit nur vorsichtig"; https://www.welt.de/politik/article193977845/Deutsche-sehen-Meinungsfreiheit-in-der-Oeffentlichkeit-eingeschraenkt.html

Dies sind keine imaginären Reaktionen, sondern für viele traurige Realität.

Im sozialen Umfeld

Die Spaltung der Gesellschaft zieht sich hindurch bis in Freundschaften und Familien. Nahezu jedes AfD-Mitglied kann von Verunglimpfungen und Anfeindungen wegen der Parteizugehörigkeit im beruflichen und privaten Umfeld oder in der Öffentlichkeit berichten. Spannungen in Beziehungen bis hin zu Trennungen können auch bei langjährigen Freundschaften vorkommen, also selbst dann, wenn uns Menschen schon sehr lange und gut kennen und eigentlich genau wissen, dass wir vom Radikalismus weit entfernt sind. Aber dadurch, dass die AfD zum Feindbild aufgebaut worden ist und wir uns mit ihr solidarisieren, geraten auch diese Beziehungen unter Druck. Trennungen, wo sie denn geschehen, sind schmerzhaft und sollen auch nicht bagatellisiert werden. Jeder von uns drei Autoren hat erlebt, dass sich zumindest ein enger Freund von uns abwandte, weil er mit unserer politischen Orientierung nicht mehr klarkam. Dabei hatte sich unsere politische Einstellung gar nicht geändert; wir alle waren schon konservativ, lange bevor es die AfD gab. Die Saat der Ausgrenzung geht auf.

Mitunter kommt es auch zu emotionalen Reaktionen, wenn wir uns zu unserer politischen Haltung bekennen, sei es in Form von größter Überraschung oder von Wutausbrüchen. Zu Letzteren neigen insbesondere jene, die sich über einen längeren Zeitraum nur mit Hilfe der Mainstream-Medien ein Bild über die AfD gemacht haben. Diese Menschen sind zum Teil regelrecht aufgehetzt. Sie tragen eine Wut im Bauch, die normalerweise gar nicht zu ihrem Naturell passt. Lass Hetze rein, ist Hass drin, kommt Wut raus.

Eher wohlmeinende Freunde und Bekannte reagieren anders. Sie fangen an, sich Sorgen zu machen. Wenn sie sich selbst nicht in der Lage sehen, mit Ihnen zu diskutieren, schenken sie Ihnen vielleicht ungefragt ein Buch, das sich kritisch mit der AfD auseinandersetzt oder eine Unvereinbarkeit von Christsein und AfD-Unterstützung zu belegen versucht. In der Kirche sucht man möglicherweise ein „seelsorgerliches" Gespräch. Besonders unangenehm wird es dann, wenn andere Gläubige in Ihrer Gegenwart anfangen, für Sie zu beten, dass Gott Ihnen doch „die Augen öffnen" und Ihnen Verständnis und Einsicht geben möge. Inakzeptabel ist es, wenn man Ihnen aufgrund Ihres Einsatzes den Glauben abspricht.

Manchmal kommt es sogar schon auf dieser Ebene zu Sippenhaftung. Die Frau eines engagierten Wahlkämpfers musste beispielsweise erleben, dass Freunde und Kollegen, mit denen sie sich gut verstanden hatte, nicht mehr mit ihr gesehen werden wollten, nur weil ihr Mann bei der AfD mitarbeitet. Einem der Kinder wurde gesagt: „Du tust uns leid, so einen Vater zu haben, der bei der AfD ist."

Generell dürfte sich bei vielen nicht-AfD-affinen Zeitgenossen eine Haltung der moralischen Überlegenheit entwickelt haben. Sie sind überzeugt, auf der „guten", der „richtigen" Seite zu stehen, weil sie glauben, „aus der Geschichte gelernt" und verstanden zu haben, dass „Nationalismus keine Lösung" ist. Begegnen Sie diesen Menschen nicht mit der gleichen Haltung. Wenn Sie Freunde haben, die Ihnen gewogen sind, aber Ihrer politischen Meinung kritisch gegenüberstehen, diskutieren Sie mit Ihnen auf einer sachlichen Ebene. Erklären Sie, wie Sie zu Ihrer Einstellung gekommen sind und warum Sie das glauben, was Sie glauben.

Berufliche Nachteile

„Ja, man darf seine Meinung äußern in Deutschland", schreibt der Journalist Roger Köppel. „Aber wer eine Meinung äußert, die der Obrigkeit nicht genehm ist, der kann seinen Job verlieren und wird geächtet."[28]

Peter und Heike sind ein mir (JK) persönlich bekanntes Ehepaar. Sie wurden bald nach Gründung der AfD Mitglieder in der Partei. Das Ehepaar engagiert sich kirchlich und zivilgesellschaftlich, wie beispielsweise bei der „Demo für alle", die sich hauptsächlich für den Schutz der Kinder und gegen deren „Zwangsfrühsexualisierung" einsetzt. Als Kandidat für den Gemeinderat seiner Heimatstadt gelang Peter dank seines hingebungsvollen Einsatzes beinahe der Einzug.

Der Preis, den Peter für seinen Einsatz bei der AfD bezahlt, sind u. a. große Schwierigkeiten bei der Suche nach einer angemessenen Arbeit. Sehr oft, wenn er sich bewirbt, sind die ersten Reaktionen überaus positiv, und potentielle Arbeitgeber freuen sich über seine Bewerbung. Diese positive Einstellung schwenkt aber fast immer schlagartig in Ablehnung um, vermutlich, weil die zuständigen Personaler im Netz Einträge über ihn mit AfD-Bezug finden. Daraufhin bekommt Peter eine Absage. Insbesondere bei renommierten Firmen dürften es bekennende AfD-Mitglieder schwer haben, Arbeit zu finden.

Auch das Haus, in dem Peter und Heike mit ihren Kindern wohnen, war bereits Gegenstand linker Angriffe. Metergroße Graffiti aus schwer entfernbarem Lack wurden auf die Hauswand geschmiert. Außerdem wurde Peter vom linksradikalen Portal Indymedia als zu attackierendes Ziel deklariert, also quasi für vogelfrei erklärt.

---

28 Zitiert aus: Sarrazin, Thilo. 2014. *Der neue Tugendterror: Über die Grenzen der Meinungsfreiheit in Deutschland*. München: Deutsche Verlags-Anstalt, 107f.

Eine mir ebenfalls bekannte junge Beamtin bekam einen neuen Dienstvorgesetzten. Als der neue Chef über Medienberichte von ihrer Wahl zu einer Funktion im Kreisverband erfuhr, wurde sie zu ihrem Vorgesetzten zitiert, der zu ihr sagte: „Entweder Sie verzichten auf Ihre Funktion bei der AfD, oder ich werde alles daransetzen, dass Sie den Beamtenstatus verlieren!"

Natürlich ist ein solches Vorgehen nicht zulässig. Die Beamtengesetze ermöglichen politische Arbeit von Beamten, solange die sogenannte Neutralitätspflicht und die Mäßigungspflicht nicht verletzt werden. Das heißt beispielsweise, dass man im Dienst nicht über politische Dinge sprechen darf. Aber leider wird auch hier oft mit zweierlei Maß gemessen. Während bei jemandem von den Grünen, der CDU/CSU, SPD, FDP, den Freien Wählern oder einer anderen Partei ein Auge zugedrückt wird oder eine politische Positionierung sogar erwünscht ist, ist dies bei AfD-Sympathisanten kaum der Fall.

Ein anderer mir (JK) bekannter Beamter kandidierte im März 2016 auf der Liste für die Landtagswahl in Baden-Württemberg, verzichtete aber auf seine Kandidatur, nachdem er unterschwellig Schwierigkeiten an seinem Arbeitsplatz wahrgenommen und seine Vorgesetzten Druck aufgebaut hatten. Er wäre mit hoher Wahrscheinlichkeit in den Landtag gekommen: Der in seinem Wahlkreis nachgerückte Wahlbewerber erhielt die notwendigen Stimmen für den Einzug.

Auch die Suche nach einer Wohnung ist für AfDler bisweilen erschwert. Viele Vermieter suchen vor Abschluss eines Mietvertrages die potentiellen Neumieter im Netz. Einige der Vermieter wollen von sich aus AfD-Sympathisanten kein Dach über dem Kopf gewähren, andere haben Angst vor finanziellen Einbußen durch Vandalismus und Beschädigungen ihrer Immobilie von Linken.

Es gibt auch einen Konformitätsdruck, insbesondere unter den Eliten, die einen Ruf zu verlieren haben. Besonders Lehrer, an deren

Schulen gegen „rechts" agitiert wird, trauen sich nicht mehr, mit der AfD in Verbindung gebracht zu werden. Aber nicht nur in den akademisch geprägten Berufen werden Anhänger der Alternative drangsaliert. 2018 gab die IG Metall ein Papier mit dem Titel „Zum Umgang der IG Metall mit der AfD" heraus. Darin wird u. a. festgehalten, „dass Absprachen darüber notwendig sind, dass dort, wo AfD-Sympathisanten im Betrieb vermutet werden, gezielt und verbindlich Einzel- oder Gruppengespräche geführt werden." Dazu sei eine „Wer-redet-bis-wann-mit-wem-Liste" sinnvoll.[29] So weit sind wir also inzwischen: „gezielte" und „verbindliche" Gesinnungsschnüffelei in Betrieben mit Hilfe von Listen sowie Einzel- und Gruppengesprächen.

Ausgrenzungen aller Art sind schmerzhaft. Der Mensch ist ein soziales Wesen, von Gott zur Gemeinschaft geschaffen, und Ausgrenzung trifft jeden Menschen hart.

Parallelen zu dunklen Zeiten

Das, was heute geschieht, hat den Boden eines fairen demokratischen Miteinanders längst verlassen. Es trägt den Samen für eine höchst unheilvolle Entwicklung. „Das Fundament der 1949 wiedererlangten Demokratie, der antitotalitäre Konsens, zerbröckelt", schreibt Jörg Kürschner.[30] Allerdings ist Diktatur für viele Deutsche, vor allem für viele Westdeutsche, automatisch mit „rechts" verbunden. Viele haben Angst, dass es noch einmal zu einer Art „Drittes Reich" kommen könnte. Sie übersehen jedoch, dass Totalitarismus prinzipiell

---

29 „Zum Umgang der IG Metall mit der AfD";
    https://www.igmetall-bezirk-mitte.de/fileadmin/user/Gesellschaftspolitik/
    Aktiv_gegen_Rechts/2019/Arbeitspapier_AfD.pdf, 10.
30 Kürschner, Jörg. 2019. „Muß Personal attackieren". In *Junge Freiheit* 52/19, 2.

von überall her kommen kann: Von rechts, von links, von religiöser Seite – oder auch von einer Vereinigungs- oder Eine-Welt-Ideologie. Der eine Totalitarismus ist dabei nicht „besser" oder „humaner" als der andere. „Der Stiefel glich dem Stiefel immer", schrieb Bertold Brecht, und in diesem Punkt stimmen wir ihm zu.

Wenn man sich diese Ausgrenzungspraktiken und -mechanismen im Großen wie im Kleinen vor Augen hält, kommt man nicht umhin, an dunkle Kapitel der deutschen Geschichte erinnert zu werden. Der ehemalige Präsident des Verfassungsschutzes Hans-Georg Maaßen (CDU) hat in einem Interview einmal bemerkt: „Alles rechts von Frau Merkel gilt schon als inakzeptabel, wird stigmatisiert, ausgegrenzt oder bekämpft. Dabei stammt die Methode der sozialen Isolierung politischer Gegner aus dem Giftschrank totalitärer Staaten und ist absolut zerstörerisch für die Demokratie."[31] Der Dresdner Politologe Werner Patzelt, ebenfalls CDU, wurde noch deutlicher. In einem Interview mit dem Publizisten Roland Tichy brachte er die Situation sehr mutig auf den Punkt:

> Etwas wirklich Erschreckendes ist, dass viele Leute gar nicht mehr begreifen, dass die Ausgrenzungspraxen, die heute verwendet werden, von ihrer formal-pragmatischen Struktur her jenen wie ein Ei dem anderen gleichen, mit denen in unsäglichen Zeiten jüdische Mitbürgerinnen und Mitbürger ausgegrenzt worden sind.

Als Tichy dann skeptisch nachfragte, ob das nicht ein bisschen weit ginge, erklärte Patzelt seine Aussage so:

> Es fängt an mit der späten Weimarer Republik, mit der ganzen Hetzerei gegen jüdische Mitbürger, und auch die Ausgrenzung

---

31 Schwarz, Moritz. 2019. „Erosion unserer Demokratie". In *Junge Freiheit* 31/19, 3.

der jüdischen Deutschen ist schrittweise erfolgt. Man lese einfach die Tagebücher von Victor Klemperer, wie es ihm, damals noch Hochschullehrer, gegangen ist, und wie sich schrittweise die Etikettierung als der ganz andere, der nicht mehr länger Akzeptable, vollzogen hat. ... Infolge dessen ist es nicht zu dick aufgetragen, nicht zu hoch gegriffen. Es ist lediglich die Sensibilisierung für das, was sich hinter dem Rücken auch der Gutwilligen tatsächlich ereignet.[32]

Natürlich kommt das, was heute geschieht, auch nicht annähernd an das heran, was auf dem Höhepunkt des Dritten Reiches passiert ist. Aber, wie Patzelt herausstellt: Auch das Dritte Reich hatte eine Vorgeschichte, die von zunehmender Hetze und Ausgrenzung bestimmt war.

Warum trotz des hohen Preises nicht aufgeben?

Lassen Sie uns drei Gründe aufführen, warum wir glauben, dass wir nicht aufgeben, die Auseinandersetzung nicht scheuen und uns nicht aus der Verantwortung stehlen dürfen.

1. Es steht zu viel auf dem Spiel. Meinungsfreiheit, Glaubensfreiheit, Freiheit ganz allgemein, das Recht auf Privatsphäre, Frieden innerhalb des Volkes, ein gedeihliches Miteinander der Völker untereinander und manches mehr. Und weil so viel auf der Kippe steht, sind mutige Menschen bereit, ihr Leben einer Gesellschaft zu widmen, in der nicht alle gleich sind, aber jeder das

---

32 „Konservatismus als Waffe?";
https://www.youtube.com/watch?v=PnwvnokMRcc; ab 24:06. Die (sehr umfangreichen) Tagebücher Klemperers sind unter dem Titel *Ich will Zeugnis ablegen bis zum letzten* erschienen.

bekommen kann, was er zu einem gelingenden Leben benötigt. Jeder Mensch ist gleich an Würde, aber nicht gleich in seiner Art, seinen Gaben und seiner Prägung und damit auch seinen Aufgaben. Das Fördern unterschiedlicher Talente und das Stillen unterschiedlicher Bedürfnisse im Rahmen von Gottes Werten führen zu Glück und Zufriedenheit der Menschen. Linke Gleichmacherei aller hingegen führt zu Frustration, Misswirtschaft und gesellschaftlichem Niedergang. Es ist ein Zeugnis für die Welt, wenn vernünftige Menschen den Dialog über die Intoleranz linker Ideologie stellen; die Rede und die Vernunft über die Gewalt; und die Ordnung über das linke Chaos. Es geht in diesem politischen Kampf nicht nur um die Verteidigung dieser oder jener Ansicht, sondern um das Aufrechthalten des Prinzips der Vernunft und des Erkennens von Wirklichkeit und Wahrheit in einer Gesellschaft, in der die Zerstörung der Ordnung und die Verwirrung des Denkens zur Methode geworden sind.

2. Der Blick in die Zukunft. Wir müssen uns die generationenübergreifende Natur der aktuellen Auseinandersetzung noch mehr bewusst machen. Die Jünger der Französischen Revolution kämpften rund um den Journalisten und Agitator François Noël Babeuf als „Verschwörung der Gleichen" für die Abschaffung des Privateigentums sowie die Aufhebung der Familie; später, etwa im Kommunismus mit seinem Blutzoll von Millionen von Menschen, wurde das Eigentum tatsächlich kollektiviert und die Kinder der elterlichen und häuslichen Erziehung entzogen und in staatliche Erziehungsanstalten gesteckt. Auch heute arbeiten linke politische Kräfte z. B. mit den Werkzeugen hoher Steuern und überbordender öffentlicher Verschuldung an der Enteignung der Bürger. Unter dem Deckmantel von „Kinderrechten" soll das elterliche Erziehungsrecht ausgehöhlt und das Durchgriffsrecht staatlicher Behörden gegen Eltern ausgeweitet

werden. Oder, um es mit dem SPD-Spitzenpolitiker Olaf Scholz zu formulieren: „Wir wollen die Lufthoheit über den Kinderbetten erobern."[33] „Die letzte verantwortliche Frage ist nicht, wie ich mich heroisch aus der Affäre ziehe, sondern wie eine kommende Generation weiterleben soll", schrieb einmal Dietrich Bonhoeffer.[34]

3. Gottes Ruf. Vernunftgeleiteten Menschen, die sich bemühen, die Wirklichkeit so zu erkennen, wie sie ist, muss klar sein, dass Gewalt zur Reaktion linker Kräfte dazugehören kann. Auf der anderen Seite sollte jeder sich die Frage stellen: „Was würde geschehen, wenn ich der Macht der Gewalt, auch der sanften, nachgebe? Würde ich da nicht einer noch viel größeren, göttlichen Kraft untreu, die jeden Menschen im Tiefsten seiner Person dazu aufruft, das Gute, Große, Schöne, Wahre und Richtige in sich und um sich herum wahrzunehmen, zu fördern und zu tun?"

Wir dürfen der Frage, was in der aktuellen Zeit zu tun ist, um einen Beitrag zu leisten für die Familie, für das Privateigentum, für die eigene Nation und die Erhaltung der Moral nicht ausweichen. Jeder soll sich die Frage stellen, die einem Menschenleben Sinn gibt: Worin liegt mein Beitrag? Wie kann ich in meiner Lebenszeit das Gute leben, schützen und bereichern? Wo und wie kann ich mich ganz konkret in meinem Umfeld für die Wahrheit einsetzen? Und vor allem: Wo möchte Gott mich haben?

---

33 „Scholz"; https://www.deutschlandfunk.de/scholz.694.de.html?dram:article_id=60153

34 Bonhoeffer, Dietrich. 2019 (23. Auflage). *Widerstand und Ergebung: Briefe und Aufzeichnungen aus der Haft.* Gütersloh: Gütersloher Verlagshaus, 14.

Am Ende des 19. Jahrhunderts gab es in Flandern einen Priester namens Adolf Daens, der, ebenso wie Marx, das Elend der Arbeiterklasse seiner Zeit sah. Anders als dieser rief er aber nicht zur gewaltsamen Revolution auf, sondern ermahnte die Arbeitgeber (viele von ihnen Christen) und erinnerte sie an ihre Pflicht, ihren Reichtum auch für das Wohl der Arbeiter einzusetzen. Die Arbeiter hetzte er nicht auf, sondern half ihnen, sich zu vereinen, ihre Anliegen friedlich zu formulieren und in einen echten und ehrlichen Dialog mit den Arbeitgebern einzutreten. Für seinen Einsatz und Dienst an der Wahrheit wurde Daens zunächst belächelt und verspottet; nicht nur von manchen Menschen in seiner Umgebung, sondern auch von Seiten der Arbeiter, die oft lieber einem charismatischen Genossen als einem predigenden Friedensboten zuhörten. Von Vorgesetzten innerhalb seiner Kirche wurde er als gefährlicher Revolutionär und „Extremist" eingestuft. Teile des damaligen Klerus distanzierten sich von ihm, versuchten seinen Ruf zu schädigen und verleumdeten ihn in der Amtskirchenhierarchie bis hinauf zum Papst. Durch seine persönliche Entscheidung und seinen unermüdlichen Einsatz für die Wahrheit und das Allgemeinwohl konnte Daens jedoch mehr zum Wohlstand der Massen beitragen als alle linken Revolutionen der Welt zusammen. Sein Leben ist eines von unzähligen Beispielen, wie der Einsatz für das Wahre und Gute im Kleinen, in der eigenen Umgebung, Ordnung schafft, um so die Welt besser zu machen.

Andererseits gibt es in der Geschichte auch verschiedene Beispiele gelungener, friedlicher Revolutionen, die von Einzelnen angestoßen wurden. Die DDR und ihr Ende ist ein Beispiel. Mahatma Gandhi ein anderes. Sein Beispiel zeigt, wie jeder Mensch das Richtige tun und gerade durch das Leiden, das er auf sich nimmt, zu einem leuchtenden Beispiel und zum Motor einer Erneuerung werden kann. Wenn jemand zu gewissen Positionen steht und bereit ist, dafür Ausgrenzung, Verfolgung und Gewalt zu ertragen, wird er vielleicht erst einmal von seiner Umgebung belächelt. Mit der Zeit werden sich die Menschen aber fragen, wieso jemand, der ihrem Wohl dienen möchte, bereit ist, Schmach und Verleumdung auf sich zu nehmen. Sie werden sich wundern und ins Nachdenken kommen und dann vielleicht zu dem Schluss kommen: „Ich bin zwar nicht immer einer Meinung mit dir, aber das, was mit dir gemacht wird, finde ich ungerecht und falsch. Ich unterstütze dich in dieser Frage."

Wir Christen haben eine „Wolke von Zeugen" (Hebräer 12,1), die uns vorangegangen ist. Durch die ganze Kirchengeschichte hindurch waren Christen immer wieder bereit, für ihren Glauben und ihre Überzeugungen Leiden auf sich zu nehmen. Die Christen im ersten Jahrhundert bildeten hier keine Ausnahme. Der römische Kaiser forderte eigentlich nicht viel. Ihr Glaube sollte Privatsache bleiben (sie durften sich nicht zur öffentlichen Feier versammeln), und sie mussten als gute Bürger einen kleinen Kompromiss eingehen, indem sie anerkannten, dass nicht nur Christus, sondern auch der Kaiser Gott sei. Es ging also noch nicht einmal um die Wahrheit ihrer Religion, sondern um eine Frage der „politischen Korrektheit". Für Christen war Religionsfreiheit jedoch immer mehr als nur eine private Meinung. Sie schloss die Garantie ein, in der Öffentlichkeit den Glauben ausüben und aussprechen zu können und nicht zu Handlungen und Aussagen verpflichtet zu werden, die dem Gewissen widersprachen. Heute sind die Christen, die nach der Bibel leben möchten, aufs Neue herausgefordert, die Komfortzone der „politischen Korrektheit" und der zur Indifferenz neigenden Toleranz zu verlassen und die Worte Jesu wieder ernster zu nehmen: „Ihr seid das Salz der Erde" (Matthäus 5,13). Ebenso, wie Salz im Alten Orient zur Konservierung von Lebensmitteln diente, tragen Christen dazu bei, die Gesellschaft vor dem Verderben zu bewahren. „Christen wachen auf, werden sich neu ihrer Verantwortung bewusst, verstehen die Dringlichkeit, die Gesellschaft neu- und mitzugestalten, denn es wird offensichtlich, dass sie zusehends kulturell, sozial, rechtlich und geistlich verfällt", schreibt Gabriele Kuby.[35]

Nicht jeder Christ hat eine Berufung in die Politik, aber jeder von uns steht vor der Wahl: Will ich meine Stimme erheben oder will ich lieber den Kopf einziehen? Klar ist: Wir werden uns als Christen nicht entziehen können, wenn wir uns nur tief genug ducken. Klar ist auch: Je länger wir schweigen, umso schwieriger wird es. Vera Lengsfeld, die als DDR-Bürgerrechtlerin selbst Repressionen ausgesetzt war, glaubt: „Die Angst davor, als ‚rechts' gebrandmarkt zu werden, ist nichts im Gegensatz dazu, was auf uns zukommt, wenn es uns nicht gelingt, das Ruder rumzureißen."[36] Aber auch das ist nicht von der Hand zu weisen: Es wird einen Preis kosten. „Diese *politische Nächstenliebe*, die sich für die Freiheit einsetzt, verlangt eine konkrete und aktuelle Opferbereitschaft, welcher sich gerade bewusste Christen nicht entziehen dürfen."[37] (Walter Künneth) Hören wir auch hier noch einmal auf die Worte Jesu: „Selig sind, die um der Gerechtigkeit willen verfolgt werden; denn ihrer ist das Himmelreich. Selig seid ihr, wenn euch die Menschen um meinetwillen schmähen und verfolgen und allerlei Böses gegen euch

---

35   Kuby, Gabriele. 2017. *Christliche Prinzipien des politischen Kampfes*. Kißlegg: fe-medienverlags GmbH, 22f.

36   „'Heimatlos im eigenen Land' - Interview mit Vera Lengsfeld (2. Teil)"; https://www.youtube.com/watch?v=nsR8eEV96Gc. Ab 0:55.

37   Künneth, Walter. 1984. *Der Christ als Staatsbürger*. Wuppertal: R. Brockhaus, 173.

reden und dabei lügen. Seid fröhlich und jubelt; es wird euch im Himmel reichlich belohnt werden. Denn ebenso haben sie verfolgt die Propheten, die vor euch gewesen sind." (Matthäus 5,10-12)

Was Sie tun können

Die AfD zu unterstützen, hat, wie wir gesehen haben, einen Preis. Wir hoffen, dass sich dies einmal ändern wird, dass Anhänger linker Positionen Konservativen den gleichen Respekt entgegenbringen, wie sie es selbst von anderen erwarten. Eine Garantie dafür gibt es nicht. Solange die Ausgrenzung im Großen fortgesetzt wird und die Medien nicht zu einer ausgewogenen und sachlichen Berichterstattung finden (wie sie es eigentlich sollten), so lange wird auch der Einzelne zu leiden haben. Hier sind zunächst noch einmal zwei Beiträge, die die aktuelle Situation widerspiegeln:

- Auf Youtube findet sich ein sehenswertes Interview mit einer betroffenen AfD-Abgeordneten, deren Büro mehrfach angegriffen wurde. Titel: *Verschwiegene Anschläge gegen AfD-Abgeordnete: Wer sind die „geistigen Brandstifter"?*

- Das Buch *Der Links-Staat. Enthüllt: Die perfiden Methoden der Antifa und ihrer Helfershelfer in Politik und Medien* von Christian Jung und Torsten Groß beleuchtet die Geschichte und die Methoden der Antifa und zeigt auch mögliche Wege im Umgang mit Linksextremismus auf.

Irgendwann muss sich jeder von uns entscheiden, ob er prinzipiell „den Ball flachhalten", also unauffällig leben will, oder ob er dem Zeitgeist entgegentreten will. Wenn Sie aktiv werden wollen, aber Angst vor Ausgrenzung haben, machen Sie es wie Nikodemus:

Fangen Sie mit kleinen Schritten an. Nikodemus war ein Pharisäer und ein „Oberster der Juden" (Johannes 3,1), mit anderen Worten: Ein Angehöriger jener Elite, der Jesus ein Dorn im Auge war. Aber etwas war bei ihm anders als bei den meisten seiner Glaubensgenossen. Im Gegensatz zu ihnen hatte Nikodemus sich einen offenen Geist bewahrt. Er sah die Wunder, die Jesus tat, und wusste: Dieser Mann kann kein Scharlatan sein, sonst hätte Gott ihm niemals diese Fähigkeiten gegeben. Auf der anderen Seite hätte Nikodemus mit einer Solidarisierung soziale Ausgrenzung und berufliche Nachteile riskiert, und so ist es verständlich, dass das erste Treffen zwischen ihm und Jesus in der Anonymität der Nacht stattfand (Johannes 3,2). Mit keinem Wort kritisierte Jesus die Uhrzeit des Nikodemus-Besuchs. Stattdessen nahm er sich Zeit für ein ausführliches Gespräch. Offenbar hinterließ dieses Treffen Spuren bei dem Pharisäer, denn einige Kapitel später lesen wir, dass Nikodemus Jesus vorsichtig vor den anderen Pharisäern verteidigte und ihn so möglicherweise vor einer Festnahme bewahrte (Johannes 7,43-53). Nach Jesu Tod gibt es dann nicht nur einen, sondern zwei ehemals verängstigte Jünger, die ihre Angst überwinden, den Leichnam begraben und sich so öffentlich zu Jesus bekennen: Josef von Arimathäa und Nikodemus (Johannes 19,38-42). Was also können Sie tun, wenn Sie ganz am Anfang stehen? Hier sind einige Anregungen.

Machen Sie sich bewusst: Längst nicht alle Ängste sind begründet. Wir können immer noch vieles tun, ohne dafür Konsequenzen befürchten zu müssen. Allerdings: Nur wer sich herauswagt aus seinem Schneckenhaus, kann diese Befreiung erleben.

Ein möglicher Ausgangspunkt ist das Internet, auch wenn die Anonymität dort eher eine gefühlte denn eine tatsächliche ist. Unterzeichnen Sie eine konservative Online-Petition. Weisen Sie ausgewählte Freunde auf diese Petition hin. Melden Sie sich in den sozialen Medien zu Wort. Andere niedrigschwellige Aktionen finden im realen Raum statt. Kaufen Sie in einer Buchhandlung ein Buch, das sich kritisch mit der Politischen Korrektheit, der Massenmigration, Gender Mainstreaming oder dem Islam auseinandersetzt. Beziehen Sie im Freundeskreis Stellung. Schreiben Sie einen Leserbrief an eine Zeitung. Besorgen Sie sich Flyer und verteilen Sie diese in die Briefkästen, wenn nicht in Ihrem Stadtteil, so in einem anderen. Besuchen Sie eine Veranstaltung der AfD oder eine konservative Demonstration. Sie werden feststellen, dass Sie mit jedem Schritt ein Stück Ihrer Angst verlieren.

Im Folgenden noch einige Ratschläge, wie wir uns für diesen Konflikt, in dem wir stehen, zurüsten können.

- Werden Sie sich über Ihre eigenen Standpunkte im Klaren. Informieren Sie sich über die Themen, die Ihnen am Herzen liegen. Solange Sie an Ihrer Position zweifeln, werden Sie, ähnlich wie im Glauben (Jakobus 1,6), hin- und hergeworfen.

- Fangen Sie an, die geistliche Dimension unseres Kampfes zu sehen. Wir kämpfen nicht gegen Menschen (Epheser 6,12), sondern *für* sie, ob die anderen das nun verstehen oder nicht. Studieren Sie die Bibelstellen, die über die Jahrhunderte schon bedrängten Christen Mut gemacht haben, z. B. Johannes 15,18-27; Hebräer 11,1-12,3; 2. Korinther 6,4-5; 1. Petrus 3,13-4,1; 12-19; Lukas 6,26; Jakobus 5,10-11; Sprüche 29,25. Verwurzeln Sie sich in Gott, indem Sie Zeit mit ihm verbringen und Ihr Herz vor ihm ausschütten. Lesen Sie die Evangelien unter der Fragestellung: Wie ist Jesus mit seinen Gegnern umgegangen? Fragen Sie Gott, wo Ihre spezielle Berufung in diesem Kampf ist. Wenn Sie eine Verheißung oder Berufung haben, schauen Sie darauf, nicht auf die „Riesen" (4. Mose 13,27-33).

- Das Buch *Prepare: Living your faith in an increasingly hostile culture* von Paul Nyquist, dem ehemaligen Präsidenten des Moody

Bible Institute, ist eine gute Auseinandersetzung mit der Frage, wie wir als Christen in einer zunehmend feindseligen Zeit leben können.

- Suchen Sie die Gemeinschaft mit Gleichgesinnten. Als Einzelner werden Sie angesichts der scheinbar übermächtigen Gegnerschaft erdrückt. Es ist ungemein kostbar, sich mit Menschen austauschen zu können, bei denen man nicht mit Verurteilung rechnen muss.

- Vergessen Sie die Freude nicht. Die an Gott, die am Leben und die an der Gemeinschaft mit Menschen.

Zum Umgang mit unterschiedlichen politischen Meinungen in Kirche und Gemeinde

Zum Schluss wollen wir noch kurz auf ein Thema zu sprechen kommen, das möglicherweise viele unserer Leser beschäftigt: Wie können wir mit unterschiedlichen politischen Auffassungen in der Gemeinde umgehen? Zunächst einmal: Unterschiede zwischen Christen sind nichts prinzipiell Verwerfliches. Als Jesus seine Jünger zusammenstellte, spielte persönliche Kompatibilität keine Rolle. Da fand sich ein Raubein wie Petrus neben einem Intellektuellen wie Johannes. Und auch in Fragen der Politik spiegelten die Jünger die Breite des Volkes wider, einschließlich der Extreme. Zur Zeit Jesu war das Land von den Römern besetzt, die entsprechend verhasst bei den einheimischen Juden waren. Noch verachteter waren jedoch solche Juden, die mit den Römern kollaborierten und für diese den Zoll eintrieben; sie standen gesellschaftlich auf einer Stufe mit den Heiden, den Huren und anderen „Sündern". Auf der anderen Seite gab es die Zeloten, „Eiferer", die Gewalt zur Befreiung des Landes

legitimierten und auch vor Mord an „Kollaborateuren" nicht zu-
rückschreckten. Bei Jesus finden sich in der Jüngerschar neben vielen offenbar politisch „Gemäßigten" sowohl der Zöllner Matthäus
(Matthäus 10,3) wie auch der Zelot Simon (Lukas 6,15).

Möglich ist ein Zusammengehen von Persönlichkeiten mit solch
unterschiedlichen Charakteren und solch gegensätzlichen politischen Meinungen nur dann, wenn die Beteiligten eine gemeinsame
Basis haben, die größer ist als das eigene Temperament oder die eigenen politischen Ansichten. Dies ist heute nicht anders als damals.
(Das heißt leider nicht, dass das Miteinander im Reich Gottes rei-
bungslos funktionieren würde; jeder, der schon mehr als einmal in
der Kirche war, wird dies bestätigen können.) Dazu werden wir im
letzten Kapitel noch kurz etwas sagen.

Es geht um mehr 5

Wenn Sie dieses Buch bis hierhin gelesen haben, ist Ihnen vielleicht bewusst geworden, dass es um mehr geht als um eine Partei oder auch nur um einzelne politische Positionen. Wir leben in einer Zeit, in der die Ordnungen Gottes für Mensch und Gesellschaft immer mehr unter Druck geraten und ausgehöhlt werden. Mann, Frau, Ehe, Familie, Volk, Nation, Leben und Freiheit – Identitäten, Werte und Institutionen, die bislang als selbstverständlich galten, sind mittlerweile bestenfalls zur Option degradiert worden; schlimmstenfalls sieht man sie als die Ursache mancherlei Übels. Auf der anderen Seite werden Strukturen aufgebaut, die zu einer Diktatur und einem Totalitarismus führen können. Politische Korrektheit als moralisches Druckmittel, gefolgt von juristischen Regelungen wie dem neu eingeführte Delikt der „Hasskriminalität", das beliebig gefüllt werden kann, schleichende Bargeldabschaffung und die damit verbundene Möglichkeit der totalen Kontrolle – all dies läßt nichts Gutes erahnen.

Natürlich werden diese Entwicklungen nach außen hin anders verkauft. Linke Programmatik klingt gut. Da geht es um Gerechtigkeit, Freiheit und Mitmenschlichkeit. Politisch korrekte Sprachregelungen wurden ursprünglich mit dem Anspruch eingeführt, Minderheiten zu schützen; eine Politik, die die Aushöhlung von Ehe und Familie zur Folge hat, wird als Geschlechtergerechtigkeit verkauft; die Abschaffung des Bargelds wird mit der Bekämpfung von Schwarzarbeit oder Steuerhinterziehung begründet; die Erosion von Volk und Nation, etwa mit Hilfe der EU oder des Migrationspakts, wird als

„Friedensprojekt" propagiert oder als humanitärer Akt dargestellt. Letztlich kann man für jede Programmatik, und sei sie noch so absurd, wohlklingende Gründe finden. Diese humane Fassade macht es jedoch vielen Menschen – Christen wie Nichtchristen – schwer, die Verführung zu erkennen und anzusprechen. Zudem haben Christen häufig auch einen hohen moralischen Anspruch an sich selbst und vermutlich auch den Wunsch, diesen von ihren Mitmenschen anerkannt zu bekommen. Wer möchte schon als nationalistischer, chauvinistischer oder rassistischer Unmensch gebrandmarkt werden oder – bestenfalls – als kleingeistiger Ahnungsloser gelten?

Die Spannung zwischen dem schönen äußeren Anschein und der verheerenden Wirkung sollte uns jedoch nicht prinzipiell überraschen. Gerade als Christen wissen wir, dass der Teufel sich als „Engel des Lichts" verstellt (2. Korinther 11,14); als jemand, der vorgibt, *für* die Menschen zu sein, der sie aber letztlich verführt (vgl. 1. Mose 3). Bonhoeffers Worte, geschrieben 1943, sind erschreckend aktuell:

> Die große Maskerade des Bösen hat alle ethischen Begriffe durcheinandergewirbelt. Dass das Böse in der Gestalt des Lichts, der Wohltat, des geschichtlich Notwendigen, des sozial Gerechten erscheint, ist für den aus unserer tradierten ethischen Begriffswelt Kommenden schlechthin verwirrend; für den Christen, der aus der Bibel lebt, ist es gerade die Bestätigung der abgründigen Bosheit des Bösen.[1]

Worin finden so unterschiedliche Tendenzen wie die Auflösung von Nationalstaatlichkeit, die kulturelle Globalisierung, die Unterminierung der Familie, Gender Mainstreaming oder einer Denkweise, die keinen Platz mehr für absolute Wahrheit lässt, ihren gemeinsamen

---

1 Bonhoeffer, Dietrich. 2019 (23. Auflage). *Widerstand und Ergebung: Briefe und Aufzeichnungen aus der Haft.* Gütersloh: Gütersloher Verlagshaus, 10.

Nenner und ihr Ziel? Unsere Antwort lautet: in der Entwurzelung des Menschen und der Zerstörung seiner guten, natürlichen und von Gott gewollten Identität. Die Journalistin Birgit Kelle bringt dies wie folgt auf den Punkt:

> Multikulturell, multinational und jetzt auch noch geschlechtslos soll er sein, der neue Mensch. Nicht mehr verwurzelt, in Nation, Kultur, Sprachraum und Geschlecht, sondern aufgelöst in globalisierten, grenzenlosen, gesichtslosen und geschlechtslosen Zweckbündnissen auf Zeit. Seelenlose Modernisierungsnomaden auf der Suche nach innerer und äußerer Heimat.[2]

Die Folge dieser Entwurzelung ist eine Bevölkerung, deren Widerstandskraft gegen diktatorische Umtriebe ausgehöhlt ist:

> Wir erlauben uns nicht mehr, Deutsche und Ausländer, Männer und Frauen, Kinder und Erwachsene, für oder gegen etwas zu sein; wir unterscheiden nicht mehr zwischen Täter und Opfer, Arm und Reich, sondern pürieren alles, was sich unterscheidet, zu einer dicken Soße, damit unter dem Götzen der Gleichheit nur ja nichts mehr herausragen oder enttäuschen, vorauslaufen oder zurückbleiben, nichts mehr überlegen oder unterlegen sein kann. Nichts darf mehr anders sein. So entwurzeln wir uns selbst und am Ende sind wir ein konturenloses Nichts.

> Auf der Ebene des Individuums schaffen wir uns gefügiges Regierungsmaterial für ideologische Bürokratien, wenn wir es unseren Kindern unmöglich machen, eine eigene Identität auszubilden. Ohne feste Verwurzelung in unseren zivilisatorischen Grundsätzen, ohne geistige Heimat in unseren Traditionen werden unsere Kinder fremdbestimmt, orientierungslos und manipulierbar.[3]

---

2   Kelle, Birgit. 2019. Es geht um unsere Seele. In *Junge Freiheit* 12/19, 1.

3   Hahn, Hans-Joachim & Lutz Simon. 2013. *Höllensturz und Hoffnung: Warum*

Wir brauchen heute Menschen, deren Blick über das hinausgeht, was uns die Mainstream-Medien bieten. Menschen, die die Entwicklungen unserer Tage im Licht der Bibel einschätzen können, nicht in einem naiven, einseitigen, allein auf Barmherzigkeit reduzierten Licht (wobei, wie in Kapitel 2 gesagt, Barmherzigkeit durchaus ihren Platz im Regierungshandeln hat), sondern in einem Licht, das die primäre Aufgabe des Staates als Mittler von Gerechtigkeit wieder ernst nimmt. Menschen, die die „Zeichen der Zeit" (vgl. 1. Chronik 12,32 (33); Lukas 12,54-57) erkennen. David Noebel zitiert den christlichen Apologeten Francis Schaeffer mit den folgenden Worten:

> „Das Grundproblem der Christen in diesem Land in den letzten etwa achtzig Jahren im Blick auf die Gesellschaft und auf den Staat ist, dass sie die Dinge immer nur in Details betrachtet haben, statt das Gesamtbild zu sehen." So wurden Christen ganz allmählich „besorgt über sexuelle Freizügigkeit, Pornografie, den Zusammenbruch der Familie und schließlich die Abtreibung. Aber sie haben all dies nicht als Ganzes gesehen – haben nicht erkannt, dass jedes Phänomen ein Teil, ein Symptom eines viel größeren Problems ist. Sie haben nicht erkannt, dass all das auf eine Verschiebung in der Weltanschauung zurückzuführen ist, – das heißt, durch eine fundamentale Veränderung in der Art und Weise, wie Menschen denken und die Welt und das Leben als Ganzes betrachten."[4]

Wir brauchen darüber hinaus Menschen, die bereit sind, sich dem Zeitgeist entgegenzustellen. Das, was Matthias Matussek über Katholiken schreibt, gilt prinzipiell für alle Christen: „Ich behaupte

---

unsere Zivilisation zusammenbricht und wie sie sich erneuern kann. München: Olzog, 244; 243.

4   Noebel, David A. 2007. *Kampf um Wahrheit: Die bedeutendsten Weltanschauungen im Vergleich.* Gräfelfing: Resch, 19.

..., dass Katholiken, die ihren Glauben ernst nehmen, die wahren Anarchisten der Moderne sein könnten, sie könnten sie aufsprengen und ihre Irrtümer offenlegen, könnten die Schleier zerreißen, die sich über unsere Augen gelegt haben."[5] Wir haben die Wahl: Entweder Position einnehmen und Widerstand üben, jetzt. Oder Opportunismus jetzt und Spaltung und Untergang später.

In Zeiten struktureller Lüge zu festen Werten zu stehen, ist jedoch alles andere als eine banale Aufgabe. Jesus warnte schon vor 2000 Jahren: „Wehe euch, wenn alle Menschen gut von euch reden, denn genauso haben es ihre Vorfahren mit den falschen Propheten gemacht!" (Lukas 6,26; NeÜ) Echte Propheten dagegen leben und lebten immer schon gefährlich. Auch ihre Waffen unterscheiden sich prinzipiell von denen ihrer Gegner. Gabriele Kuby beschreibt das so:

> Das ist der große Unterschied zwischen Menschen, die als Vordenker einer Utopie und deren revolutionäre Protagonisten handeln, und jenen, die als Christen einen Schimmer des Reiches Gottes in dieser Welt verwirklichen wollen: Erstere beginnen mit hehren Idealen wie Freiheit, Gleichheit, Brüderlichkeit, Gerechtigkeit für die Arbeiterklasse oder dem „Tausendjährigen Reich" und enden im Handumdrehen bei der Guillotine, dem Gulag und dem KZ. Letztere wissen sich einem Herrn verpflichtet, der sich selbst zum Opfer gebracht hat, von ihnen Nachfolge auf dem Kreuzweg verlangt und vor dem sie sich zu verantworten
>
> haben. Sie können und dürfen nicht Böses tun, um ein gutes Ziel zu erreichen.[6]

---

5   Matussek, Matthias. 2018. *White Rabbit oder der Abschied vom gesunden Menschenverstand.* München: Finanzbuchverlag, 17.

6   Kuby, Gabriele. 2017. *Christliche Prinzipien des politischen Kampfes.* Kißlegg: fe-medienverlags GmbH, 50.

Identität ist fundamental wichtig: Persönliche, geschlechtliche, nationale Identität. Ohne sie wird der Mensch zum Spielball der Gewalten. Wir Christen finden unsere primäre Identität jedoch weder in einem Volk noch in einer Partei. Unsere erste Loyalität gilt unserem Herrn und Retter Jesus Christus und seinem Reich. Sollte sich die Alternative für Deutschland einmal in eine Richtung bewegen, die wir nicht mittragen können, sei es, dass sie tatsächlich – und nicht wie zum x-ten Mal von den Medien herbeigeschrieben – ins Rechtsextreme abdriftet, sei es, dass auch sie sich dem Diktat der Politischen Korrektheit unterwirft, sei es, dass sie sich – aus welchen Gründen auch immer – gegen Christen wendet, so werden wir unseren Einsatz neu überdenken müssen. Für den Moment jedoch erscheint uns die AfD als die beste Möglichkeit, dem „Rad in die Speichen zu fallen" (Bonhoeffer).

Was Sie tun können

Wenn auch Sie dem Rad in die Speichen fallen wollen, finden Sie hier einige Vorschläge.

Wenn Ihnen der Zustand und die Entwicklung unserer Gesellschaft auf dem Herzen liegt, fangen Sie an zu beten. Für die Gesellschaft und für die Menschen, die in ihr Verantwortung tragen. Und fragen Sie Gott, wo in dieser Phase unserer Geschichte Ihr Platz sein könnte.

In einem Buch wie dem vorliegenden, in dem wir uns im Überlappungsgebiet von Glauben, Zeitgeschehen und Parteipolitik bewegen, bleibt nicht viel Raum für vertiefte Behandlungen von einzelnen Themen. Aber vielleicht haben Sie ja Ihr Herz für ein bestimmtes Anliegen entdeckt. Informieren Sie sich, sei es mit Hilfe der in den einzelnen Abschnitten angegebenen Literatur, sei es auf anderen Wegen.

Lernen Sie die großen Denklinien unserer Zeit kennen. Wer sich einen fundierten Überblick über einige der wichtigsten Weltanschauungen (Christentum, Islam, Humanismus, Marxismus, Esoterik und Postmoderne) verschaffen will und deren Verständnis von verschiedenen Lebensfeldern (Gesellschaft, Politik, Psychologie, Ethik usw.), dem sei *Kampf um Wahrheit: Die bedeutendsten Weltanschauungen im Vergleich* von David A. Noebel empfohlen.

Handreichungen für politische Auseinandersetzungen liefert das Büchlein *Christliche Prinzipien des politischen Kampfes* der Aktivistin Gabriele Kuby (2017).

Wenn Sie Bücher in englischer Sprache lesen können und Sie wissen wollen, wie es zu einer Welt kommen konnte, die von Politischer Korrektheit, Relativismus und Opferdenken bestimmt wird, und wie wir als Christen reagieren können, besorgen Sie sich *Into the Lion's Den: Reaching a world gone mad* von Steve Maltz (2018).

Wenn Sie in einer Gemeinde oder Kirche Verantwortung tragen, suchen Sie nach Wegen, wie Sie die, für die Sie Verantwortung tragen, auf die kommenden Zeiten vorbereiten können.